·国家社科基金一般项目"广西东部契约文书搜集、整理与研究"（18BZS020）
·广西高校人文社科重点研究基地重大项目"南岭文书收集、整理与研究"（JDZD202207）

吴声军 ○ 著

广西东部契约文书研究

中国社会科学出版社

图书在版编目（CIP）数据

广西东部契约文书研究 / 吴声军著. -- 北京：中国社会科学出版社，2024.11. -- ISBN 978-7-5227-3901-4

Ⅰ. D927.670.364

中国国家版本馆 CIP 数据核字第 2024MV7980 号

出 版 人	赵剑英	
责任编辑	刘　艳	
责任校对	陈　晨	
责任印制	郝美娜	

出　　版	中国社会科学出版社	
社　　址	北京鼓楼西大街甲 158 号	
邮　　编	100720	
网　　址	http://www.csspw.cn	
发 行 部	010-84083685	
门 市 部	010-84029450	
经　　销	新华书店及其他书店	

印　　刷	北京君升印刷有限公司	
装　　订	廊坊市广阳区广增装订厂	
版　　次	2024 年 11 月第 1 版	
印　　次	2024 年 11 月第 1 次印刷	

开　　本	710×1000　1/16	
印　　张	20	
插　　页	2	
字　　数	308 千字	
定　　价	118.00 元	

凡购买中国社会科学出版社图书，如有质量问题请与本社营销中心联系调换
电话：010-84083683

版权所有　侵权必究

凡　例

一、本书引用刊布的契约文书主要是《南岭文书·第一辑》（第1—10册）（简称《南一》）和《南岭文书·第二辑》（第11—20册）（简称《南二》）。为了使行文简洁，对本书引用例证契约文书的出处进行了简化，在引用处采用了"书名加卷册和所在页码"的形式进行标注。如《南岭文书·第一辑》第8册第178页，书中简写为"《南一》第8/178页"；《南岭文书·第二辑》第15册第258页，书中简写为"《南二》第15/258页"。

二、本书引用了大量整理和编号后未出版的纸质契约文书（简称《贺博整理本》），在引用这些契约文书时，采用"《贺博整理本》加编号"的形式在引用处标注，如引用编号为第01256号的契约文书时，在引用处标注为"《贺博整理本》第01256号"。

三、本书还引用了未经整理和编号的纸质版契约文书，以及在田野调查时拍照搜集未编号的电子版契约文书，这些契约文书均藏于贺州民族文化博物馆。由于没有编号，书中引用的这些契约文书没有标注。

四、本书中引用的契约文书，均使用通用的简体字照录。文书中的自造字，一律按原文照录。文书中表示数字的"乙"字是为防止人为盗改的"一"字，抄录时按原文照录。"十""拾""二""贰""三""叁"等大小写没有统一的数字，一律按原文抄录。表示时间的"廿""卅"等数字，统一书写为"二十"和"三十"。

五、在引用契约文书时，因纸张破损而缺失的字，或字迹模糊、难以辨识的字，一律用"□"号表示，缺少几字用几个"□"代替。文书中的错字讹字，引用时按照原文照录，但在其后用"（　）"标出正确的字。原文中的脱字，根据上下文意思补充，并用"［　］"标出。

序

　　近几十年来，我国民间契约文书的搜集、整理与研究渐成高潮。经过搜集与整理后，大量契约文书得到了公开出版的机会。这是一件幸事，其中之关键，正是契约文书本身就是集文物价值、史料价值和现实应用价值于一身的综合载体。

　　契约文书具有文物价值，是因为经过时代的磨洗之后，能够传承至今的每一件契约文书都是无价之宝，如果不加以搜集、整理和出版，一旦失传、毁损，不管人类怎么后悔，契约文书都不可能再生。既然契约文书既稀缺，又容易毁损，因而其文物价值更显弥足珍贵。此前，仅仅是因为人们对文物的关注点不在这一方面，才使得契约文书的毁损和丢失非常的严重，以至于到了当代需要进行抢救性的搜集、整理与保护，而且时不我待。就这一意义而言，本书作者能够搜集到如此之多的民间契约文书，本身就是一件值得肯定和赞扬的大事，而且能够在已有研究基础薄弱的广西东部地区完成填补性工作更显其价值。

　　民间契约文书具有极高的史料价值，主要是因为其忠实地保留了其他类型文献文本都不屑于关注和记载的民间生产生活中的琐事。事实上，契约文书保留下来的每一个字句基本上都真实可靠，能够完整地反映乡村社会中具体日常生活事项的整体面貌。每一件契约文书都具有重要的历史佐证价值，可以帮助我们了解契约文书产生时代的鲜活历史。尽管时间已经过去了很久很久，但后世读者还是能够借助民间契约文书提供的信息而回到那个特定的历史现场。这也是其他整理过的文献文本很难发挥的效用。任何意义上的改编、改写，总会无意中删去当时编纂者认为无意义的内容，但编纂者却不会意识到，对后世而言，这些被删除的所谓的无意义的资料内容却恰好是非常珍贵的信息。就此而论，尽管有其他类型文献对历史做了这样或那样的记录，但民间契约文书的史料价值永远也不可能被替代。

契约文书的后续应用价值更值得关注。这是因为随着时间的流逝，人类社会自然会出现无法预测的变化，但契约文书中所涉及的当事人后裔还会生活下去，契约文书中所涉及的内容还可能不可避免地对后人产生影响。比如，作者搜集到的契约文书中就涉及赘婿、过继、买卖婚姻等历史事实。虽然这样的历史事实已经过去了很久，但是当事人后裔重读这些契约文书时，抑或被别人提及时，个人的感受肯定是不可能做到平静如水的。再如，土地买卖文书必然要真实描绘所买卖土地的性质，今天拿着这些契约文书回到当时的历史现场，其生态系统肯定已经变得面目全非了，土地的利用方式也肯定已经变得很不相同。这对研究环境变迁史而言，这些契约文书无疑是珍贵的史料，但从今天的生态建设出发，要客观评价这一生态变迁的得失利弊，其中的经验与教训就不是一件小事了，而需要我们更深刻地去反省，也需要更深入地进行探讨。我们要知道社会的变迁和环境的变迁并不是变迁本身会发挥作用，不管是今天，还是今后，变迁的后续影响都是不可能被一笔抹杀的。变迁肯定会留下正面或负面的作用，我们从中获得不可或缺的基础和依据，才能够发挥其至今仍然有参考和借鉴的价值。

契约文书的意义如此之重大，但实践中的搜集与整理工作却至艰至难。发现契约文书的存在不容易，发现后如何做好整理工作更不容易，系统地展开到手资料的研究更是难上加难。如果没有持之以恒的毅力和勇气，要搜集如此丰富的契约文书几乎难以想象。如此看来，本书作者能够完成这项国家级课题并做出基本研究，本身就是值得肯定和钦佩的。

民间契约文书作为原始的文本资料，对广西东部边远山区而言，这一地区又相对封闭，这里的契约文书的原生性和在地性更显得突出和显眼，因而深入研究也因此变得更具挑战性：一则是因为其他旁证资料相对匮乏；二则是此前的研究基础薄弱；三则是当地社会文化的独特性又十分突出，局外人往往会感到非常陌生。因此，做好深入的研究工作，单是凭借搜集到的契约文书去立论，往往会显得孤证难鸣。这就给研究者构成一系列始料不及的挑战。如果不借助跨学科的研究方法，逐步积累研究经验和形成研究规范，想要达到深入研究的程度，还有很远的距离。为此，建议今后的读者或研究者，需要做好以下四个方面的思想准备。

首先，必须高度关注每一份契约文书形成时的时空场域和在这一时空场域背景下的外部社会的基本面貌。这就需要研究者从契约文书所处的背景出发，将契约文书放到特定的时空场域中去加以阅读和理解，才有可能理解每一份契约文书所反映的历史及其独特价值。比如，在理解写成于20世纪初到中期的借贷、典当、转让等性质的契约文书时，如果对当时北洋政府和国民政府的混乱币制、通货膨胀、货币贬值等情况一无所知，那么相关契约文书中所提及的"加价"和买卖后引发纠纷等现象，就不可能做到符合历史真相的理解。而在这本著作中，作者恰好对此有所关注和应用，则是一件很有意义的研究思路和方法，颇值得推广和应用。

其次，社会和文化的变迁古已有之，但变迁转折点的价值则非同小可。比如，在同一份契约文书中，家族村社向核心家庭的转换的过程中，就必然会表现为二者同时并存，而且这样的并存不仅不是几份契约文书就可以了解的事情，而是在同时代的不同契约文书中都会有直接或间接的体现。在契约文书的行文格式上，跨民族的婚姻事例不仅是当事双方和双方父母的问题，而是要牵涉到整个宗族的在场。如果对这样的代表性契约文书缺乏认识和思想准备，就很难深入研究下去，而多是停留于表面的解说。要知道在过去的类似研究中，这样的问题经常被忽视。但在该书中，作者能够做出有效应对和深入剖析，同样值得推广和应用。

再次，此前的研究过分关注文化的独特性和地域特色，而较少关注跨民族、跨文化的文化事项的共有和共享。然而，作为原始史料而存在的民间契约文书，由于写成定本时没有官方在场，不会对事情的真相加以掩饰或人为地放大，以至于民族间的交往交流交融一直没有中断过，只不过由于受到习惯的做法或相关理论的误导，此前的研究往往不屑于对这样的客观存在加以必要的关注罢了。而在这个方面，本书能应对这一紧迫需求，通过对相关契约文书的深入探讨和综合比对，较为系统地揭示了相关民族交往交流交融的诸多客观存在的事实。对此，研究者与读者皆应与时俱进，深化这一方面的认识和理解。

最后，本书搜集到的契约文书涉及汉、瑶、壮等多个民族，时间跨度又很长，各民族的文化变迁的变幅理应十分明显，特别是在20世纪初期世界大变局的背景下，这样的变迁更具有不容忽视的独特性，尤其是来自国外的影响更是不容低估。在作者搜集到的契约文书中，这一点也得到了客观反映，而且其史料价值和对当下的应用价值都很明显。在这方面，作者虽然也做了相应的努力，但由于难度太大，全面澄清很难做到尽善尽美。对此，还望读者举一反三为好。

总之，本书问世可喜可贺，但下一步的深入研究还有待时日，故希望读者认真领悟其价值，用好这批珍贵的文献资料。当然，读者决不能以本书为限，更深入的研究和更有价值的实践应用还需要更多的人和更多的时间去做更多的工作，希望本书仅作为一项基础性的工作，百尺竿头，进一步的研究更加重要。

谨此序之。但愿与本书作者和读者共勉。

杨庭硕
癸卯年十月于贵阳东山之麓

目　录

绪　论 / 1
  第一节　研究缘起 / 1
  第二节　研究现状 / 2
  第三节　研究思路 / 9
  第四节　研究方法 / 10

第一章　广西东部历史与人地环境 / 13
  第一节　广西东部的历史与区位 / 13
  第二节　广西东部的自然环境 / 15
  第三节　广西东部的人文生态 / 19

第二章　广西东部契约文书搜集与整理 / 23
  第一节　广西东部契约文书的搜集 / 23
  第二节　广西东部契约文书的整理 / 26
  第三节　广西东部契约文书的分类 / 27

第三章　广西东部契约文书的特征与价值 / 31
  第一节　广西东部契约文书的形制 / 31
  第二节　广西东部契约文书的特征 / 65
  第三节　广西东部契约文书的价值 / 69
  小　结 / 72

第四章　广西东部的地权流动 / 74
　　第一节　广西东部房产买卖 / 74
　　第二节　广西东部田地流动 / 83
　　第三节　广西东部山林交易 / 140
　　小　结 / 169

第五章　广西东部的民间借贷 / 170
　　第一节　实物借贷 / 170
　　第二节　货币借贷 / 175

第六章　契约文书与广西东部婚姻家庭 / 188
　　第一节　广西东部瑶族的婚姻文化 / 188
　　第二节　广西东部的分家文化 / 236
　　第三节　广西东部的过继文化 / 250
　　小　结 / 267

第七章　广西东部乡村社会纠纷及其处理 / 269
　　第一节　广西东部乡村纠纷的类型 / 269
　　第二节　广西东部乡村纠纷的化解 / 281
　　第三节　对当代民族地区社会治理的启示 / 291
　　小　结 / 294

结　语 / 295

参考文献 / 301

后　记 / 308

绪 论

第一节 研究缘起

我国民间使用契约文书已经有数千年的历史。在中国传统社会，凡是人们在日常的生产生活中产生经济行为，特别是与田宅山地等相关的不动产交易时，必须写下契约文书，以文字的形式把交易主体的权利与义务确定明白。因而，在历史的长河中，我国乡村社会留下了丰富多彩的契约文书，这些文书真实地反映了劳动人民日常生活生产的图景，同时也体现了当地乡村社会的文化习俗，可以说是我国传统乡村社会经济文化的"活化石"，对我们研究中国传统乡村社会政治经济文化有着弥足珍贵的价值。近五十年以来，国内外学界对深藏在我国民间社会的契约文书进行了发掘与整理，并汇编出版，为我们研究明清以来我国传统社会制度、经济与文化提供了翔实的资料，并出现了一大批学术成果。同时，民间契约文书的发现也推动了相关行政机构、学术机构及民间对民间契约文书的保护与利用，如2018年8月30日黔东南苗族侗族自治州第十四届人民代表大会常务委员会第十二次会议通过，2018年11月29日贵州省第十三届人民代表大会常务委员会第七次会议批准的《黔东南苗族侗族自治州锦屏文书保护条例》，为保护和利用民间契约文书有了法律上的保障。

广西东部地处湖南、广西和广东三省区毗邻之处，由于独特的地理位置和自然环境，这里既是历史上中原地区进入岭南地区的重要通道之一，同时也是沟通历史上海陆丝绸之路的对接区域。随着南来北往不同族群、不同民族人口的流动，这里也成为沟通中原地区与岭南地区经济互动和文化互动的传统通道之一。因而，自古以来这一地区就是一个多民族、多族群迁移和聚居之地，中原文化、荆楚文化、湖湘文化、吴越文化与百越文化在这里交汇融合，各民族各族群世世代代在这里生活，创造了异彩纷呈的民族民间文化，其中也包括这些民族的人民群众在日常生产、生活、社会交往中留下的契约文书。由于地处三省区交界的偏远山区，学界很少关注到广西东部契约文书这一宝贵的文化资源。随着社会急剧变革，这些民间契约文书文化遗产面临着消失的危机。因而，我们发掘、抢救、研究和利用这些深藏在民间的契约文书十分重要、十分迫切，具有重要的学术价值和现实意义。

近十年来，本课题组成员利用节假日休息时间，在广西东部地区进行田野调查时，上瑶山、进苗寨、访壮家、宿古村，发现了上万件真实反映当地民族社会、经济、文化的民间契约文书。这些契约文书是研究广西东部民族历史文化、土地制度、林木贸易、商业运输、租佃关系、分股程序、族群定位、民族认同、宗法制度、里甲制度、赋役制度、民间纠纷调解机制、民间宗教信仰、风土民俗等社会生活、历史面貌的重要民间文献。在乡村振兴的新时代背景下，我们发掘、保护、研究和利用民间契约文书等传统文化资源，特别是传承和弘扬其中的中华优秀传统文化，可以增强民族文化凝聚力、文化自豪感、文化自信心和国家文化软实力，可以进一步巩固和发展平等、团结、互助、和谐的民族关系，对构建和谐社会、铸牢中华民族共同体意识、促进民族地区经济文化发展和法制建设、配合国家"一带一路"的发展战略都具有重要的现实意义。

第二节 研究现状

民间契约文书是中华民族宝贵的文化遗产，数量庞大，内容丰富，极具研究价值。随着我国民间契约文书的发掘，国内外学界对契约文书的搜集、整理与研究取得了丰硕的成果。国外学界对我国民间契约文书的研究主要集中在日、美等国家。早在第二次世界大战前，日本学者就开始对我国的契约文书进行搜集，并对搜集的契约文书进行了整理与出版，如东洋文库明代史研究室编写的《中国土地契约文书集（金—清）》，滨下武志主编的《东洋文化研究所所藏中国土地文书目录·解说》（上、下），小田义久主编的《大谷文书集成》，山本达郎、池田温主编的《敦煌吐鲁番社会经济资料集》，唐立、杨有赓、武内房司主编的《贵州苗族林业契约文书汇编（1736—1950）》等。同时，学界也出现了一批研究者和成果，如日本学者矢野春隆的《华北地契制度的研究》，仁井田陞的《中国法制史研究：土地法·取引法》，滋贺秀山、寺田浩明、岸本美绪主编的《明清时期的民事审判与民间契约》，以及美国学者曾小萍、欧中坦、加德拉等主编的《早期近代中国的契约与产权》，黄宗智的《清代的法律、社会与文化——民法的表达与实践》等研究成果。这些研究主要侧重于社会经济、民间法、市场、土地制度、纠纷处理等方面。

国内对我国民间契约文书的整理与研究，除了对早期现世并藏于国内及德、英、俄、日、美等国家的吐鲁番文书、敦煌文献、黑水城文献等都相继影印出版以外，大量遗存在民间的契约文书陆续地被发现。20世纪50年代以来，徽州发现了大量的民间契约文书，如王钰欣、周绍泉主编的《徽州千年契约文书》，刘伯山主编的《徽州文书》（第一辑），周向华主编的《安徽师范大学馆藏徽州文书》，黄山学院的《中国徽州文书（民国编）》等。学界除对这些民间档案文献进行影印出版之外，张传玺[1]、叶显恩[2]、章有义[3]、栾成显[4]、

---

[1] 张传玺：《论中国封建社会土地所有权的法律观念》，《北京大学学报》（哲学社会科学版）1980年第6期。
[2] 叶显恩：《关于徽州的佃仆制》，《中国社会科学》1981年第1期。
[3] 章有义：《近代徽州租佃关系的一个案例研究——歙县汪光裕会租簿剖析》，《中国经济史研究》1987年第2期。
[4] 栾成显：《明清庶民地主经济形态剖析》，《中国社会科学》1996年第4期。

周绍泉①、彭超②、王振忠③、陈柯云④等学者从土地经营中租佃关系与土地关系、农村各阶层的经济形态、阶级关系、宗法制度、法制史等方面进行了研究。

除徽州契约文书外，我国大陆其他地区及台湾的民间契约文书也十分丰富。新中国成立之前，傅衣凌先生就在福建永安县发现了不少的契约文书，通过整理出版了《福建佃农经济史丛考》。新中国成立后，大量的民间契约文书被发现，并得以整理和出版，如杨国桢的《清代闽北土地文书选编》和《闽南契约文书综录》，福建师范大学历史系主编的《明清福建经济契约文书选辑》，王连茂、叶恩典整理的《泉州、台湾张士箱家族文件汇编》⑤，陈娟英、张仲淳编著的《厦门典藏契约文书》⑥，陈支平主编的《福建民间文书》⑦等大量的契约文书被发掘和整理。其他地区主要有曹树基主编的《石仓契约》⑧和《鄱阳湖区文书》⑨，张介人主编的《清代浙东契约文书辑选》⑩，黄志繁、邵鸿、彭志军主编的《清至民国婺源县村落契约文书辑录》⑪，胡开全主编的《成都龙泉驿百年契约文书（1754—1949）》⑫，谭棣华、冼剑民主编的《广东土地契约文书》⑬，孙兆霞主编的《吉昌契约文书汇编》⑭，康香阁主编的《太

---

① 周绍泉：《试论明代徽州土地买卖的发展趋势——兼论徽商与徽州土地买卖的关系》，《中国经济史研究》1990年第4期。
② 彭超：《明清时期徽州地区的土地价格与地租》，《中国社会经济史研究》1988年第2期。
③ 王振忠：《晚清民国时期的徽州宗族与地方社会——黟县碧山何氏之〈族事汇要〉研究》，《社会科学战线》2008年第4期。
④ 陈柯云：《明清徽州宗族对乡村统治的加强》，《中国史研究》1995年第3期。
⑤ 王连茂、叶恩典整理：《泉州、台湾张士箱家族文件汇编》，福建人民出版社1999年版。
⑥ 陈娟英、张仲淳编著：《厦门典藏契约文书》，福建美术出版社2006年版。
⑦ 陈支平主编：《福建民间文书》，广西师范大学出版社2007年版。
⑧ 曹树基、潘星辉、阙龙兴编：《石仓契约》第1辑，浙江大学出版社2011年版。
⑨ 曹树基主编：《鄱阳湖区文书》，上海交通大学出版社2018年版。
⑩ 张介人编：《清代浙东契约文书辑选》，浙江大学出版社2011年版。
⑪ 黄志繁、邵鸿、彭志军编：《清至民国婺源县村落契约文书辑录》，商务印书馆2014年版。
⑫ 胡开全主编：《成都龙泉驿百年契约文书（1754—1949）》，巴蜀书社2012年版。
⑬ 谭棣华、冼剑民编：《广东土地契约文书（含海南）》，暨南大学出版社2000年版。
⑭ 孙兆霞等编：《吉昌契约文书汇编》，社会科学文献出版社2010年版。

行山文书精萃》①，鲁书月、顾海燕主编的《学术名村"十里店"文书——王氏家族文书》②等。研究著作主要有傅衣凌的《明清农村社会经济：明清社会经济变迁论》③，杨国桢的《明清土地契约文书研究》④，梁治平的《清代习惯法：社会与国家》⑤，曹树基、刘诗古的《传统中国地权结构及其演变》⑥，阿风的《明清时代妇女的地位与权利——以明清契约文书、诉讼档案为中心》⑦，戴建兵的《河北近代土地契约研究》⑧等一大批学者对契约文书进行了深入的研究，其成果内容涉及政治、经济、法律和习俗等多种范畴。

20世纪80年代以来，我国西南地区清水江流域发现了大量的民间契约文书，备受国内外学界关注。目前已经整理出版的主要有张应强、王宗勋主编的《清水江文书（第1—3辑）》⑨，陈金全、杜万华主编的《贵州文斗寨苗族契约法律文书汇编——姜元泽家藏契约文书》⑩，陈金全、梁聪主编的《贵州文斗寨苗族契约法律文书汇编——姜启贵等家藏契约文书》⑪，张新民主编的《天柱文书（第一辑）》⑫，高聪、谭洪沛主编的《贵州清水江流域明清土司契约文书——九南篇》⑬，李斌主编的

---

① 康香阁主编：《太行山文书精萃》，文物出版社2017年版。
② 鲁书月、顾海燕主编：《学术名村"十里店"文书——王氏家族文书》，广西师范大学出版社2018年版。
③ 傅衣凌：《明清农村社会经济：明清社会经济变迁论》，中华书局2007年版。
④ 杨国桢：《明清土地契约文书研究》，中国人民大学出版社2009年版。
⑤ 梁治平：《清代习惯法：社会与国家》，中国政法大学出版社1996年版。
⑥ 曹树基、刘诗古：《传统中国地权结构及其演变》，上海交通大学出版社2014年版。
⑦ 阿风：《明清时代妇女的地位与权利——以明清契约文书、诉讼档案为中心》，社会科学文献出版社2009年版。
⑧ 戴建兵等：《河北近代土地契约研究》，中国农业出版社2010年版。
⑨ 张应强、王宗勋主编：《清水江文书（第1—3辑）》，广西师范大学出版社2007、2009、2011年版。
⑩ 陈金全、杜万华主编：《贵州文斗寨苗族契约法律文书汇编——姜元泽家藏契约文书》，人民出版社2008年版。
⑪ 陈金全、梁聪主编：《贵州文斗寨苗族契约法律文书汇编——姜启贵等家藏契约文书》，人民出版社2015年版。
⑫ 张新民主编：《天柱文书（第一辑）》，江苏人民出版社2014年版。
⑬ 高聪、谭洪沛主编：《贵州清水江流域明清土司契约文书——九南篇》，民族出版社2013年版。

《贵州清水江文书·黎平文书》，谢景连、罗康智主编的《地湖文书校释》① 等。在研究方面，杨有赓②、罗洪洋③、张应强④、张新民⑤、罗康隆⑥、沈文嘉⑦、徐晓光⑧、杨军昌⑨等一大批学者，主要从民间法、人类学、民族学、历史学、经济学等学科进行了深入的研究。

广西民间契约文书没有引起学者太多的关注，搜集、整理与研究方面成果比较少。到目前为止，广西壮族自治区博物馆、广西民族博物馆、桂林市博物馆、贺州民族文化博物馆等部门收藏了不少民间契约文

---

① 谢景连、罗康智校释：《地湖文书校释》，贵州民族出版社2020年版。
② 杨有赓：《汉民族对开发清水江流域少数民族林区的影响与作用（上）》，《贵州民族研究》1993年第2期；杨有赓：《汉民族对开发清水江流域少数民族林区的影响与作用（下）》，《贵州民族研究》1993年第3期。
③ 罗洪洋、张晓辉：《清代黔东南文斗侗、苗林业契约研究》，《民族研究》2003年第3期；罗洪洋：《从清代锦屏人工林业的繁荣谈政府和国家法的"为"与"不为"》，《经济问题探索》2004年第5期；罗洪洋：《清代黔东南锦屏苗族林业契约的纠纷解决机制》，《民族研究》2005年第1期；罗洪洋、赵大华、吴云：《清代黔东南文斗苗族林业契约补论》，《民族研究》2004年第2期。
④ 张应强：《清代契约文书中的家族及乡村社会生活——贵州省锦屏县文斗寨个案初探》，《广西民族学院学报》（哲学社会科学版）2005年第5期。
⑤ 张新民：《清水江流域的内地化开发与民间契约文书的遗存利用——以黔东南天柱县文书为中心》，《贵州社会科学》2014年第10期；张新民：《寻找中国文化的乡土社会之根——以清水江文书为中心的探讨》，《广西民族研究》2016年第3期。
⑥ 罗康隆：《清代贵州清水江流域林业契约与人工营林业的发展》，《中国社会经济史研究》2010年第2期；罗康隆：《从清水江林地契约看林地利用与生态维护的关系》，《林业经济》2011年第2期；罗康隆：《侗族传统人工营林业的青山买卖》，《贵州民族学院学报》（哲学社会科学版）2006年第6期。
⑦ 沈文嘉：《清代清水江流域林业经济与社会发展论要》，《古今农业》2005年第2期；沈文嘉：《清水江流域林业经济与社会变迁研究（1644—1911）》，博士学位论文，北京林业大学，2006年。
⑧ 徐晓光：《锦屏林区民间纠纷内部解决机制及与国家司法的呼应——解读〈清水江文书〉中清代民国的几类契约》，《原生态民族文化学刊》2011年第1期；徐晓光：《"清水江文书"对生态文明制度建设的启示》，《贵州大学学报》（社会科学版）2016年第2期；徐晓光：《贵州黔东南地区苗族、侗族习惯法特征比较》，《西北民族大学学报》（哲学社会科学版）2015年第1期；徐晓光：《款约法——黔东南侗族习惯法的历史人类学考察》，厦门大学出版社2012年版。
⑨ 杨军昌、杨宇浩：《清水江文书中的"风水观"与生态环境保护——以苗族、侗族"择吉冢"文书为例》，《中南民族大学学报》（人文社会科学版）2019年第2期；杨军昌、杨蕴希：《规制与教化：清水江文书的社会教育内容探析》，《贵州大学学报》（社会科学版）2017年第4期；杨军昌、王斌、林芊：《基于清水江学建构的清水江文书研究再认识》，《贵州大学学报》（社会科学版）2019年第5期。

书,但没有整理出版。公开出版的有《广西少数民族地区碑文契约资料集》,这些契约文书是新中国成立后,全国人大民族委员会和中央民族事务委员会组织民族识别调查组进行少数民族社会历史状况时,广西少数民族社会历史调查组在20世纪五六十年代在广西少数民族地区获得的资料,其中大新县契约文书140余份,龙胜县50余份,荔浦县3份。① 另外,2016年,广西壮族自治区民族古籍办公室和广西少数民族古籍保护研究中心主编的《仫佬族地区文书古籍影印校注》在广西教育出版社出版,其内容主要是在广西罗城仫佬族自治县的东门镇和龙岸镇遗留下来的清代至民国时期733份仫佬族民间契约文书。②

有关广西民间契约文书研究性成果并不多,杨国桢的专著《明清土地契约文书研究》仅引用了广西博物馆收藏的部分契约文书,探讨了清代土地契约如何在广西少数民族地区推广的情景。③ 自《广西少数民族地区碑文契约资料集》出版以来,一些学者利用其中的资料进行了研究,如罗树杰通过对中大新县的契约文书进行梳理,对当地壮族田地契约文书产生原因及其类型、田地所有权的确认和田地权利的转让发表了一系列论文进行探讨。④ 韦顺莉探讨了清代大新县土司社会阶层的变动情况。⑤ 刘训智利用《广西少数民族地区碑文契约资料集》中收录的荔浦县茶城乡九尺瑶村的三份瑶族批山契约文书,探讨了南岭瑶族地区土地租赁关系的相关法律问题及其对广西民族法治的启示。⑥ 杜树海利用

---

① 广西壮族自治区编辑组:《广西少数民族地区碑文、契约资料集》,广西民族出版社1987年版。
② 广西壮族自治区少数民族古籍工作办公室、广西少数民族古籍保护研究中心主编:《仫佬族地区文书古籍影印校注》,广西教育出版社2016年版。
③ 杨国桢:《明清土地契约文书研究》,中国人民大学出版社2009年版。
④ 罗树杰:《论壮族土司田地契约文书的类型——壮族土司田地契约文书研究之一》,《广西民族学院学报》(哲学社会科学版)1999年第1期;罗树杰:《论壮族土民田地所有权的确认——壮族土司田地契约文书研究之二》,《广西民族学院学报》(哲学社会科学版)1999年第3期;罗树杰:《论壮族土司田地权利的转让——壮族土司田地契约文书研究之三》,《广西民族学院学报》(哲学社会科学版)1999年第4期。
⑤ 韦顺莉:《清末民初壮族土司社会研究:以广西大新县境为例》,民族出版社2008年版。
⑥ 刘训智:《清末广西瑶族批山契约的法理分析:广西民族法治的本土资源借鉴》,《广西民族研究》2014年第4期。

《广西少数民族地区碑文契约资料集》中大新县安平土司境内的140张土地契约文书和下雷土州地区境内的165张土地契约文书,对大新县土司地区的土地权和人身权进行了探讨。① 陈杰敏通过对广西罗城仫佬族760份契约文书的整理,从国家制度、地方传统和交易主体等方面,对清代至民国时期罗城仫佬族契税制度、经济发展和社会文化进行了梳理。② 另外,洪德善通过对桂林博物馆收藏的广西桂林永福县堡里镇的契约文书梳理,探讨了堡里传统社会契约文书的特点、传统社会经济、传统社会文化和传统社会契约秩序等。③ 陈宇思、余天佑以广东德庆州、罗定州等粤西地区清代的契约文书作为研究对象,从文书体例、中介制度和妇女地位三个角度,讨论清代西江流域农村地区契约文书的特点及农村社会状况,并与清代浙江宁波地区的契约文书进行了比较。④ 吴声军以新发现的贺江流域的契约文书为中心,探讨了明清以来南岭地区中段妇女的地位与权利⑤;同时,作者也通过对广西东南地区清代至民国时期容县的契约文书进行整理,探讨了清至民国容县土地交易的形式、形制与特点,以及田产的买卖和典当情况。这些研究相对于数量庞大的广西民间契约文书的研究来说,只是冰山一角。

总而言之,从国内外关于我国民间契约文书研究的现状,可以看到安徽、福建、浙江、江苏、四川、贵州等地区民间契约文书宝库已经打开,并受到国内外学者广泛关注,整理与研究已经取得了丰硕的成果,而广西民间契约文书的研究正处在起步阶段,特别是广西东部地区的契约文书亟待大力搜集、整理与研究。

---

① 杜树海:《土地权与人身权:清代广西土司地区土地文书研究》,《中国经济史研究》2017年第2期。
② 陈杰敏:《晚清民国时期广西罗城土地契约研究》,硕士学位论文,广西民族大学,2017年。
③ 洪德善:《民间文献遗产与传统乡村社会研究》,博士学位论文,南京大学,2019年。
④ 陈宇思、余天佑:《清代中晚期粤西地区契约文书中几个特别问题探讨——以浙江宁波地区为参照对象》,《梧州学院学报》2015年第2期。
⑤ 吴声军:《从贺江文书看清代以降南岭走廊妇女的权利——兼与清水江文书的比较》,《广西社会科学》2016年第6期。

第三节 研究思路

本课题的研究主要是遗存在广西东部地区乡村社会的民间契约文书。广西东部地区涉及的范围较广，受人力和物力所限，在具体的开展过程中，本课题研究成员不可能全面对广西东部地区的村落进行田野调查，只能尽最大力量在不同的民族、不同的族群进行选择性和代表性的田野调查和搜集契约文书、碑刻、族谱等民间文献。

就具体的地域而言，本课题研究的契约文书范围主要是广西东部地区的贺州市的八步区、平桂区、钟山县、昭平县和富川瑶族自治县，梧州市的苍梧县、蒙山县，桂林市的恭城瑶族自治县、平乐县、灌阳县等。由于本课题研究的内容主要是广西东部地区明代、清代和民国时期的民间契约文书，与贺州市和梧州市毗邻的广东省肇庆市怀集县在1952年3月前属广西管辖，因此怀集县的契约文书也被纳入了本研究的范围。广西东部地区地处南岭民族走廊中段地带，这里自古以来就是一个多民族、多族群迁徙杂居之地，因而就具体的民族和族群而言，本课题研究主要涉及了广西东部地区人口较多汉族的本地人和客家、瑶族的过山瑶和平地瑶，以及壮族的民间契约文书。

本课题的研究主要是对遗存在广西东部地区乡村社会中的民间契约文书的搜集，以及保藏在博物馆、档案馆等机构的民间契约文书的整理，立足于这些可以确定历时性时空场域的历时态契约文书等民间文献，并结合契约文书等民间文献所在地进行田野调查获得的共时态资料，客观评价广西东部区域社会结构中的"地方性知识"及其产生和运作的机制，如实了解国家与地方、地方与地方、族群与族群之间复杂互动的历史演进过程，分析作为历史演进主体的人民大众的日常生活状况，重构他们与情、理、法等基本问题有关的固有观念和解释性看法，以及他们在特定时空所持有的价值观。从而更好地还原广西东部民族明清以来历史发展的完整性与真实性，再现广西东部地区各民族各族群文化内部的多样性和差异性。

广西东部作为一个地处湘粤桂三省区交界的地区，是由人口、家庭、社会制度、自然环境和社会文化等多种要素组成的区域社会。具体详细地研究和了解明清以来广西东部区域社会的整体情况，是一个庞大复杂的系统工程，需要大量的科研人力与物力，因此，在具体的内容上，本课题研究除了对广西东部地区民间契约文书产生的自然和社会环境，以及契约文书的形制、价值和特点进行阐述外，主要是通过民间契约文书，对明清以来广西东部区域社会的乡村经济、婚姻与家庭文化，以及维持当地乡村社会秩序的纠纷解决机制进行探讨。希望通过这些方面的研究，试图对明清以来广西东部区域社会有一个更深入的了解。

第四节　研究方法

为了能真实地了解明清以来广西东部地区乡村社会的经济社会文化概况，本课题的研究主要采用文献调查法、田野调查法和比较研究法等方法，进行综合性研究。

文献调查法是一种间接的调查方法，它有别于田野实地调查中参与观察和直接访谈，是在前人研究的基础上进行调查，受外界干扰较少，只要找到文献就可以直接进行整理与研究。本课题研究主要对有关广西东部地区的贺州、梧州、桂林等相关县市的历史文献搜集与整理，了解这些地方的历史文化脉络，以及社会经济文化发展状况。同时，通过文献检索和查阅相关研究成果，掌握和了解前人研究动态。

田野调查法是调查者进入实地参与观察或访谈获取第一手材料的方法，这种方法已经被民族学、人类学、生物学、生态学、考古学、民俗学等众多的学科采用。民间契约文书作为一种文化遗存物，不是凭空产生的，每一份契约文书的背后都有其产生的社会背景。如果我们只就契约文书研究契约文书，只能看到一个表面事实，而不能了解到契约文书体现当时社会历史的事实和背后的故事。因此，本课题主要通过田野实地调查，将契约文书所在地的土地资源、社会组织、经济结构、文化习俗等进行实地调查，获取丰富的第一手资料。同时，在田野调查的过程中，课题组也对契约文书所在地的族谱、碑刻等民间文献进行搜集，了解当地的乡村社会的历史状况、家族的人群结构等情况。这样一来，通过对地方历史文献、村落契约文书和田野调查资料的梳理和分析，我们在研究中就可以得出比较接近历史事实的结论。比如，面对一个家庭一张张发黄的土地契约文书，从单张的契约文书来看，这仅是一个体现了该家族一个短时间中一块土地交易的事实。如果把标的物为同一块土地的契约文书整理出来，再通过族谱把这些契约文书中涉及的当事人的关系进行梳理，那么我们就可以看到这块土地交易实情的历史网络，其中体现的社会关系、人群交往、村落经济和文化习俗的基本实情也就会呈现在我们面前。这种以眼光向下、超越以文本为研究对象的传统，强调将民间契约文书的整理、研究与人类学实地田野调查有机地结合起来的历史人类学方法是本课题研究的主要方法。

本课题研究中采用的比较研究法，主要是从时间和地域两个方面进行比较，对广西东部契约文书进行探析。第一个方面，在时间比较上，广西东部契约文书主要分为明代文书、清代文书和民国文书，通过对这三个历史时期的文书的比较，梳理不同时期的特点，从而探讨广西东部地区乡村社会经济文化的发展与变迁，进而揭示其历史演变的总体趋势以及其背后的逻辑。第二个方面，在契约文书研究的区域比较上，又可分为区域内和区域外的比较，由于广西东部地区地域较广，民族和族群众多，有生活在平地坝子的族群、有生活在山地的族群、有生活在山地和平地接合部的族群，也有生活在河边以水为生计的族群，因而，本课题主要是对广西东部贺州、梧州、桂林等地区不同民族和族群的契约文书进行比较，探讨这些地区契约文书的共性与差异性。另外，在区域外的比较上，目前区外的清水江文书的发掘、整理与研究已经取得了丰硕的成果，本课题组搜集了不少湖南永州地区和广东的契约文书，因此在研究中，我们主要是把广西东部地区的契约文书与湖南永州和广东肇庆、贵州黔东南等地区的民间契约文书进行比较，探寻不同地区契约文书的共性与不同之处。

总之，民间契约文书的搜集、整理与研究是一个十分庞大而复杂的系统工程。广西东部民间契约文书内容丰富，内容涉及经济学、社会学、历史学、人类学、法学、民俗学等多个学科领域的理论与方法。本课题主要采用契约文书的解读与实地田野考察相结合的历史人类学研究方法，以及文献调查和比较研究的方法，同时借鉴学术界已有研究成果，通过政治、经济、文化等多方面分析与史学实证的方法相结合，进行综合研究，从而形成研究成果。

第一章　广西东部历史与人地环境

第一节　广西东部的历史与区位

广西东部地区主要包括贺州市、梧州市两个地区，另外也包括桂林市的部分县。贺州市的八步区、平桂区、富川瑶族自治区、钟山县、昭平县以及桂林的平乐县、恭城瑶族自治县位于南岭走廊的萌渚岭和都庞岭及其余脉地带。这一地带地处桂、湘、粤省区的交界处，是古代中原地区沟通岭南地区重要的交通要道之一，也是古代楚粤的交通咽喉和中国南方山地民族生息繁衍的地方和流动迁徙的走廊式通道，历来为兵家必争之地，正如《读史方舆纪要》中所记载："屏蔽湖湘，襟喉岭表。""摄桂、梧、浔、柳间，西北界楚，东邻东粤，而府江天险，实两粤门户也。""贺县故贺州也，介郴、道、连、邵数州间，为两粤冲要。"①

在先秦时代，这一带为"百越"地区。秦始皇三十三年（公元前214年）统一岭南后，在岭南设立桂林郡、南海郡和象郡，恭城县和平乐县属桂林郡管辖，八步区、平桂区、富川瑶族自治区、钟山县则属象郡管辖。为了开拓岭南和统一全国，秦始皇在派兵统一南岭的过程中，修建了灵渠，使军事物资能经长江、漓江、西江，最后到广州。同时，他们也新筑或重修从湖南江永县、江华县到广西富川县、贺县的"潇贺

---

① （清）顾祖禹撰：《读史方舆纪要（十）》，贺次君、施和金点校，中华书局2005年版，第4837页。

古道",形成了以水路为主、陆路为辅的交通线。① 随着道路的开通和国家的统一,岭北和岭南政治、经济和文化的联系得到加强,大量的人流、物流汇集于此。为了加强管理,汉代到三国时,在长350千米的贺江流域就设置了冯乘、富川、临贺、封阳、建兴五个县,是朝廷在南岭走廊设置县郡最密集的地区。② 随着时代的更替,到民国时贺江流域的建置演变为富川、钟山、贺县、信都、封川、开建等县。

位于广西东部的梧州,为浔江、桂江、西江在此交汇之地,因而自古就被称为"三江总汇"。乾隆三十五年(1770)广西巡抚陈辉祖在《重修梧州府志序》中就对梧州的地理区位进行了概述:"梧州,粤西一大都会也,居五岭之中,开八桂之户,三江襟带,众水湾环,百粤咽喉,通衢四达,间气凝结,人物繁兴,形胜实甲于他郡。"③《读史方舆纪要》中则记载梧州府:"地总百粤,山连五岭,唇齿湖湘,噤喉桂广。汉以交州治广信,控南服之要。会明时,亦设重臣于此,固两粤之襟带。形势所关,古今一辙矣。"④

由于有着优越的区位优势,梧州是沟通岭南与中原地区的交通枢纽和内河大港口,是南岭地区政治、经济和文化中心,明代就为两广总督府驻地。清光绪二十三年(1897)被辟为通商口岸。⑤ 在近代,梧州是广西和西南地区的重要出海通道,成为珠三角、大西南、北部湾以及西江流域交汇节点上区域性枢纽城市和东西部地区经济合作、产业传承与商贸物流重要基地。⑥

春秋战国时期,梧州为百越之地,秦始皇统一岭南后属桂林郡。汉

---

① 韦浩明:《秦汉时期的"潇贺古道"——潇贺古道系列研究之一》,《广西梧州师范高等专科学校学报》2005年第1期。
② 李晓明:《互动互制与互补互适:广西贺州多样性族群文化生态特质》,《贺州学院学报》2014年第1期。
③ 同治《梧州府志》序文《重修梧州府志序》,第1页a。
④ (清)顾祖禹撰:《读史方舆纪要(十一)》,贺次君、施和金点校,中华书局2005年版,第4858页。
⑤ 梧州市地方志编纂委员会编:《梧州市志·综合卷》,广西人民出版社2000年版,第3页。
⑥ 梧州市地方志编纂委员会编:《梧州市志1993—2005(上)》,线装书局2019年版,第58页。

第一章 广西东部历史与人地环境

献帝建安八年（203），梧州属苍梧郡，辖广信县、猛陵县、冯乘县、谢沐县、高要县、临贺县、端溪县、富川县、荔浦县和封阳县。随着历史更替，到明代成化六年（1470）时，梧州辖9县1州，即苍梧县、藤县、容县、岑溪县、怀集县、北流县、博白县、兴业县、陆川县和郁林州。到清代雍正三年（1725）时，梧州府仅辖苍梧县、藤县、岑溪县、容县和怀集县。① 民国二年（1913）撤梧州府，成立郁江道，民国三年（1914）6月，郁江道更名苍梧道，辖苍梧、桂平、郁林、信都、藤县、容县、岑溪、平南、贵县、武宣、博白、北流、陆川、兴业、怀集15县。

总之，广西东部作为毗连湘粤桂三省之地，有着优越的地理位置。由于这带地处南岭走廊中段及其山脉延伸地区，地形构造复杂，形成了由多个较小规模的山脉东西并行排列的格局，但在高大山脉之间又有着相对平衍的丘陵，因而自古以来这里就成为沟通南北的交通咽喉。加之，这里又有连通珠江的贺江、桂江、西江等水系，这一带成为南北人群交往和商品流通的孔道，也有着悠久的历史文化。

第二节　广西东部的自然环境

广西东部地区位于南岭走廊中段，属山地丘陵地貌，整个地势总体上由西北向东南倾斜，呈现了山地多平地少的地形特点，同时也具有河网发达、大小河流纵横交错、支流繁多的特色。这样一来，高山、丘陵、盆地、河流构成了广西东部多元并存的生态地貌，也成为"珠三角"的生态屏障。特殊的生态环境使得这里很自然地成为生物多样性的温床和稀有矿物的产地，因而，这一带物产丰饶，农业经济发达。

贺州市位于湘、桂、粤三省（区）接合部，现辖八步区、平桂区、钟山县、昭平县和富川瑶族自治县。东与广东省清远市的连山瑶族壮族自治县、肇庆市的怀集县毗邻；南至西南接梧州市苍梧县、藤县、蒙山

---

① 同治《梧州府志》卷1《沿革》，第8—18页。

县；西北靠桂林市的荔浦县、平乐县和恭城瑶族自治县；北连湖南省永州市的江华瑶族自治县、江永县。贺州市总面积11855平方千米，约占广西总面积的5.01%。其中山地面积4062平方千米，平原面积1420平方千米，丘陵面积6373平方千米。①

从总体上看，贺州地区地势北高南低，地形四面高中央低。萌渚岭主脉从湖南省江华瑶族自治县向南延伸到富川瑶族自治县、钟山县、八步区境内，是为姑婆山山脉，主峰山马塘顶海拔1787米。都庞岭余脉从恭城瑶族自治县延伸到富川瑶族自治县及钟山县，最高峰为富川瑶族自治县的北卡顶，海拔1857.1米，为贺州市最高峰。八步区中南部有大桂山，绵延至昭平县和梧州市苍梧县。河流主要有桂江、贺江及支流，两江干流流经贺州境内252千米，均为珠江流域西江的一级支流。

贺州地属南岭山地丘陵地带，山多平地少。地貌类型以构造侵蚀中、低山为主，面积约7480平方千米，占全市总面积的63%。河谷平原面积约600平方千米，占总面积的5%。境内河网发达，大小河流纵横交错，支流繁多，集雨面积在100平方千米以上的河流有40条，集雨面积在50平方千米以上的河流有80条。加之，地属亚热带季风气候区，太阳辐射强、日照充足、热量丰富、气候温和、雨量充沛、无霜期长。夏半年盛行偏南风，高温、高湿、闷热多雨；冬半年盛行偏北风，有低温冷害、干燥少雨的气候特征。年平均气温（30年平均）在19.2—19.9℃，年均日照时数为1439.4—1588.7小时，年均降水量为1558.1—2012.1毫米。这种特殊的自然地理环境，广泛分布的山地丘陵不仅适宜林业经营，也适宜牧业发展。盆地平原水源充足，气候冷热分明，土地肥沃，灌溉便利，宜耕宜渔，有利于农业经济的发展。

据光绪《富川县志》记载，当地人民种植的谷类品种较多，其中糯稻就有十多个种类，主要用于酿酒，粘稻有早稻和晚稻两种，麦类有大麦和小麦之分，粟有黄粟和赤粟之分，豆类有红白黑赤四种。蔬菜有竹笋、韭菜、芥菜、苋菜、苦瓜、冬瓜、南瓜、葫芦、白菜、菠菜、春

---

① 贺州市地方志编纂委员会编：《贺州市志》，中国文史出版社2020年版，第2页。

菜、木耳等。① 民国《贺县志》记载，境内土壤适宜种植黍、稷、粱、菽、麦等作物，但最适宜种植水稻，而且水稻为贺县输出的大宗商品，其中牛筋粘米为贺县特产，米饭气味清香，价值较高，在广东市场深受市民喜欢。② 民国二十三年（1934），贺县就出口稻谷50000担，大米20000担，黄糖5100担，花生油1500担，茶油200担，桐油4000担。民国二十七年（1938），贺县出口黄糖2500担，花生油1500担，茶油200担，桐油41000担。民国三十五年（1946），贺县出口稻谷24000担，黄糖48000担，生油和茶油320000担，茶油200担，桐油300000担。③

就果品而言，由于有着明显的区位优势和自然环境优势，贺州境内果类品种繁多，且种植历史悠久。民国《贺县志》记载，境内有桃、李、梅、枣等核果；梨、柑、橙、柠檬等仁果；荔枝、龙眼等壳果；葡萄、樱桃等浆果。西瓜、黄皮、沙田柚、榛、栗、榴、柿、香橼、白果、枇杷等水果也较多。此外甘蔗、花生、红瓜子等产品，虽然不是果类食品，但因种植较多，当地人称之为果类物品，甘蔗制造的糖，花生压榨的油和红瓜子为大宗出口商品。④ 民国二十二年（1933）贺县生产的各种水果就有16种，其中年产量较大的有龙眼40.40万斤，柚子39.55万斤，山楂17.00万斤，梨11.40万斤，柿8.50万斤，芭蕉3.61万斤。⑤

乾隆《富川县志》载该县境内有梅、李、桃、栗、榛、柚、柑、葡萄、枣、菱、落花生、莲蓬、枇杷、杨梅等果品。⑥ 民国《钟山县志》载境内有梅、李、桃、梨、栗、柚、柑、橘、枣、柿、山楂、葡萄、枇杷、杨梅、黄皮果、香橼、荸荠等果品。⑦ 民国《昭平县志》载该县有荔枝、龙眼、黄皮、沙梨、柿子、柚子、柑子、橙子、桃子、李子、榄

---

① 光绪《富川县志》卷2《物产》，第3页b，第4页a。
② 民国《贺县志》卷4《经济部·农产农业》，第44页a。
③ 贺州市地方志编纂委员会编：《贺州市志》，广西人民出版社2001年版，第509页。
④ 民国《贺县志》卷4《经济部·农产农业》，第44页b，第45页a。
⑤ 贺州市地方志编纂委员会编：《贺州市志》，广西人民出版社2001年版，第241页。
⑥ 乾隆《富川县志》卷2《风土·物产》，第4页b。
⑦ 民国《钟山县志》卷6《物产志·植物》，第66—67页。

子、蕉子、甘蔗、梅子、杨梅、山楂、枇杷、白果、香橼、板栗、椎子、万字子、罗旺子、鸡冠子等果品。①

梧州市位于广西东部，东邻广东省的肇庆市封开县和云浮市郁南县，东南与云浮市的罗定市接壤，南接广西玉林市的容县和广东省云浮市的信宜市，西连贵港市的平南县，北通贺州市的昭平县和桂林市的荔浦县，东北与贺州八步区相接，西北与来宾市的金秀县毗邻。梧州市总面积1.26万平方千米，总人口约350万。

梧州市的地形有着四周高、中间低的特点。从苍梧县到梧州市区的中部一带为西江沿岸地区，分布由第四纪冲积物组成的20—60米高的三级河谷阶地；周围地区大部分为早古生代和中、新生代碎屑岩及燕山期岩浆岩组成的丘陵、垄状—波状低丘所占据，标高一般80—300米。梧州市属亚热带季风气候区，具有太阳辐射强、日照充足、气候温暖、雨量充沛、夏长冬短、无霜期长的气候特点。同治《梧州府志》就记载：

> 梧郡气候与中州异，奇峰峦环峙，三江合流，融结郁燠，春夏之交，淫雨弥旬，涨潦时发，三伏炎暑特甚，大抵炎方燠多寒少。一岁之间，暑热过半，大都南荒，火宅暑热，山谷之气垂荫，瘴雾蛮烟，终年秀绿。②

梧州年平均气温为21.0℃，各月平均气温为11.9—28.3℃，夏季（候平均气温大于22℃）长达170天，而冬季（候平均气温小于10℃）只有45天。全年大于0℃，总积温为7695.0℃，日照时数1835.9小时，太阳辐射量470919焦耳每平方厘米，降水量1485.0毫米。③梧州市的土壤类型以赤红壤为主，其余依次为紫色土、水稻土、冲积土。

梧州自然条件优越，水资源、矿产资源、农产品资源、森林资源和

---

① 民国《昭平县志》卷6《物产部·植物·果之属》，第32—33页ab。
② 同治《梧州府志》卷3《气候》，第8页a。
③ 梧州市地方志编纂委员会编：《梧州市志（综合卷）》，广西人民出版社2000年版，第111页。

旅游资源等较为丰富。已探明地下矿藏 37 种，其中金属矿 12 种，非金属矿产 24 种，水气矿产 1 种。全市耕地面积 9.5 万公顷，农副产品丰富，质量优良，主要农副产品有粮食、茶叶、松脂、八角、桂皮、柑橙、荔枝、沙田柚、西瓜、甘蔗、木薯、粉葛、香芋及中草药材、桑蚕茧等。森林面积 83.2 万公顷，森林覆盖率达 71.6%。盛产松脂、桂皮、桂油、茴油、八角。①

总之，广西东部地区有着山地面积广阔、日照充足、雨量充沛、水系发达和物种丰富等自然生态环境，但受亚热带季风气候的影响，降雨集中的夏季，容易发生旱灾和涝灾。特别是遇到严重的旱涝灾害的年份时，对传统小农经济社会的民众而言，他们的日常生活受到严重的影响。如在清康熙三十年（1691）至六十年（1721）之间，苍梧县就发生了八次较为严重的旱涝灾害，其中康熙三十五年（1696）和康熙六十年（1721）农民种植的产量为半收，康熙三十年（1691）则没有收成，而康熙五十二年（1713），由于春季出现大旱天气，造成米价昂贵，饿死上千人。②

第三节　广西东部的人文生态

秦汉以来，随着国家的统一，南岭的水路和陆路交通都得到开发，不仅维护了国家与地方的关系，同时也使南岭社会的安定得到有力的保障③，于是大量的人流和物流来往于南岭南北。由于广西东部地处南岭走廊中段地带，有着优越的地理位置，自古以来这里就成为沟通南北的交通咽喉。大量移民的到来，使广西东部地区成为多民族交往交流交融的聚居地。大量物流的汇集，使广西东部地区成为我国沟通海外对接

---

① 梧州市地方志编纂委员会编：《梧州市志 1993—2005》，线装书局 2019 年版，第 58 页。
② 广西壮族自治区第二图书馆编：《广然灾害史料》（内部资料），广西壮族自治区第二图书馆 1978 年版，第 80—89 页。
③ 王元林：《秦汉时期南岭交通的开发与南北交流》，《中国历史地理论丛》2008 年第 4 期。

"一带一路"的重要枢纽。① 随着大量人群的流动和物品的流通，广西东部地区成为南北民族迁徙和文化交流的通道，同时也促进了广西东部地区社会经济文化的发展。

广西东部地区是多民族聚居地区。在先秦时期，岭南一带主要是百越民族生活的地区，自秦汉以来，潇贺古道作为连接岭南和岭北的主要通道，广西东部地区成为民族迁徙流动的区域，除了大量的军队官兵来到之外，也有大量的官员、名流和商贾来这里定居生活。如在统一岭南时，秦始皇就"发诸尝逋亡人、赘婿、贾人为兵，略取南越陆梁地，置桂林、南海、象郡，以谪徙民五十万戍五岭，与越杂处"②。可见，秦始皇除把派遣到岭南的官兵留在当地之外，还不断地向岭南地区移民。后来，赵佗"求女无夫家者三万人，秦皇帝可其万五千人"③。此后，自汉代以来，大量官方组织的戍兵、命官、贬官和流放的犯人等移民进入到广西东部地区，另外有大量的躲避战乱和自然灾害的流民、行商坐贾等移民也来到岭南地区。这些移民来到岭南地区后，与当地百越民族杂居在一起，通过相互交往交流后，加速了民族的融合。

经过历史的变迁，广西东部成为汉、瑶、壮、苗、回等多个民族居住的地区，而且族群众多。如贺州地区的汉族又可分为七都人、九都人、八都人、广府人、本地人、铺门人、船家人、宝庆人、梧州人、河源客家人、河婆客家人、长乐客家人等多个族群，瑶族则分为土瑶、平地瑶和过山瑶等不同的族群。这些民族和族群来自不同地区，如贺州市富川瑶族自治县朝东镇秀水村毛姓一世祖毛衷是浙江省江山人，唐开元年间被赐为进士，在出任贺州刺史经过秀水时，见此地山川奇异，于是有定居秀水的想法，后来他最小的儿子在他去世后，就定居秀水。④ 富川县城北镇凤溪陈姓先祖原住南宁，后迁广东阳山县，明代景泰年间，因遇饥馑，其先祖到湖南江华县，后又迁至广西富川凤溪定居。⑤ 钟山

---

① 龙运荣：《舜帝南巡传说与南岭走廊的民族交融》，《湖南科技学院学报》2021年第4期。
② （宋）司马光编著：《资治通鉴》，中华书局2007年版，第80页。
③ 王利器主编：《史记注译》，三秦出版社1988年版，第2506页。
④ 富川瑶族自治县朝东镇秀水村明义房《毛氏族谱》卷四，清光绪十八年（1892）版。
⑤ 富川瑶族自治县城北镇凤溪村《陈氏族谱》，2007年抄本。

县回龙镇龙道村陶姓先祖陶吉在明代中期"奉旨征剿大藤峡"时，作为转运军粮官由潇贺古道转运军粮路过龙道鸭田坊时，见此地"山明水秀"，于是命其子陶德坚定居于此。① 贺州市八步区南乡镇壮族先祖是俍兵，在明代成化年间就在南乡耕田屯守。② 清乾隆五十三年（1788），叶梦蕃二十二世孙叶振开、叶振伦、叶振玉三兄弟偕子侄，由广东揭阳迁至昭平县樟木林定居，此后大量叶姓的河婆客家人来到樟木林定居。这些不同的民族和族群来到广西东部地区后，形成了相互杂居的局面，如贺州地区就大致形成了"高山瑶、半山苗、汉住平地、壮侗住山槽"的居住格局。③

由于是多民族多族群杂居地区，就语言而言，广西东部语言资源丰富，有粤语、壮语、瑶语、客家语、西南官话等多种方言。如昭平县的粤语又分为勾漏片、四邑片和广府片，其中属勾漏片的白话人口约21万、阳山话人口2.5万、钟山土话0.06万，属粤语四邑片的连滩话0.5万、街话0.3万，属于广府片的白话约0.12万。客家话人口7.5万，西南官话人口1.5万，壮语人口1.15万，瑶族勉语人口0.5万，毛村话人口0.04万。富川瑶族自治县就有西南官话约5.7万人，梧州话人口8.05万，七都话、八都话、九都话人口11万，客家话人口0.15万，宝庆话0.25万，勉语人口0.4万。广西东部地区不同的族群有着不同的方言，他们在长期的日常生活交往中，往往学会了多种方言，如贺州市八步区的大多数村民就能讲四五种以上族群方言。当地人们在日常生活中书写文字时，总是不可避免地受到他们自己方言的影响，因而他们在签订契约文书时，一些方言的表达或多或少地体现在他们书写的文字中。

由于不同民族和族群生活的自然环境的差异，他们的生计方式也会有所不同，如生活在平地坝子的民族和族群往往以水稻为主的农业为生计，生活在水上的船家人则以运输业和捕捞业为主要生计，生活在山地

---

① 《龙门祠碑》，清乾隆三年（1738）立，现存于钟山县回龙镇龙道村龙门庙内墙壁上，高51厘米，宽131厘米。
② 徐杰舜、刘小春、罗树杰：《南乡春色——一个壮族乡社会文化的变迁》，广西人民出版社1990年版，第17—18页。
③ 吴声军、李晓明：《贺江契约文书的发现、特点及其价值》，《兰台世界》2016年第10期。

的过山瑶则主要以刀耕火种的捕猎和游耕为生。因而，在我们发现的广西东部民间契约文书中，居住在不同自然环境中的民族契约文书的内容也不同，平地坝子地区的契约文书以农耕的农田、旱地、池塘，以及房屋的买卖和租佃为主，山地地区的契约文书以山林交易为主。

第二章 广西东部契约文书搜集与整理

第一节 广西东部契约文书的搜集

广西东部地区与湘、粤两省相毗邻，也是古代沟通岭南与岭北地区重要的通道。由于独特的地理区位，历史上南来北往的人群在此流动。于是自古以来这里就是一个多民族、多族群迁移和聚居之地，成为中原文化、荆楚文化、湖湘文化与岭南百越文化最早的交汇地之一。不同的民族和族群在历史演进的长河中，广西东部成为汉、瑶、壮、苗、侗等多个民族杂居的地区，各民族在此繁衍生息的历程中，形成了独特的语言、歌谣、乐舞、绘画、雕刻、刺绣、节庆习俗、信仰、服饰、建筑等异彩纷呈的民族文化。

为了抢救、保护与传承民族优秀传统文化，自 2010 年以来，本课题科研团队除了做好自己的本职工作之外，经常利用节假日时间，深入广西、湖南、广东三省区交界的南岭走廊中段的村落进行民族文化调研。在田野调查的过程中，我们也搜集了不少的文化实物，为了更好地展示、保护与研究南岭走廊民族文化，2015 年 5 月，经广西壮族自治区文化厅批准，建立了一个国有综合性博物馆。另外，课题组还利用暑假期间组织了多次大学生暑期"三下乡"活动，对贺州地区的八步区、富川县、钟山县和昭平县的民间传统文化进行调查。在田野调查的过程中，我们对民间的碑刻、建筑绘画、雕刻、刺绣、节庆习俗等传统文化进行了调查，特别是对一些村落的碑刻进行了拓制。

此外，在田野调查中，我们还发现了不少深藏在村落的契约、族谱、经书、歌谣、日记、账簿等村民间手抄文献。2018年7月，本课题立项时，科研团队已经搜集了碑刻拓片600余通，族谱资料100余套，瑶族经书300余本，民间歌谣100余本，民间契约文书16000余份。这些契约文书主要是广西东部的贺州地区7000余件，广西桂林地区1000余件，广西玉林地区400余件，广西平南县150件，广西梧州地区200余件，广东省肇庆市怀集县300余件，湖南省永州地区2000余件，南岭走廊东部的湖南省郴州地区3000余件。其中，我们在贺州市富川瑶族自治县搜集的契约文书最多，有4000余件，如2011年12月19日在富川瑶族自治县莲山镇洞口村黄田枧自然寨搜集了契约文书原件84份。

本课题自2018年6月立项以来，课题组根据计划安排，制订了调查提纲，课题组成员先后30余次进入村落，对广西东部部分地区村落现存的契约文书等民间文献进行了调查。由于课题组所在的地缘和人缘原因，调查以湘粤桂交界的广西东部贺州市的富川县、钟山县、昭平县、八步区、平桂区为主，前后在村落进行了23次田野调查。此外，课题组还到桂林市的恭城县、灌阳县和平乐县等地的村落进行了3次田野调查，梧州市的苍梧县、蒙山县等县村落进行了2次田野调查，到玉林市的容县、平南县等地区进行了3次田野调查，调查组总计行程近3000千米，共搜集到契约文书10000余份，其中平地瑶契约文书2000余份，过山瑶契约文书200余份，以及相关村落的碑刻400余通，族谱资料30余套，民间唱本120余册。另外，在调查中课题组还到与广西交界的湖南省江华县、江永县，广东省连山瑶族自治县等地方村落搜集了契约文书2000多份。

南岭村落传统的建筑主要是用泥土压实的夯土房和砖土房，室内阴暗潮湿，村民的契约文书一般都会用木箱保藏在楼阁上，由于当地传统民居大多是古旧的建筑，而且经常还是多家共有的老祖屋，年轻一辈一般都建新房屋居住，只是一些老人仍居住在旧屋中。这些老旧的房子缺乏打理，导致这些发黄的契约文书被虫鼠啃咬或霉烂。加之，一些村民对老祖宗遗留下来民间文献的重要性认识不足，他们住进新房子后就没有把藏在楼阁的契约箱搬到新房，因而随着旧房屋漏雨或倒塌，契约文书也就遭遇损毁。如2020年5月21日，课题组成员在昭平县凤凰乡一处旧屋中发现的两箱契约文书基本上被雨水和虫鼠毁完。近年来，在新农村建设的过程中，大量的旧房子被维修和拆除，一些保藏在楼阁和墙壁的契约文书被发现。一些村民对自己祖先遗留下的文书视为珍宝，因此保存较好，而一些村民对契约文书重要性认识不足，于是一部分契约文书被文物爱好者收购，甚至流失到外地。因此，课题组在搜集契约文书等文献的过程中，对体现当地历史经济和文化的契约文书的重要性向村民进行了解释，希望契约文书持有者尽量把文书保存在当地，不要让那些经常走村串户的文物爱好者出卖到外地。

  课题组为了保护当地这些珍贵的契约文书，主要采取了村民自愿的原则对契约文书进行搜集。首先，鼓励村民自愿把家中保藏的契约文书捐献给本单位的博物馆收藏保管，但所有权仍然为村民，他们随时可以到博物馆查阅，如2011年12月19日在富川瑶族自治县莲山镇洞口村黄田枧自然村的黄女士就把自家的84份契约文书捐献给博物馆收藏保管；2018年8月25日，钟山县凤翔镇校枝村李先生捐献了62份契约文书给博物馆。其次，对那些不愿意捐献契约文书的村民，课题组采取了购买的形式，把那些契约文书保藏在博物馆。再次，对那些村民不愿意捐赠和出售的契约文书，课题组采取了拍照的形式，对这些契约文书进行了搜集，同时对那些保存条件不好的契约文书，课题组则采取了赠送契约文书柜的形式，让村民把家中的契约文书保藏好。如2019年8月28日，课题组赠送了一个樟木柜给贺州平桂区鹅塘镇山岛村周先生，使他家的180余份契约文书得到很好的保藏。最后，课题组还走访了多个经常走村串寨的民间文物爱好者，告诉他们把收购的当地契约文书保藏在博物馆的重要性，因而一些民间文物爱好者也赠送和出售了他们收购的当地契约文书给课题组所在的博物馆。

  课题组搜集的这些民间契约文书，不仅保护了当地的文化遗产，也为本课题的写作提供了丰富的素材。在搜集广西东部地区民间契约文书的同时，对相关村落的村民也进行了访谈，了解了契约文书等民间文献所在地民族的历史与文化习俗等情况。这些资料的搜集为课题报告的写作打下了良好的基础。

第二节　广西东部契约文书的整理

　　为了更好地对搜集的契约文书等民间文献进行保护，课题组对搜集的不同类型的契约文书进行了整理。整理的步骤主要有五个方面：其一，课题组对搜集的契约文书原件分别以县区、乡镇、村、家庭为单位进行分类，尽量体现契约文书的归户性。其二，对一些从文物爱好者手中搜集的契约文书，尽可能地辨别出它们的来源地。其三，为了对搜集的民间契约文书进行保护，课题组所在单位聘请了民间装裱师对搜集的契约文书原件进行手工装裱，装裱的糨糊等材料主要是使用传统的无筋面粉和适量的明矾，明矾可以有效地防止虫蛀。其四，由于在装裱中，人工操作会对那些较为破损契约文书的信息造成一定程度的损失。为了尽可能保护契约文书原貌，在装裱原件之前，课题组对分好类的契约文书进行了拍照。在文书原件装裱之后，课题组又进行了一次拍照或扫描，以便核对那些有信息损失的文书。其五，课题组对拍照和扫描的契约文书进行了编目，由于搜集、分类、裱糊、扫描等一系列的工作需要大量的人力和物力，目前课题组所在单位已经对搜集的南岭走廊契约文书10000余份进行了整理编目，其中包括广西东部地区的契约文书4000余份。

　　2022年7月广西师范大学出版社出版了《南岭文书（第一辑）》全10册①，共5360份契约文书。其中与广西东部地区相关的契约文书1763份，这些契约文书都是我们搜集的文书原件经过裱糊后的扫描件，从这些文书的来源地来看，主要来源于贺州市富川瑶族自治县的村落，共1122份，钟山县165份，昭平县45份，平桂区26份，八步区65份，桂林市的平乐、灌阳等县340份。2022年10月出版《南岭文书（第二辑）》全10册②，共4433份契约文书。其中来源于广西东部等地区的契

---

① 刘永红、吴声军、陈才佳主编：《南岭文书（第一辑）》，广西师范大学出版社2022年版。

② 刘永红、吴声军、陈才佳主编：《南岭文书（第二辑）》，广西师范大学出版社2022年版。

约文书有2111份，分别是贺州市富川瑶族自治县的契约文书有1250份，钟山县330份，昭平县54份，八步区183份。其他文书有玉林市容县22份，桂林市灵川县131份、临桂县72份。另外，还有来自贵港市平南县的69份契约文书。从这些出版的与广西相关契约文书的来源地看，主要以南岭走廊中段的贺州市为主，而且大部分来源于富川瑶族自治县。

第三节　广西东部契约文书的分类

课题组搜集与整理的广西东部契约文书形式多样，内容丰富。按契约文书的材质分类，绝大部分为宣纸书写的纸质文书，也有极少的布质文书和石质文书，布质文书主要书写在棉布上的分关或过继等方面的文书，目前课题组只搜集到4份布契，第一份是民国十四年（1925）十一月十四日，王六孩去世之后，因其无子，众亲族为他写立继承其农业田产的承嗣文书。第二份是一九六四年四月十九日，侯遵寿因年老无子，其义子赵钦德把长子赵甲财过继给他养老送终做义孙的过继书。第三份为一九七五年八月，致能、致福等五兄弟分家具的文书。第四份为一九八五年，富川瑶族自治县新华乡上坝村黄姓家族出卖公有水塘的协议。这四份文书中，前两份为红棉布材质，后两份为白棉布材质。

广西东部地区的石质文书为家族或村落集体重要的事件发生或纠纷处理之后，把契约文书刻在石碑上，并立于公共场所，让村民及子孙后代永远铭记。这种石质文书涉及的内容主要有村规民约、村落地界、祠堂条规、香灯田和学田、寺庙捐田等，如清乾隆三十四年（1769）二月，富川县秀水村毛氏家族的《传芳堂族规条例碑》；道光二十四年（1844）十月初一日，八步区桂岭镇善华村于氏家族的族规碑；民国八年（1919）孟冬月，八步区桂岭镇竹园村陈氏家族的族规碑；民国八年（1919），平桂区鹅塘镇涩田村梁氏家族祠堂的条规和学田章程碑；清道光十七年（1837）阴历十二月和咸丰元年（1851），立于昭平县樟木林镇总管庙中的《祀田碑》和三王庙的《施田碑》；清道光十一年（1831）二月，立于八步区沙田镇龙井村张氏祠堂的《众议条例碑》等。这些石质类型的文书碑刻，本课题组共搜集了100余通。

此外，课题组还搜集了20余通立于广西东部地区山间田地有关纠纷处理的石质碑刻文书，这些文书主要是民间纠纷产生后，通过民间自行处理或官府判决解决之后，再刻碑并竖立于纠纷发生地，以警示后人。如清乾隆三十二年（1767）十一月初七日，立于钟山两安瑶族乡回龙村解决邓姓与鄂、罗、李、徐四姓关于牛围山牧养地纠纷的《奉县立碑》；民国十八年（1929）六月十日，立于湖南省江华县白芒营镇瓮水村和广西富川瑶族自治县石家乡龙窝村交界之处，解决两村从清代咸丰年间到民国期间发生山地纠纷的《广西富川县政府、湖南江华县政府布告碑》。

从立契的时间来看，课题组搜集的广西东部契约文书可分为明代时期的文书、清代时期的文书、民国时期的文书和中华人民共和国成立后的文书。到目前为止，课题组搜集的明代契约文书共34份，其中弘治年间1份，正德年间1份，嘉靖年间5份，万历年间16份，天启年间3份，崇祯年间8份。另外还搜集到两份特殊时期的契约文书，第一份是以南明皇帝"隆武"纪年的契约文书，第二份为吴三桂在衡阳称帝，建立大周政权后，以"周"纪年的契约文书。这些契约文书主要搜集于贺州市富川瑶族自治县的新华乡和富阳镇的平地瑶村寨，只有1份嘉靖年间的文书搜集于贺州市八步区南乡镇的龙屈壮族村寨。课题组搜集的绝大多数文书为清代和民国时期的文书，中华人民共和国成立后的文书仅50余份。在这些契约中，最早立契的一份契约文书为清康熙七年（1668）二月，富川瑶族自治县平石原瑶族村民任歧巍的一份诉状书，最晚的一份契约文书为上文提到的一九八五年富川瑶族自治县新华乡上坝村黄姓家族出卖水塘的协议书。

按契约文书有无官府红印章来看，课题组目前搜集的广西东部契约文书可分为红契和白契，红契即交易双方签订契约之后，向官府纳税并盖官印的契约；白契则是由交易双方自主协商拟订，并签字画押，但未向官府纳税和加盖官印的契约。清代至民国时期广西东部地区的契约又书大部分为白契，红契相对较少。如 2018 年 7 月 28 日，调查组在贺州市富川瑶族自治县莲山镇荆早村涧别瑶寨发现的 36 份不动产交易契约文书全部为白契。2020 年 8 月 1 日，调查组成员在贺州市富川瑶族自治县发现的 45 张契约文书中，明代契约 24 张，清代契约 21 张，盖有政府红印的契约仅有 6 张，仅占总数的 0.13%。从目前整理的契约文书来看，汉族地区村寨的红契比瑶族、壮族等少数民族村寨要多。如 2020 年 6 月 3 日，调查组成员在贺州市平桂区羊头镇岐头村发现的 39 份契约文书中，就有 8 份红契，占总数的 20%。2020 年 12 月 4 日，课题组在贺州市八步区桂岭镇竹园村搜集的从光绪元年（1875）到民国三十四年（1945）的 168 份契约文书中，有 32 份契约为红契，占总数的 19%。

从契约文书的性质来看，广西东部地区契约文书可分为经济文书、赋役文书、法律文书、宗族文书、信仰文书、婚姻家庭文书等。经济文书的内容涉及农田、水塘、房屋、宅地、阴地、畲地、山场、竹木、粪坑、猪牛栏等不动产，以及粮食、家具、农具、牛、马等日常生产生活资料的交易和买卖。赋役文书主要有契税单、归户册、四柱清册、实征册、粮册等。法律文书主要是涉及纠纷解决的诉讼文书和合同等内容，如甘结书、讼词诉状、判决书、和息合同、议约、戒约、清白字、错字等。目前我们搜集整理的广西东部民间纠纷处理契约文书有 80 多份，主要涉及土地交易纠纷、水利使用纠纷、坟地权属纠纷、婚姻家庭纠纷和偷盗纠纷等。广西东部宗族文书主要为宗族的议约合同、宗族公共产业合同、宗祠收入账簿、族谱等，课题组搜集了这些文书近 500 件。广西东部民间信仰文书主要有吉课、阴地契、寺庙捐款账簿、寺庙活动记录簿等。婚姻家庭文书主要有分家析产的分关文书、遗嘱、抚养合同、招赘婚书、财产陪嫁合同、过继文书、媒帖、庚帖、鸾书等。目前，课题组搜集的遗嘱和分关契约文书有 300 多份，婚姻契约文书有 160 余份，其主要内容为结婚、离婚、卖妻、休妻、合婚吉课、陪嫁物等契约文书，其中结婚契 50 份，离婚契 40 份，卖妻书 20 余份，休妻休夫契 12 份，合婚吉课 40 多份。此外，广西东部文书还有民间日用类的祭文、占书、墓志铭、书信、兰谱、算命单、报帖等。

课题组搜集的广西东部契约文书约80%为经济文书,其他形式的文书仅占20%。这些契约文书反映了广西东部各族人民日常生活的方方面面,是研究明清以来广西东部区域社会生活的第一手资料,也可帮助我们探寻到其背后隐藏的人类共同的命运和智慧。①

---

① 李钊:《"历史碎片"里的文化记忆——读〈南岭文书(第一辑)〉》,《南方日报》2022年8月14日第7版。

第三章　广西东部契约文书的特征与价值

契约文书是人类社会出现私有制后的产物。它是人们在生产生活和人际交往中，为解决彼此需要的交换协议而形成的文字约定，这种约定规定了双方的权利、义务和责任，体现了一种诚信的精神，因而契约文书也是促进社会经济发展和维护社会秩序的一种手段。三千多年前《周礼》中就记载："凡大约剂书于宗彝，小约剂书于丹图。"其中的"大约剂"指邦国之间的契约文书，而"小约剂"指民间的各种类型的契约书。经过几千年的发展，我国的契约文书从内容到形式也发生了一系列的演变和发展，形成了以诚信为原则的契约文化。我国是一个地大物博、民族众多的国家，不同民族、不同地域的人民在长期的生产生活实践中创造了具有地域特色和民族特色的契约文化。具体到广西壮族自治区东部地区而言，由于广西东部地处三省区交界之处，是古代连接岭南和岭北的要地，于是自古就有大量外来人员来此生活，特别是明清以来大量的客民来此定居，导致在乡村社会的生产生活中留下了大量的契约文书。本章主要从课题组搜集的契约文书的本体出发，探讨广西东部地区契约文书的形制、特征与价值。

第一节　广西东部契约文书的形制

广西东部地区民间契约文书主要涉及的内容为农田、水塘、房屋、宅地、阴地、畲地、山场、竹木、粪坑、猪牛栏等不动产买卖，同时也有粮食、家具、农具、牛、马等日常生产生活资料的交易和买卖。这些契约文书根据其性质类别，主要分为买卖契约文书、典当契约文书、租佃契约文书、借贷契约文书、分关文书、赋役文书等，其中以田产买卖为主的契约文书最多，占总数的70%。这些契约文书虽然记录的是一个短时段的交易过程，但体现了明清以来广西东部地区乡村社会的经济、文化习俗、生态环境和生计方式等状况。本节主要对广西东部不动产交易的契约文书的形制进行探讨。

广西东部地区的买卖契约文书的形制与清水江文书、徽州文书等我国其他地区的契约文书并无较大的差异，内容有契首、主体和契尾三个部分，其要件主要包括立契人、出卖原因、标的物来源、标的物属性、承契人、权利与责任、署押、立契时间。

一　立契人

广西东部买卖契约文书中首先注明的是立契人，也就是卖主。卖主一般对出卖的标的物拥有绝对的处理权，因而一个家庭在买卖不动产时，一般都是男性的丈夫作为立契人。如《乾隆五十七年（1792）十二月十五日奉思福卖田契》：

> 立卖田契人奉思福，今因无银使用，自己分下祖田土名坐落宅下岗田乙丘，该粮捌合，将来出卖，托请中人白永坤上门问到任兴振家承买。当日从中言定，田价纹银拾壹两陵园分整。立契交足，是福亲手接授回家使用。其田卖后，任从买主耕种管业，不得异言。如有言者，卖主承当。立写卖契乙纸付与买主收执为凭。
>
> 　　　　　　　　　　　　替笔人：白永坤（十字押）
> 乾隆五十七年壬子岁十二月十五日立卖田契奉思福（十字押）

这是一份课题组于2020年8月1日搜集于富川瑶族自治县新华乡一份清代乾隆时期平地瑶村民的卖田契。从契中可以看到，这份卖田契是家庭之间的交易，立契人奉思福一人就代表其家庭将"宅下岗田乙丘"出卖给任兴振家。

广西东部地区的家庭不动产买卖契约文书中，虽然立契人的姓名仅为丈夫一人，事实上妻子也会体现在契约中，往往以"夫妻商议"表达。如《民国三十二年（1943）六月十二日岑坤序卖田契》：

> 立写断卖契约人岑坤序，今因家下正事，无银使用，无路出办。夫妻商议，自将分占己业，土名大江口田一丘，该谷三担，该税二分五厘，将来卖断。先问房亲，无银承应。自请中人岑发祥上门问到岑长福允从承买，先去看过田丘水路，明白回家，当中三面言定时值断出田价银一十二万元正，即日立约交足。是伸序亲手接授回家正用。其田明断明买，任从买主永远耕管业，日后不得异言。今恐人心艰（难）信，口说无凭，立写断卖一纸，付与买主收执为据。
>
> 代笔：岑金序
> 中人：岑发祥
> 民国三十二年六月十二日立约人岑坤序

这份民国时期的买卖契约来源于富川瑶族自治县白沙镇。从内容上看，这是一份家庭买卖不动产契约，立契人仅为丈夫岑坤序一人，但从契中"夫妻商议"的表达中，可以看到丈夫岑坤序在出卖"大江口田一丘"时，他经过与其妻子商议，征得妻子同意后才出卖。这也体现了夫妻一体财产制思想，丈夫只是代表家庭进行对外业务。此外，有些契约中，丈夫在世时经常与儿子一起作为立契人，如《宣统元年（1909）三月初十日陈时茂父子断卖田塘契》（《南一》第1/69页），"立尽契杜卖田塘退耕退业人陈时茂父子，因家下少用"，将三丘田出卖给陈历山兄弟。

当丈夫去世时，妻子可以作为独立的立契人签订不动产买卖契约文书。在这种契约文书中，立契人的姓名一般都会以丈夫的姓加妻子的姓和"氏"，如"立契出卖田人萧曾氏"，"萧"即丈夫的姓，"曾"则为妻子的姓。有的契约文书中在妻子姓氏后加"门"字，有的则在"氏"字后还加妻子的名字，如民国二十八年（1939）三月，"立卖田税粮契人卢王氏冬莲，今因无钱正用"，将一丘田出卖给唐仁德。此契中的"卢"为丈夫的姓，"王氏冬莲"则为妻子王冬莲的姓名。有的契约文书中在丈夫姓氏后加"门"字，如光绪戊戌年（1898）八月初七日，"立永远杜卖田拨税耕田契人任门李氏志桂，今因无粮度日"，将一丘田出卖给"外门孙李继知"。有的家庭不动产买卖契约文书中，丧偶的妻子和子孙作为立契人，如：民国三十六年（1947）八月十四日，"立写断卖田契人陈岑氏、子毓燕，今因家中欠银"，将两丘秧田出卖给族嫂于氏和白氏。

在广西东部不动产买卖交易契约中，多人作为立契人的标的物多为家族公有不动产。如《乾隆三十八年（1773）十二月初四日任启福、启贵等绝卖塘契》（《南一》第4/440页）：

> 立绝卖塘契人任启福、启贵、启琏、启美，今为无钱使用。自将前面池塘一口，将来出卖，无人承买。自己上门问到任启德家承买，就日二面言定绝卖银四两整。就日立契交足，卖人接收回家使用。其塘绝卖之后，人无回赎之例，流水下滩，永不归源，任从买主子孙修整管业，作为祖遗之业。过后不得异言，如有异人生之事，买主执出杜卖契书，悔人自招其罪。今人难信，立卖契一纸付与买主子孙收执为据。
>
> 任启福、任启贵亲笔
> 乾隆三十八年十二月初四日立卖塘契人任启美、任启琏

这份绝卖契的立契人任启福等四兄弟，把共有的池塘出卖给任启德家。在广西东部家族公有不动产买卖契约文书中，多人作为立契人主要有某男与侄子为立契人、某男与兄弟为立契人、某男与堂兄弟为立契人、某妻与侄子为立契人、某妻与丈夫兄弟为立契人、某妻与丈夫伯叔为立契人、姊妹为立契人等多种情况。

二 出卖原因

在明清时期的买卖契约文书中，标的物的出卖原因已经形成了一种格式化的表述，即"无银使用""无钱正用"等成为格式化的套语。虽然这些套语只是一种简单而含糊的表述，但在每一份买卖契约文书中，当事人家庭的具体情况是不一样的，导致出卖的具体原因也会不同。根

据买卖契约文书记载的内容，广西东部地区契约文书当事人出卖不动产的主要原因主要有以下几个方面：

第一，春耕无钱。广西东部地区，一些家庭到春耕时就出现经济问题，无钱进行生产，于是就出卖房屋、土地等不动产解决春耕问题。2018年7月28日，课题组在富川瑶族自治县涧别村搜集的30份买卖契约文书中，就有8份买卖契约文书标注出卖原因为"春耕无钱"，占总数的27%。如光绪十四年（1888）四月二十八日，陈求圣"因耕无钱使用，无路出办，夫妻商议"，将自家一丘田断卖给邓敬恩，获得"价银壹仟陆百文正"（《南一》第1/64页）。2022年7月23日，课题组在富川瑶族自治县白沙镇下井村搜集的35份不动产买卖契约文书中，有7份契约文书中的出卖原因为"春耕无钱"或"春上无钱"，占总数的20%。再如民国二十一年（1932）三月初八日，全新龙因"春耕无钱，父子商议，自将己业土名大尾洞田大小二丘"出卖给莫呈友，获银152毫。乾隆九年（1744）三月二十二日，张光柯"今为无牛耕春，自将分下祖业田"出卖给林天珍，得银16两。

第二，缺少粮食。在广西东部地区的一些山区，由于山多地少，缺少粮食是常见的事。另外，一旦遇到旱灾、水灾或虫灾之年，村民经常会遇到缺少粮食的问题。因此，当地村民经常会出卖田地等不动产，解决粮食问题。这种原因一般在出卖契约文书中标注"口粮无度""口粮无敷""年岁困乏，无粮度日""年岁饥荒"等语言。如乾隆二十二年（1757）六月二十日，唐是盛、唐国英因"年成饥荒，口粮不度"，将"自家分下祖遗田，坐落土名假洞田二丘，该税伍厘"出卖给外甥李福儒、李福财，获得1200文钱。同治六年（1867）十月二十六日，李文林"因年荒饥饿，无粮度活，自将分下祖业园地乙角"出卖给堂弟李文先，获得地价300文。从这些契约文书中，可以看到当地村民的生活状态，体现了业主对土地难舍和心酸的心情。为了活下去，业主出卖他们赖以生存的土地等不动产，确实是体现了他们的无奈。

第三，家人去世。"人固有一死"，死亡作为人生的一部分，也是一个家庭的重大事件。在我国传统社会，人死亡后要举行安葬仪式，必得花费一定的经费。一些家境较差的家庭有人去世时，一时拿不出经费，又借不到金钱,于是就变卖家产,从而解决经费问题。广西东部地区这类出卖契约文书中主要标注有"因父亲亡故""因母亲身故""因妻身故""因子身故"等原因的语言。如民国三十年(1941)十月二十一日,唐明姣"因母身故,买棺木超度,四尽连宵,无银正用",将自家四丘田出卖给钟成福,获得法币 300 万元。民国十五年(1926)十月二十一日,林增勋"因父亲亡故,丧费久少",将自家两丘祖遗田出卖给外村何少昌,获得"价银伍千壹百仙"。这种出卖不动产的原因具有不可抗拒性,出卖人迫不得已而出卖家中的不动产。

第四,结婚无钱。婚姻是人生大事,我国传统的结婚需要"三媒六聘",因而需要一定的金钱才能完成婚姻大事。父母为了给儿子完成婚姻大事,一般都会想方设法筹集资金,特别是由于家中儿子较多,家中的长子结婚之后,在分家时还要特意给未婚的儿子留下一份用于解决结婚经费的田产。但有些家庭并不能筹集足够的经费给儿子结婚,于是他们会多方筹集资金,其中也会出卖田地等重要的不动产,从而解决婚姻大事。如 2012 年 12 月 6 日,课题组成员在富川瑶族自治县莲山镇搜集了两份平地瑶村民结婚时出卖田产的契约。第一份是乾隆元年(1736)七月十三日,李湘耀、子李天进"今为娶妻,无钱出办",将"自己分下祖遗田,坐落土名白牛祖面前田乙丘",凭中人王志武劝合,以 3000 文钱的价格出卖给李万宰。第二份是咸丰七年(1857)二月初五日,李绍林"今因为娶媳,无钱使用,自将土名大栎湾粘禾田一丘"出卖给李绍春,获钱 6000 文。此外,一些家庭因嫁女无钱时,也会出卖不动产,如道光三年(1823)十一月初八日莫敬芳,因"妹妹出嫁,无路出办",于是他与母亲商议,将"冲见田大小三丘"出卖给莫远金,得钱 5000 文。

第五,欠债还钱。欠债还钱是天经地义的事,一些欠债的家庭为了还债,也会把不动产变卖。如 2018 年 6 月 25 日,课题组在富川瑶族自治县新华乡龙集村搜集的《光绪二十二年五月初六日任求书卖田契》:"立写永远杜卖推拨税根田契人栎岗村任求书,今因少欠债目,无钱填还,自将祖遗分下坐落土名枧嘴田一丘",自请中人任绍章说合,出卖给龙集村莫文正,得钱 14000 文。

第六，生病无钱。生病需要就医治疗，村民一旦生大病，无法筹集到钱治疗时，他们就会把不动产出卖而治病。如咸丰五年（1855）十月二十八日，"立写杜卖房屋契卷人李文富、文昌，今因身患病染，自思无计，自将分请祖遗房屋一座，叔侄均分明白，四公名下请左边上一节，堂屋四分占一分"，出卖给李绍林，得8800文钱。光绪十六年（1890）六月二十九日，唐朝可因"为子有病，无钱使用"，将自家栎树地一块出卖给周世启，获得400文钱（《南一》第8/459页）。

第七，节日无钱。在广西东部地区，族群众多，每个族群基本上都有自己特殊的节日。2019年7月5日至15日，笔者在富川瑶族自治县的朝东镇、麦岭镇、城北镇进行田野调查时，就参加了五个村落的节日。这些节日也是该族群的文化表征，每家每户都得参与其中。如清明节，贺州富川县、平桂区等村落族群在每年清明节只是每家挂扫自家的坟墓，而整个村落族群公众的坟墓则不是在这一天，不同的族群有不同的"清明节"。在公众的清明节时，每家都得出钱参与活动，因此一些无钱的家庭在无法筹集金钱的情况下，只能变卖不动产，以解决资金问题。如乾隆四十年（1775）正月二十日，陈儒礼、陈儒坤等六兄弟，因"清明挂扫，无钱使用，自将分下祖田，坐落土名坝仔脚田乙丘"，出卖给土桥村李万枝，获得价银8000文。再如民国六年（1917）四月初三日，富川瑶族自治县莲山镇鲁洞村周启洢"因为寒节，无钱使用"，自将一处房屋断卖给周相思，得钱5900文。咸丰六年（1856）十月初十日，盘定章、定赐"因年将岁末，无钱使用"，将"分下屋地石壁脚上面乙座"出卖给盘裕韬、裕袯兄弟家，获钱300文。

此外，广西东部地区村民还有因其他多种不同原因而买卖不动产者，如任承相"因官讼无钱"而把自家祖遗田出卖，得钱16000文（《南一》第4/486页）。道光九年（1829）二月初十日，唐宗坤"因考试，无路出办"而出卖两丘农田，得钱9000文（《南一》第4/453页）。民国三十二年（1943）一月十五日，卢经庭"为因意欲耕种，弃远就近，将父手置田业，土名石子街四方田壹丘"，断卖给杨裕富。例如道光元年（1821）五月三十日，因"官讼在县、无钱使用"，陈学辉、徐孟升两人将一块杉木林出卖。

三 标的物属性

在买卖契约文书中，标的物来源属性是其重要的组成部分，也是确保买卖交易成功的重要保证。作为契约文书中交易的农田、房屋、林地、水塘、宅地、阴地、畲地、竹木等标的物，来源必须明晰，产权应当具有合法性。同时，作为交易的标的物，特别是固定资产，除了来源的合法性外，其地理空间的明确性也是一个重要的方面。另外，作为商品的标的物，其价格的合理与书写的规范在买卖契约文书中应该有明确的表述。这样一来，交易双方才能确保标的物在交易过程中能顺利地进行，避免日后产生纠纷和争执。从课题组搜集在广西东部的契约文书看，买卖契约文书的书写人文化水平虽然各不相同，但契中对标的物属性的表述体现了规范性与地方性特色。

（一）标的物权籍来源

买卖契约文书中的标的物权籍，是指出卖标的物者按照法律法规，对标的物占有、使用、收益和处分的权力。出卖人的标的物来源的合法性是买卖交易成功的先决条件。从课题组搜集广西东部地区买卖契约文书中来源看，标的物主要有四种来源：

第一种是出卖人从先祖继承下来的祖业，这种标的物在买卖契约文书中，一般都标注了"祖业""祖遗"等文字。如《光绪九年（1883）二月初三日任兴隆、任兴亮兄弟等卖地契》，"立永远杜卖地契人任兴隆、任兴亮兄弟等，今因无钱使用，将分下祖遗，坐落土名连塘牛鼻爻地乙块，将来出卖"（《南一》第1/12页）。《民国三十四年（1945）正月初七日陈发养、陈月有卖茶子木契》，"立写断卖茶子木约人陈发养、陈月有，今因家下无银使用，无路出办，兄弟商议，自将分占祖业，土名有禾冲口，将来出卖"（《南一》第1/27页）。在上述两份买卖契约文书中，立契人出卖的标的物都是他们的祖遗产业。广西东部地区买卖契约文书中，绝大部分出卖的标的物来源为继承下来的祖业。如2022年7月23日，课题组在富川瑶族自治县白沙镇井下村搜集的35份不动产买卖契约文书中，有21份买卖契约文书中标的物来源为祖遗产业，占总数的60%。

第二种是出卖人自己购买或创造的产业。在这种买卖契约文书中，一般标注"手置""买受"等字眼，如《同治十一年（1872）二月十六日潘志兰断卖田约》，"立写断卖田约人潘志兰，今因舍远就近，父子商议，自将手置，土名庙底江连车田乙丘"，出卖给徐光龙，得钱24000文（《贺博整理本》第05886号）。《民国十七年（1928）十二月十七日任万通卖田契》，"立写永远杜卖推拨税根田契人任万通，今因无银使用，自己先年买受坐落土名下路圳路边田乙丘"，托中人任兴汉问到任宪书家承买，获得田价银300毫（《南一》第1/22页）。在这两份卖田契中，出卖人所出卖的标的物都是他们自己置买的农田。

第三种是出卖人与他人共有的标的物。如《癸丑年五月初四日钟乱贱卖牛契》，"立卖牛契人钟乱贱，家养黄牛母子贰条，与古羊春朋管四股，本三股。今将出卖乙股，自留贰股。托中刘玉秋招到买主邓书泰出银承买朋管为业"。又如《民国二十五年（1936）十一月二十六日李隆保卖黄牛婆带子字》，"立卖黄牛婆带子字人杨隆保，今将得买黄色牛婆二双内，将所管八股（之）乙股自愿请中刘宗权，卖与谭明才"。在这两份卖牛契中，立契人所出卖的标的物都是与他人的共同财物，而且都是只出卖其中的股份。再如，在《光绪十六年（1890）二月初十日陈翁光卖池塘契》中，由于无钱使用，陈翁光将自己所占"岭皆塘"十二分之一的所有权出卖给潘转昌，得钱1500文。

第四种是出卖人获赠的标的物。赠与的财产属于业主合法的财产，有明确的来源，业主有自主的处理权，特别是当业主生产生活中遇到困难时，可以自由出卖。如《民国三年（1914）三月十六日李光浩卖嫁奁田契》，"立写卖田契人李光浩，今因无钱使用，自将嫁奁田，坐落土名假洞大田乙丘，该原税乙分贰厘"，出卖与周文安，得钱120毫。又如，《光绪十三年（1887）五月初六日唐秀娣卖田契》，"立写杜卖田契人唐秀娣，今因夫故，无钱出办使用"，将自己嫁奁田出卖（《南一》第3/469页）。在这两份契约文书中，买卖的标的物都是女人出嫁时从娘家获赠的嫁奁田。

（二）标的物方位

在不动产的买卖交易中，标的物具体地理位置、面积等空间要素的明确是交易成功的重要条件，可以避免日后产生纠纷。在广西东部地区的买卖契约文书中，先是标明交易物的坐落地址，然后标明四至位置，一般林地、熟地等标注为"上、下、左、右""东、南、西、北"或"前、后、左、右"等，如《民国三十二年（1943）十月十八日龚怡标断卖园地契》（《贺博整理本》第07554号）：

> 立写断卖园地契人龚怡标，情因正用，无路出办。夫妻商议，自将己下地业，土名窑头园地乙丘，东至新怀地，南至杏裕地，西至开胜地，北至乐昌地，将来断卖。先问房族邻，无人承应。托请堂兄龚应荣登门问到彭正赐出言承应，当日看明地丘，四处分明。回家三面言定时值地价法币贰仟叁佰伍拾元正。系怡标亲手接受回家支用。其地此断之后，任凭买主耕种管业。日后不得反悔异言。恐（空）口无凭，立写断卖契乙纸付与正赐收执为据。
>
> 　　　　　　　　　　　　　中人：龚应荣　代笔
> 　　　　　　　　　　　　　卖主：龚怡标（指模）
> 　　　　　　　　　　　民国三十二年十月十八日立

在这份断卖园地契中，出卖人龚怡标在契中把出卖的园地的坐落位置及数量"土名窑头园地乙丘"和四至位置"东至新怀地，南至杏裕地，西至开胜地，北至乐昌地，将来断卖"标注得非常清晰。这种清晰的地界表达可以有效地避免日后的地界纠纷。

为了强调标的物的方位，有些买卖契约文书在书写的时候，四至方位特意写在契约文书的正文后，而且单独成行。如《同治十二年（1873）二月初七日李开证卖熟地契》：

> 立卖熟地契人李开证，今因家下无钱使用，自将祖遗熟地养牛地出卖，自请中人莫正松向到本村黎开瑞、开善兄弟二人凑价承买，当中三面言定地价钱贰千四百文正。即日立契交足，入手应用。熟地尽卖，任从买主耕种管业，卖主不得异言。今欲有凭，付

与买主收执为据。

          东至黎柜典石桩 止
          南至黎正茂地圳 止
          西至黄姓石桩 止
          北至黎添吉石桩 止
          中人：黎正松 正
          代笔人：李秉代字
       同治十二年二月初七日李开证

  在广西东部地区的园地、荒地等买卖契约中，标的物具体的四至方位都进行了标示。此外，广西东部地区的林地买卖与清水江文书中林地买卖一样，契约文书中对林地"前、后、左、右""上、下、左、右"或"东、南、西、北"四个位置的边界都清晰地进行了标注，以免引发地界不清的纠纷。如民国二年（1913）九月三十一日，何燕山在断卖林地的契约中，对标的"林地"的四至边界进行了细致的标注："左至屋，右边田头为界，上至山脚，下至田边"。但在农田买卖时，广西东部地区的卖田契很少对交易农田的四至方位进行标示，只对农田的具体位置进行标注。

  （三）货币计量

  在买卖、租佃、典当、借贷等契约文书中，交易方的经济利益都体现在其中，因而标的物价格是契约文书中一个重要的构成要素。为了防止纠纷的出现，契约文书中对标的物价格的词语表述有一定的规范性。在广西东部地区的契约文书中，标的物价格中数字的书写一般都是以汉字代替阿拉伯数字，即把"1"写成"壹"或"乙"，"2"书写为"贰"等。如《民国二十年（1931）十二月二十五日任求富卖田契》中的价格为"洋毫壹佰毫"（《南一》第1/23页）。

  另外，契约文书中标的物价格和价钱的计量用语表述非常具体。通过整理，广西东部地区契约文书中标的物的价钱、价格类词语主要有价银、价钱、银钱、白银、银、洋银、花银、洋毫、法币、铜钱、桂钞、国币等。从时间上看，从搜集的明代契约文书中，可以看到明代契约文书中标的物的价格词语主要为价银、银、价钱等。例如《嘉靖二十九年（1550）八月二十三日盘天保卖田契》中的"田价银肆两整"；《崇祯十六年（1643）二月十日盘世盛卖地契》中的"三面言定人价钱叁钱整"。

清代时期的主要为价银、价钱、银钱、纹银、白银、铜钱、银、洋银、花银、洋毫等，如《乾隆五十七年（1792）二月二十四日何朝光卖田契》中的田价为"花银贰两伍钱整"；《乾隆八年（1743）十二月十五日林秀叶、林秀檠卖田契》中的"二家三面言定，时值田价纹银壹拾壹两正"；《光绪十六年（1890）二月十七日陈岑氏、子永导卖地契》中的"当中三面言定，时值地价铜钱贰千文正"。

民国期间的主要为价银、价钱、银钱、白银、银、洋银、花银、洋毫、法币、桂钞、国币等。例如《民国二十九年（1940）正月十九日任神得卖税根地契》中的"时值地价银法币捌拾毫正"（《南一》第1/25页），《民国二十一年（1932）十二月初七日明宗云卖田契》中的"田价洋银壹仟陆百毫子正"，《民国三十年（1941）四月梁银弟断卖松杉山场契》中的"时值桂钞拾叁元正"，《民国三十三年（1944）二月初十日林桂明断卖田契》中的"三面言定，时值价国币壹仟肆佰元正"（《贺博整理本》第05552号）。

此外，广西东部地区标的物价格也可以用价值相近的实物替代，实物主要是作为主粮的稻谷。例如在"民国三十六年（1947）古七月二十五日杨求宗断卖田契》中，杨求宗因无钱使用，自愿将祖遗田出卖给族弟杨春宗，获得"时值田价谷老称陆百斤正"（《贺博整理本》第00006号）。在《民国三十六年（1947）七月三十日陈神逢卖田契》中，陈神逢获得卖田价"谷二百二十五斤"（《贺博整理本》第05464号）。茶油作为广西东部地区村民日常生活用品，在不动产交易时，也通常被用于标的物价格的替代物，如在《民国三十七年（1948）十二月二十四日潘有刚绝卖田契》中，潘有刚在出卖祖遗田时，就获得十斤茶油（《贺博整理本》第05465号）。

四 中人

中人作为第三方主体参与契约文书的签订，是中国古来就普遍存在的惯习，自明代以来就在我国经济交易中普遍流行①。根据对课题组搜集的广西东部地区契约文书的中人的梳理，下文将对中人的身份、中人的功能和中人的报酬进行介绍。

（一）中人身份

中人身份主要指在契约文书中，中人在当地社会中的社会地位，特别是中人与立契人的关系。叶显恩在研究明清时期徽州农村土地买卖契约时，就发现当地农村社会的土地买卖时必须有中人作为第三方主体参与，而且这些中人大多数为出卖人的族人、姻亲、近邻或地保等人士。②在广西东部地区的契约文书中，我们也可以看到与徽州一样，当地乡村社会在交易买卖时一般都需要中人作为交易的第三方主体，这些中人一般都是宗族、近邻等熟悉的村民。如下引的《光绪二十四年（1898）十二月二十日唐秀俫断卖房屋契》（《贺博整理本》第05584号）：

> 立永远断卖房屋契人唐秀俫，今因自于先年借用蒸赏田，无钱填支数目，自将始祖建造房屋天井一座三开，六分占一，将来愿卖。今族堂兄唐秀伦劝合堂侄唐克裘家承断买。堂侄对面言定，房屋价钱壹拾肆千文正。即日契价交足，系是卖人亲手接收。其屋天地砖瓦木石物件是料一概门路依旧便行，甘服杜卖。日后堂侄不得需索异言，任从买主修整入宅安居，永无重异。恐后无凭，此主房屋断契乙纸付与买主收执为据，是实。
>
> 在场人：唐秀伦
> 代笔人：秀保
> 光绪二十四年十二月二十日立永卖房屋契人唐秀俫

从上引的断卖房屋契约中，可以看到唐秀俫在断卖房屋股份时，中人为"族堂兄唐秀伦"，在场人也为"唐秀伦"。例如光绪九年（1883）

---

① 杨国桢：《明清土地契约文书研究》，人民出版社1988年版，第26页。
② 叶显恩：《明清徽州农村社会与佃仆制》，安徽人民出版社1983年版，第64页。

二月初三日，任兴亮、任兴隆兄弟，因无钱使用，请房叔任胜宏为中人，将那块地出卖给任万斌（《南二》第1/12页）。通过整理，发现以族人作为中人的契约文书并不占少数。例如在富川瑶族自治县新华乡松树下自然村发现的43份契约文书中，中人注明为"胞兄""胞弟""房族""堂侄""亲房""叔父"等有12份，占总数的28%；中人与立契人同姓同辈的有10份，占总数的23%；中人与立契人同姓的有12份，占比28%。在这些契约文书中，同一姓名作为中人的契约有4份。

可以看到，当地村民在买卖交易签订契约文书时，大量的族人、亲邻作为中人参与进来。究其原因，主要有两个方面：其一，我国传统的乡村社会是一个熟人社会，同一聚落、同一家族的村民长期生活生产在相同的空间，并且有着族源和血缘关系，因而他们互相之间非常熟悉和了解，请族人作为中人对立契人来说是非常信任的。其二，在我国传统社会的交易中，亲邻有着优先权，以族人作为中人，表示亲邻已经知晓和承认了该笔交易，可以避免日后亲邻纠纷的产生。

此外，在广西东部地区的买卖契约文书中，作为地方精英的户长、族老等人士也经常作为中人参与村落不动产交易活动。例如在《咸丰元年（1851）十二月十七日赵试光推税卖田契》中，赵试光请的中人赵试通就为当地户长（《贺博整理本》第06050号）。

(二) 中人的功能

中人在民间契约文书签订的过程中扮演着重要的角色，黄宗智对我国清代民间土地交易契约中的中人的作用进行了探讨。① 美国学者杜赞奇在研究1900—1942年我国华北地区农村经济时，就认为当地农村在土地买卖、租佃和借贷中，中人是必不可少的。中人主要起到将交易双方介绍到一起，见证交易双方签订契约、在借贷中又兼当保人，保证借贷人按时还钱的作用，同时签约双方发生纠纷和争执时，中人有权利和义务调解纠纷。② 我国学者梁治平认为，中人在契约文书签订中主要起着

---

① [美] 黄宗智：《清代的法律、社会与文化——民法的表达与实践》，上海书店出版社2001年版，第54—56页。
② [美] 杜赞奇：《文化、权力与国家——1900—1942年的华北农村》，王福明译，江苏人民出版社1996年版，第168页。

中介作用，包括寻找交易伙伴、商议价格、证明、监督契约签订和价钱的交付，以及以后的纠纷的解决和仲裁等。① 可见，在人们日常买卖交易中签订契约时，中人主要发挥着介绍、见证、保证和调解的重要功能。② 中人不仅影响着契约文书的形式、内容以及契约的实现，而且成为一种沉淀在人们心中保障契约实施的符号。③ 广西东部地区契约文书中的中人与其他地区的中人功能也无较大差异，主要有着中介说合、见证和调解的功能。

1. 说合功能

中人作为在交易买卖中的第三方主体，主要起着中介撮合的作用，包括帮助出卖方寻找适当的买方、参与商议标的物价格的议定。因而，在民间契约文书中，一般都会注明"凭中""请中""央中""三面议定""凭中说合"等用语。④ 例如《清水江文书》《嘉庆四年（1799）七月十九日姜兰生断卖山场杉森木约》中的"当日凭中，三面议定"⑤。《徽州文书》《清乾隆二十七年（1762）十一月吴兼五立卖田赤契》中的"三面言定九七价银七两正"⑥。《清代广东土地契约文书汇编》《道光二十年（1840）新会张德盛永卖潮田契》中的"三面言定，二家允肯"⑦。通过整理广西东部契约文书，可以发现大部分买卖契约文书都有中人署名。在广西东部地区的乡村社会，村民在田产、房屋等不动产交易过程中，一般都会出现中人，从寻找买方、议定价格、画押成交等一系列过程中，中人都起到重要的作用。因而，在交易的契约文书中都会注明"自请中人△△△引至△△△家承买""请中人△△△上门问到

---

① 梁治平：《清代习惯法——社会与国家》，中国政法大学出版社1996年版，第121—125页。
② 李桃、陈胜强：《中人在清代私契中功能之基因分析》，《河南社会科学》2008年第5期。
③ 陈胜强：《中人对清代土地绝卖契约的影响及其借鉴意义》，《法学评论》2010年第3期。
④ 梁治平：《清代习惯法——社会与国家》，中国政法大学出版社1996年版，第156页。
⑤ 张应强、王宗勋主编：《清水江文书（第一辑）》第1册，广西师范大学出版社2007年版，第1页。
⑥ 刘伯山主编：《徽州文书（第一辑）》第4册，广西师范大学出版社2005年版，第26页。
⑦ 罗志欢、李龙潜主编：《清代广东土地契约文书汇编》，齐鲁书社2014年版，第63页。

△△△承买""请中人△△△上门问到△△△村△△△允从承受"等类话语。如下引的两份卖田契：

  立卖田契人唐廷芝，因无钱使用，自将己下土名大坝上田乙丘，该秧乙崩，税伍厘，将来出卖。自请中人唐象魁上门问到唐郁文劝合买。当中三面言定，时值田价钱乙仟伍百文正，即日立契两交，亲手接受回家使用。其田卖后，任从买主耕种管业，不得异言。所立有凭，立卖乙纸付与买主收执为据。

中人：唐象魁 三拾文
咸丰七年四月十七日立卖田契人唐廷芝亲笔
（《贺博整理本》第05564号）

  立写卖田契人周泰福，今无钱使用，自将分下祖田，坐落土名前面铜钱井马食田乙丘，秧田乙丘，该税叁分，将来出卖。先问房亲，后问四邻，无人承买。自请中人堂兄周富求上门问到李孔清奉价承买。当中三面言定田价钱拾伍两正，即日立契交足，是福亲手接收回家正用。其田明卖明买，任从买主耕种管业，过后不得异言。今立有凭，立此卖契乙纸付与买主收执为据。

堂兄：周富求 钱乙百文
同治六年四月初六日立契周泰福笔
（《贺博整理本》第07059号）

  在上引的这两份契约文书中，出卖人交易的标的物都是田产，两位出卖人在交易的过程中都是"自请中人"上门到买方家，把出卖方出卖田产的信息介绍给买方，从而促使这两次田产买卖交易顺利地完成。我们可以看到两位中人不是自己主动参加契约的签订，而是受到出卖方的邀约而参与撮合双方交易。在第一份契约文书中，出卖田产人唐廷芝是委托中人唐象魁介绍买家承买，于是唐象魁亲自上门到唐郁文家，劝说唐郁文承买，并"三面言定田价钱乙仟伍百文正"。而在第二份卖田契约文书中，出卖方周泰福是在"先问房亲，后问四邻，无人承买"的情况下，自请周富求作为中介人寻找买家，将买卖双方撮合在一起，议定价格，顺利完成田产交易，解决了出卖方周泰福"无钱使用"的境况。

在广西东部的乡村社会，特别是地处较为偏僻的村庄，中人一般是村落中有一定威望和信誉，并且掌握着比交易双方更多信息的村民。这样一来，中人得到乡村社会的信任，能有效地撮合交易双方坐在一起，议定价格，达成交易。特别是乡村社会中经常充当中介说合人角色的中人，他们在寻找买方和提议价格的过程中发挥着重要的作用，这在契约文书中经常书写有"三面言定价银……"等话语中可充分地得到说明。

从整理的广西东部契约文书可以看到，在不动产买卖交易的过程中，买方即使是出卖方的亲邻好友，有些卖方也会请中人介入交易，如下引的一份契约文书：

> 立卖田契人全赵龙，今因口粮不度，自将分下土名洞尾田乙节，米贰合，该秧一崩，将来出卖，自（请）中（人）钟永恩上门问到堂叔全世昌承买。当中三面言定，时值价银叁仟文正，就日立契交足，是龙亲手接受回家应用。其明买明卖，任从耕主耕种管业，再无异言。今恐人难信，立写卖契一纸交买主收执为据。
>
> 中人：永恩
> 嘉庆三年四月十三日立契人全赵龙亲笔立

这份卖田契搜集于富川瑶族自治县莲山镇洋狮村。从契中可以看到，全赵龙"因口粮不度"，将"洞尾田乙节"出卖时，委托同村钟姓村民作为中人介入交易，把田产出卖给堂叔全世昌。再如，光绪二十五年（1899）正月初四日，富川县白竹塘村奉贵书、奉贵贤兄弟委托同村中人奉道坤去说合，将一块宅基地出卖给叔侄奉兆旺家。

2. 见证功能

在传统乡村社会的买卖交易中，作为第三方主体的中人通常是参与了买卖交易的全过程，因而中人具有见证的功能。出卖人在出卖标的物的过程中，通过邀请中人上门到买方家撮合交易，并当着交易双方的面，对交易的标的物进行交易。尤其是交易的标的物为田地等重要的不动产时，中人和交易双方经常一同前往实地，勘查标的物的实际情况，弄清不动产的面积和界址，再回来商议价格。一般在签订契约文书时，书写人经常标注"三面踏看田丘，言定时值田价钱△△△"等字样。如下引的《乾隆乙亥年（1755）正月二十日陈儒辉、陈儒富、陈儒禄等卖田契》：

> 立写断田契人陈儒礼、儒富、儒禄、儒坤、儒辉兄弟等，今因清明挂扫，无钱使用。自将分下祖田，坐落土名坝仔脚田乙丘，该税壹分，将来出卖。自请中人罗长枝问到土桥村李万松家随便价承买。就日当中引至踏看田丘、水路，明白回家，三面言定田价钱捌仟文正。就日立契交足是实，田价钱捌仟文正。就日立契交足。是陈儒礼兄弟等六人亲手收接回家，逐年清明挂扫应用，永念祖宗。其田明卖明买，如后不许陈姓兄弟一人异言等情。如异言此等，将断契执明公理论。恐人心不古，立写断契一纸付与李万枝、万松子孙永远　收执契照。
>
> 　　　　　　　　　　　　　　　　　　　陈儒礼　押
> 　　　　　　　　　　　　　　　　　　　陈儒禄　押
> 　　　　　　　　　　　　　　　　　　　陈儒龙　押
> 　　　　　　　　　　　　　　　　　　　陈儒坤　押
> 　　　　　　　　　　　　　　　　　　　陈儒富　押
> 　　　　　　　　　　　　中人：罗长枝　钱乙百文
> 　　皇清乾隆乙亥年正月二十日　立契人陈儒辉亲笔

为了确保标的物空间的准确性，一般而言，交易双方和中人都会在立契前亲临现场踏勘，了解标的物实际情况后，再回来起草契约文书，并在契中注明"当中踏勘""先去看过"等语言。例如《道光九年（1829）三月初十日龚景修、景佳、景谂卖田约》（《南一》第1/431页）：

立写田约人龚景修、景佳、景谂,今因父亲死,因无钱使用,无路出办。兄弟商议,自将祖遗田,土名庙底水口田乙丘,该税贰分五厘,该禾六十把,将来出卖,先召房亲四僯,无人承买。自请中人龚景礼上门问到陈正桂允从承买,前去看过田丘、水路,明白回家。三面言定,田价钱陆拾仟零贰百文正,就日立约交足,是景修、景佳、景谂亲手接授回家应用。其田明卖明买,任从买主耕种管业。日后不得异言。今恐人心难信,立约为凭。

中人:景礼

道光九年三月初十日立人龚景修、景佳、景谂

在这份卖田契中,龚景修、龚景佳、龚景谂兄弟,因父亲去世,无钱使用,于是将一丘祖遗田出卖给陈正桂。在交易前,买卖双方和中人"前去看过田丘、水路,明白回家",再书写契约成交。同时,契约中对标的物的税额和面积都作了明确的交代,"税贰分五厘,该禾六十把"。契中的"把"为富川瑶族自治县当地村民计算农田面积的单位之一,下文将做专门论述。

在中人陪同下,交易双方一起到现场丈量田地的事实,就使这件交易买卖活动显示出了一种公开性,也使交易事实在当地乡村社会得到认可。中国传统乡村社会中,在没有专门作为公证机构的状况下,不动产的交易、分家析产等重要事务中,作为第三方主体的说合中人就充当了乡村社会的公证人。[①] 由于中人的见证,传统乡村社会中不动产等交易买卖的合理性和可靠性得到有效的保证,也有效地维系了当地民间交易市场秩序的稳定。在广西东部地区乡村社会的不动产买卖交易中,在中人的见证下,交易双方达到意向后,书写契约文书时往往标注"三面言定",有些契约中还标示了"日后不得异言,若有异言,执出契约,自干作罪"(《贺博整理本》第00243号)等承诺。这样一来,不动产等交易中在第三方主体中人的见证下,双方交易契约文书的签订

[①] 陈胜强、王佳红:《中人在清代土地绝卖契约中的功能——兼与现代相关概念的比较研究》,《法律文化研究》2010年。

能够顺利地完成，并为日后履行契约的责任义务和纠纷的解决提供了保障。

3. 调解功能

通过中人的介绍说合和见证，交易双方签订契约文书，但在实际履行契约的过程中，交易双方也有可能会产生纠纷和争执。中人作为参与交易买卖的第三方主体，不仅是双方交易的见证人，而且肩负着调解纠纷、化解矛盾的责任，是负有连带负责的一方①，有"甘当代还"的义务②。这种责任在历代都是得到官方认可的，如果契约文书签订之后，买卖双方出现纠纷，中人有责任进行调解，如果中人参与了欺诈行为，官府有权进行干预处理，到明清时期，官方还在法律中对中人的这种行为进行严厉的处罚。③ 在广西东部地区的不动产买卖交易中，为了防止中人在契约签订时有欺诈行为而出现矛盾纠纷问题，于是契约文书中还特意标注了"为中是问"的责任，如《民国十六年（1927）二月二十五日义炳文杜卖房屋地契》：

立杜卖房屋地契人义炳文，因家下无银正用，故将自己所买房屋一间，凡砖瓦木料门限大小寸土一概出卖。自请中义维达为中，上门问到族义林宽承承买。二面对中言定价银贰拾捌元正。即日立契交足，亲收回家应用。其房屋明卖明买，自卖之后，任从买主居住，毋容内外人等生端异言。如有等情，一并为中是问。今人言难信，立契为据。

中人：维达

义显昌　亲笔

民国十六年二月二十五日

在明清时期，土地、田产等不动产交易之后，有些交易并不是一次

---

① 李祝环：《中国传统民事契约中的中人现象》，《法学研究》1999 年第 6 期。
② 杨国桢：《明清土地契约文书研究》，人民出版社 1988 年版，第 47 页。
③ 马建石、杨育棠主编：《大清律例通考校注》，中国政法大学出版社 1992 年版，第 435 页。

性就完成，卖主可能会出现补价、找价的行为，有些交易可能会产生多次补价之后才能完成。因而，在补价的过程中，交易双方由于意见不合而产生矛盾纠纷。作为中人，在交易当事人产生纠纷之后，往往会参与调解，并发挥着不可替代的作用。从整理的广西东部契约文书中，我们可以看到自明代到民国时期的不动产买卖中，经常出现原卖主补价的现象。如下引的一份契约：

> 立补屋地契人黄光秀、光钦、光全，今因家下缺少费用，无从出办。自将祖遗税地乙处，土名大平地屋地乙座，先年卖与黄姓为业，仍请原中上门说合，黄修兰出钱，承补地屋价钱七千五百文正。就日随契交足入手应用。其屋地自补之后，任从买主收执为照。
>
> 引至中人：黄先通
> 亲笔：黄光全
> 道光二十一年十一月初四日　补屋地契人黄光秀　黄光钦

在上引的这份补屋地契中，黄光钦、黄光秀、黄光全三人因无钱使用，于是对先年出卖的房屋进行补价。为了避免与原买主产生纠纷，于是请"原中上门说合"，原买主同意了卖主的诉求，卖主也顺利地拿到了"七千五百文正"的补价。

在搜集到的24份明代不动产买卖契约文书中，我们就发现6份补价契。例如万历二十七年（1599）十二月初一日，何浒润兄弟托请中人何一聪，将自家木园地以二两二钱的价格出卖给欧添秀。过了5年之后，即万历三十二年（1604）十二月初一日，何浒润兄弟又托请原中人何一聪上门到买方家，劝说欧添秀补银八钱。在一般情况下，买方补价之后，卖方会重新书写一张补价契，但也有卖方在原契中增加补价的信息。从整理的2018年8月12日搜集的40份富川瑶族自治县莲山镇下井村的清代土地买卖契约文书中，有10份补价契，占总数的25%。从这些补价契中可以看到，广西东部地区的不动产买卖契约文书签订之后，补价是一种非常普遍的现象，争执十分常见。中人作为契约签订的第三主体，最为熟悉交易的真实情况，因而当出现纷争时，买卖双方首先是提请中人调解，因而在契约文书中经常会标注"请原中△△△上门"或"请原中△△△劝合"等字样。

当然，如果交易双方发生的纠纷，经过中人等调解无果之后，双方可以到官府进行诉讼。关于广西东部地区纠纷解决的问题，将在下文进一步进行探讨。

(三) 中人的报酬

中人作为交易的第三方主体，被交易方给予报酬是普遍的现象，在我国已经拥有上千年的习俗。唐宋以来，交易契约中人的报酬就一直存在，有宴请和钱币等多种方式。① 随着民间契约文书的大量发掘与出版，学界有关中人报酬的研究也取了一定的成果。如史建云在研究清至民国时期的华北地区的田产买卖时，发现中人佣金为田价的2%—6%，清代前期中人佣金最低，为田价的2%—3%，而清代末期到民国时，则达到5%—6%。② 俞如先在研究福建闽西地区的典当契约文书时，发现清至民国时期福建中人酬金占典价的2%左右。③ 郭睿君的研究结果显示，明代徽州地区"中人"的报酬占交易金的2%—5%。④ 到清代时，徽州地区中人的报酬最低为交易总额的2%，最高则为10%，其中5%的居多。⑤

从广西东部地区发现的土地买卖契约文书也可以看到，中人与其他地区的一样，也有报酬，但在契约中记载中人报酬的契约并不多见，明代的不动产买卖契约中没有发现中人报酬的记载，只在富川瑶族自治县新华乡、福利镇和莲山镇的清代至民国时期的契约文书中，发现有少量写有中人报酬的契约文书。中人的报酬主要是钱币，如《雍正元年(1723) 三月初九日任尚彩、尚廷卖田契》：

---

① 张传玺：《秦汉问题研究 (增订本)》，北京大学出版社1995年版，第204页。
② 史建云：《近代华北土地买卖的几个问题》，山西大学历史系、《近代史研究》编辑部《华北乡村史学术研讨会论文集》，2001年12月，第84页。
③ 俞如先：《民间典当的中人问题：以清至民国福建闽西为视点》，《福建论坛》(人文社会科学版) 2009年第5期。
④ 郭睿君：《明代徽州契约文书所见"中人"报酬——兼与清代的比较》，《安徽师范大学学报》(人文社会科学版) 2020年第3期。
⑤ 郭睿君、李琳琦：《清代徽州契约文书所见"中人"报酬》，《中国经济史研究》2016年第6期。

  立卖田契人任尚彩、尚廷，今因房兄任尚朝身故，无处出办。自己遗下税田坐落土名桑母园田二丘，该秧四崩，税粮四合，将来出卖。自请亲兄任玉相为中，引至上门投到房弟任尚梅承买。当中三面言定，田价银贰两整，就日交足，是兄弟二人新手接受回家填丧使用，过后任从买主子孙管业，不许房内一人言反。如有一人言反者，系是原主承当，不干买主之事。恐有人不古，笔断江山，付与买主收执存照。

中人：玉相代笔三十文

雍正元年癸卯岁三月初九日立卖田人 任尚彩、任尚廷

  这是一份富川瑶族自治县内平地瑶村落的一份卖田契。从契中可以看到，平地瑶村民任尚彩和任尚廷在卖田时，中人任玉相的报酬为"三十文"铜钱。

  此外，中人的报酬也有稻谷等实物，如民国三十四年（1945），富川县白沙井头村林树生在断卖一块菜地时，付给中人林树正的报酬为"三斤良谷"（《贺博整理本》第05557号）。我们也可以看到，中人的报酬金额直接标注在原交易的契约中。这种习惯与徽州文书有一定的差别，根据郭睿君对清代徽州中人的研究，徽州地区中人的报酬很少出现在原契约文书中，而主要在誊契、账簿中予以记录，或者在契约签订后以批注的形式说明。[1]

  为了解广西东部地区中人的报酬所占交易金额比例的情况，课题组整理了部分富川瑶族自治区伍仁塘村、新华村关于中人报酬的29份契约文书，并计算了中人报酬占交易总额的比例，如表3－1所示。

表3－1   中人报酬占交易总额比例

时间	契约名称	交易额	中人报酬	占比（%）
雍正元年三月	任尚廷卖田契	2两	30文	1.5
乾隆二十七年二月	奉思荣断卖山契	6两	5钱	8.3

---

[1] 郭睿君、李琳琦：《清代徽州契约文书所见"中人"报酬》，《中国经济史研究》2016年第6期。

续表

时间	契约名称	交易额	中人报酬	占比（%）
乾隆三十九年十二月	奉封月等推拨税根契	3两	1钱	3.3
嘉庆三年二月	赵宗员断卖山塘契	8钱	2分	2.5
嘉庆十年正月	盘现进卖田契	2600文	4分	1.5
道光五年十二月	钟隆旺杜卖山塘契	640文	2分	3.1
道光十年七月	赵试能卖田契	1000文	1分	1.0
道光十七年七月	钟隆春卖田契	6000文	5分	0.83
道光十八年四月	钟隆春卖田契	2000文	32文	1.6
道光二十一年	赵试能绝卖田契	800文	4分	5.0
咸丰元年五月	赵试通永卖塘契	400文	1分	2.5
咸丰元年十二月	赵试光推税卖田契	3000文	100文	3.3
同治四年二月	罗凤恩绝卖地契	2600文	100文	3.8
光绪十六年二月	赵盛有断卖田契	2000文	100文	5.0
光绪二十五年十一月	赵姓叔侄卖田契	4000文	16文	0.4
民国元年十二月	赵盛万卖地契	350文	24文	6.9
民国五年十二月	赵昌相卖地契	400文	32文	8.0
民国七年二月	钟士华等卖地契	600文	10文	1.7
民国九年八月	赵秀福卖荒地契	25毫	1毫	4.0
民国十年十二月	赵秀福卖田契	160毫	7毫	4.4
民国十三年五月	赵昌赐等断卖地契	22毫	16文	6.1
民国十四年十二月	唐神发卖地契	60毫	1毫	1.7
民国十四年七月	赵昌彩等断卖田契	45毫	2毫	4.4
民国二十五年十二月	钟进昌卖田契	35毫	1.5毫	4.3
民国二十九年十月	钟智辉补断卖田契	95毫	4毫	4.2
民国三十二年二月	钟文才断卖屋地契	390元	10元	2.6
民国三十三年十二月	赵富恩断卖田契	10000元	150元	1.5
民国三十四年十二月	钟玉求断卖地契	15000元	500元	3.3
民国三十六年十一月	钟玉能杜卖田契	820000元	10000元	1.2

资料来源：表中契约文书搜集于富川瑶族自治县和《南岭文书》第二辑。

根据表3-1的数据，我们可以看到，清代广西东部地区富川县伍仁塘村、新华村的不动产买卖交易中，中人的报酬占交易总额最高为

8.3%，最低为0.4%，以4%左右的居多，平均值为3.7%。民国时期，这一带中人报酬占交易总额最高为8.0%，最低为1.5%，以4%左右的居多，平均约为4.2%。一般而言，中人在交易中做出的贡献越大，所得到的报酬就越多。如《乾隆二十七年（1762）二月二十六日奉思荣、斯宣杜卖山硌地契》：

> 立写永远杜卖地契人奉思荣、斯宣叔侄等，情缘祖领册载土名大寨下山硌，于本年叔侄开封伤龙，有任玉福、玉德、英全兄弟三人山脚安厝祖坟，兼投户长、族老上门二家劝允，奉姓将来出卖，任玉福、玉德、英全祖背后龙至石碧（壁）为界，劝合任玉福承买，抚振后龙。当日，兼同户长、族老三面言定，山硌地价银六两正，即日立契交足，是奉姓亲手接受回家用度。其祖背卖后任从买主永远为祖，石落深潭，永不归宗，如水下滩，不得回源。墨落白纸，笔断江山，过后不许卖主异言。今欲有凭，立写永远子孙收执存照。
>
> 　　　　　　　　　　　　　中人：奉启祥　五钱
> 　　　　　　　　　　　　　户长：奉球应　乙钱
> 村老：奉永民　乙钱，奉国钦　乙钱，奉永民　乙钱
> 　　　任永相　乙钱，任永祥　乙钱，任高祥　乙钱
> 　　　　　　　　　　　　　任斯正　笔　二钱
> 　　　奉思豪、奉斯德、奉槙进、奉进益
> 　　　　　　　　　　　奉斯贤、奉朝贵
> 乾隆二十七年二月二十六日　卖永远契人奉思荣、斯宣

从这份卖地契中，我们可以知晓这是一份发生过纠纷后而产生的交易文书。奉思荣、斯宣叔侄等在自家土地上"开封"，而山脚下有任玉福、玉德、英全兄弟的祖坟。任玉福等人认为奉思荣等人的行为伤到了"龙脉"，双方产生纠纷，于是奉思荣、奉斯宣等人请中人、户长、族老等人调解，希望能够继续在自家土地上"开封"。最终在调解下，奉姓将自己"任玉福、玉德、英全祖背后龙至石碧（壁）为界"的山地出卖给任玉福、任玉德、任英全作为"抚振后龙"后，纠纷得到解决。由于

参与调解和见证的第三方主体较多,有中人1人、户长1人、村老7人,另还有6位村民,共15人,其中1位中人的报酬为5钱,1位户长的报酬为1钱,每位村老的报酬也为1钱。中人在调解中发挥着重要作用,其报酬占交易总额的8.3%,为第三方主体的最高数。

为了更好地了解广西东部地区中人的报酬情况,笔者又统计富川瑶族自治县白沙镇井下村和黑山村两村13份田地交易契约,整理了中人报酬占交易额比例,如表3-2所示。

表3-2　　　　　　　　中人报酬占交易总额比例

时间	契约名称	交易额	中人报酬	占比（%）
道光三年八月	唐肇联等补田契	350文	30文	5.7
咸丰七年	唐廷芝卖田契	1500文	30文	2.0
同治元年九月	唐廷芝卖地契	1600文	30文	1.87
同治五年十二月	唐廷贵卖田契	5500文	100文	1.8
同治八年九月	蒋光仕卖田契	1000文	30文	3.0
光绪元年十二月	唐廷迁杜卖地契	7100文	150文	2.1
光绪五年十二月	唐秀勋卖地契	6600文	100文	1.5
光绪十九年十二月	唐廷裕卖地契	10000文	100文	1.0
光绪二十一年二月	唐定富断卖地契	500文	50文	10.0
光绪三十四年四月	唐首正卖山场契	4毫	30文	7.5
民国五年十一月	唐克明断卖地契	132毫	4毫	3.0
民国三十一年十一月	唐引春当田契	1600元	30元	1.9
民国三十七年二月	任春佳绝卖田契	400万	15万	3.75

资料来源：表中契约文书搜集于富川瑶族自治县和《南岭文书》第二辑。

从体现中人报酬的富川白沙镇的井下村和黑山村契约文书看,有卖田契、卖地契、当田契、补田契等多种类型,从清道光年间到民国末期,中人的报酬所占交易总额比例最高为10.0%,最低为1.0%,3%左右的居多,平均为3.5%。这与福利镇和新华乡的情况相差不大,清代至民国时期,富川县不动产交易中,中人的报酬占交易总额的3%—4%。

(四) 无中人现象

中人作为民间不动交易中的第三方主体，在整个交易过程中起着重要的作用。① 中人作为第三方交易主体参与立契在明代中叶时就已经成为非常普遍的现象，一般是在当地社会有一定声誉和地位的村民才能胜任，而且随着社会经济的发展，中人成为一种职业。例如清至民国时期，在福建西部地区的乡村社会，中人是一个非常流行的职业。② 在广西东部地区的乡村社会，中人通常也是村落中有一定地位和身份的人，不动产交易一般会有中人出现。但我们在整理契约文书时，也发现无中人的契约文书。如课题组搜集的富川瑶族自治县明代24份不动产买卖契约中，有3份没有中人参与立契，占总数的12.5%。如《崇祯七年（1634）二月十六日奉金良卖地契》：

> 立卖地契人奉金良，今因无钱使用，自将分下土名清人山□□地边。自将年老，无粮接□，自己上门言说，投到任歧巍出投承买。二加（家）言定，时值地价壹钱整。就日随契交足应用接受，不许叔侄人等［异］言，系是金良承当，不关买主之是（事）。其地卖后，任从管业耕种。如为此者，工（公）罚白米五石入官工（公）用。今恐无凭，立写地契买主收执存照。
>
> 代笔：奉文议
> 崇祯七年二月十六日立卖地契人奉金良

在这份卖地契中，卖方奉金良因无钱使用，"自己上门言说"，将自家一块土地出卖给任歧巍家，"二加（家）言定，时值地价壹钱整"。可以看到，奉金良在出卖土地时，并没有第三主体的中人参与说合、调解与立契，而是自己上门去买方家与买方进行交易。

在清代至民国时期，广西东部的乡村社会也有不少无中人参与的契

---

① （美）杜赞奇：《文化、权力与国家——1900—1942年的华北农村》，王福明译，江苏人民出版社2006年版，第168页。
② 俞如先：《民间典当的中人问题——以清至民国福建闽西为视点》，《福建论坛》（人文社会科学版）2009年第5期。

约文书。如 2022 年 7 月 23 日，课题组在富川瑶族自治县白沙镇下井村发现的 48 份不动产交易契约中，其中无中人的就有 7 份，占总数的 14.6%。2018 年 11 月 9 日，在朝东镇秀水村发现的 48 份契约文书中，无中人参与的有 4 份，占总数的 8.3%。2017 年 3 月 29 日，在昭平县马江镇登洞村发现的 37 份不动产买卖契约文书中，无中人参与的有 3 份，占 8.1%。2019 年 9 月 4 日，在平桂区水口会镇车儿村发现的 120 份不动产买卖契约文书中，无中人参与的有 6 份，占 5%。例如下引的《乾隆二十三年（1758）五月二十三日汤金文、金满卖山契》：

  立约卖山人汤金文、金满，系贺县招贤里七甲民。今因祖公遗山场，坐落上橙界底埇尾山圳底一所，上至上圳打出，下至随埇，里至圳头，外至田底打下。兄弟商议自愿出卖，先问族内，无人承买，自身问到坊邻张广笺处承买。二家临山踏看，四界明白。回家，二面言定，山价银捌钱正。一戥称交，兄弟接领使用。其山即日交与买主长管砍柴斩畬，不许卖主重典重卖，私行盗斩等情。实银实约，并无逼勒。一日为始。今恐无凭，的笔写立写立卖山文约一纸付与买主日后长管，为炤（照）。

  乾隆二十三年五月二十三日　立人金满的笔

在这份卖山契搜集于贺州市平桂区水口镇车儿村，契中的汤金文、汤金满兄弟俩在出卖山场时，遵循了传统社会中交易中亲邻优先的原则，"先问族内，无人承买"，然后亲自上门到坊邻张广笺家，双方达成交易意向，并"临山踏看"后，立下交易契约。这一交易过程并没有做三方的中人参与。由于交易双方是坊邻关系，买方对交易的山场并不熟悉，于是到现场踏勘，确认了交易山场的情况。

从整理的广西东部契约文书看，在无中人参与的契约中，如果交易双方是本村人，或者是亲房等互相熟悉的人，大家共同生活在同一村落空间，双方对村落的每一块田土、山场等情况都非常熟悉。因而，交易双方不需要到现场踏勘，只要达到交易意向，双方就可以立契成交。例如光绪十八年（1892）十二月二十七日，盘赐学、盘荣华两人亲自上门到盘赐明家，双方达成意向，将自己"税五合"的一丘田出卖给盘赐明，获得田价3700文钱。同治元年（1862）六月初二日，唐廷芝"因无钱使用"，"自己上门问到弟唐廷彬家"，将自家一块园地直接出卖给唐廷彬，"二面地价钱贰百五拾文整"（《贺博整理本》第05519号）。民国五年（1916）十一月二十二日，唐克明、唐克庆"因无钱正用"，"自己上门到唐克东家"，将自家"长木园路边地三块"断卖给唐克东，获得地价两元钱（《贺博整理本》第05533号）。以上三个案例中，买卖交易双方都是同村同姓的房亲熟人，因而双方没有亲临标的物现场进行踏勘，在协商价格等条款后就直接立下买卖契约文书，完成了不动产交易。这也体现了当地乡村社会的诚信与契约精神，以及社会运行概况。

契约文书经过几千年的发展，契约的行文格式也固定化。在玉林市容县搜集的不动产交易契约文书中，也有大量无中人参与立契。经过整理发现，虽然交易时没有中人参与，但在书写契约文书时，一定会在契尾加上"天理无中"四字。例如《同治十一年（1872）三月二十七日陈华书当田契》（《贺博整理本》第11748号）：

> 立契当田人陈华书，系水上里大平村住民。今因春到无钱使用，愿将祖置之田，土名坐落苦里冰田，大小十三丘，内载陈教户，粮米三升正，出当，先问户族人等，不就，自行问到同里旺山村黄玉麟处"，见田如意，允就。二面言定，时值当田价钱壹拾千文，足底立契，两厢（相）交易。钱当主接足，其田仍挽求受主批包耕种，递年租谷壹百八十斤加五称。如有欠者，任从受主批耕管业。粮税递年找回当主同□上纳。此系两允，并无迫压，又无重典重当。如有此情，当主理直。后来赎契之日，不拘远近，二月中旬，钱入契出。恐（空）口无凭，[□□□]的笔书立当契交收存据。
>
> 　　　　　　　　　　一实　田丘税价注明契内
> 　　　　　　　　　　一实　天理无中
> 　　　　　　　　　　同治十一年三月二十七日立契

在这份当田契中，陈华书"因春到无钱使用"，没有请中人出面，而是"自行问到同里旺山村黄玉麟处"，将"土名坐落苦里氹田，大小十三丘"出当给黄玉麟，"二面言定，时值当田价钱壹拾千文"。虽然没有中人参与交易，但在契尾标注了"天理无中"的字样。有的契约文书中，虽然也有见证人参与立契交易，但在契约中也会标注"天理无中"的字样，如《民国三十七年（1948）十二月初一日黄远汉当田契》中，黄远汉因家中缺少粮食，自己上门到同村的卢义敷家，在黄华荃的见证下，把十三丘田出当给卢义敷，获得稻谷1300斤。① 但从契约行文看，虽然有见证人在场，议定价格时也是"三面言定"，但在契尾中仍然标注了"天理无中"。

玉林容县出现无中人参与签订契约文书的现象，主要体现在清代至民国时期的土地典当契约文书中，在整理的23份土地典当契约文书中，出现"天理无中"的就有10份，占总数的57%，有中人参与立契的则只占43%。这种现象的出现，也与上文富川瑶族自治县的平地瑶地区差不多，交易双方都是坊邻或同村房亲关系，如上契中，交易双方陈华书与黄玉麟为同里关系，《光绪二年（1876）二月二十日张兴贤当脱耕田契》中，交易双方张兴贤与受当人陈肇业为同村关系。《民国十三年（1924）八月初八日陈时华当田契》中，陈时华与陈杰之为同村关系。在交易中无中人参与的现象，可能与当地乡村社会中的交易圈有着重大的关系。当地不动产交易主要是在当地的乡村社会共同体内进行，交易双方都是生活在同一地缘或都有血缘关系的熟人社会，相互之间非常了解和熟悉，因而在有些情况下，交易双方在无中人的情况下，也可以进行不动产交易。

五 承契人

承契人即承买标的物的人，是不动产交易中重要的一方主体。根据对在广西东部地区搜集的契约文书的整理，承契人在契约文书中主要以三种形式出现，分别为直接书写承契人姓名、与立契人的关系加承契人

---

① 吴声军：《清末民国广西容县当田契研究》，《广西民族师范学院学报》2021年第4期。

姓名和村落名后加承契人姓名。

（一）直接书写承契人姓名

在广西东部地区的不动产买卖契约文书中，一般都是直接出现承契人姓名。如《光绪甲午年（1894）二月初二日唐圣保卖田契》中，立契人唐圣保在出卖"该秧二崩"的一丘农田时，"自请中人虞明贵上门问到虞明书家承买"（《贺博整理本》第06973号）。《同治壬申年（1872）十二月初六日盘积仁杜卖田契》中，立契人盘积仁"因无钱使用"，"请中人何瑞昌上门问到何瑞富即收，当中三面言定田价钱叁千文整"（《贺博整理本》第07064号）。从这些契约中可以看到，不动产交易双方一般都是居住在同一地域的同姓或异姓村民的关系。

（二）与立契人的关系加承契人姓名

在广西东部地区不动产买卖契约文书中，有不少承契人姓名前书写有与立契人的关系。如在《乾隆十八年二月初六日元普卖田契》中，立契人元普因为娶妻，需要银两，准备把自家一丘"父遗田"出卖，于是"自请中人托到房侄邦议允从承受"，获得"田价银四两整"（《贺博整理本》第07042号）。在《光绪十八年（1892）十一月初十日杨绍禄断卖田约》中，立契人杨绍禄"因正用不足"，于是准备将自家"养鱼眼田乙丘、三角田乙丘"出卖，于是"自请中人问到胞兄杨绍光允从承受"，获得"价银叁拾两整"（《贺博整理本》第07083号）。在《民国二十八年（1939）二月二十二日龚发祥卖断地约》中，立契人龚发祥"因家下无银使用，无从出办"，准备出卖自家开垦的土地，于是"自请中人陈怀转上门问到堂兄龚吉祥允从承断"，获得"价银伍拾毫整"（《贺博整理本》第00027号）。从上引的契约内容上看，立契人与承契人（买方）都为家族关系，也体现了我国传统社会交易买卖中"亲邻优先"的原则。

（三）村落名后加承契人姓名

在广西东部地区的契约文书中，承契人前面书写有村落等地址的承契人，一般是与立契人为不同村屯的买方。如在《光绪三年（1877）十一月十二日梁门黄氏卖田契》中，立契人梁门黄氏，"因无钱使用，母子商议"，将自家粮田一丘出卖，"自请中人托送鹧鸪村李子丰允从承受"，获得"铜钱拾贰千文整"。在《民国九年（1920）十月二十二日唐梓常卖地契》中，立契人涧别村唐梓常，因无钱使用，"自托中人唐梓志引至上门问到客牛路村何天崇承买"自家六块地，获得"地价钱壹佰贰拾毫整"（《贺博整理本》第00481号）。在以上的两个案例中，立契人梁门黄氏与买方李子丰为不同村寨的村民，立契人唐梓常与买方何天崇分别为涧别村和客牛路村村民。另外，承契人与立契人为同村或同里的村民，有时也会书写"本村""同村""本里""同里"等。如在《民国三（1914）年二月二十四日唐葱苟、唐引荣等卖田契》中，立契人唐葱苟、唐引荣、唐引贵因无钱使用，将"枧口上田乙丘"出卖，"自己上门问到本村何天崇奉价承买"，获得"田价银壹佰贰拾毫"（《贺博整理本》第00476号）。在这份卖田契中，立契人唐葱苟、唐引荣、唐引贵与买方何天崇为同一村的村民。

六　权利与义务

契约文书中约定的权利与义务是保障交易成功的重要条件，因而契约文书中双方的权利与责任条款成为固定的格式。在传统的乡村社会中，不动产是村民重要的财产，特别是农田、山林土地，是他们重要的生产资料。在一般情况下，村民不愿意把自己赖以为生的不动产进行买卖交易，只有在特殊的情况下才进行交易。在不动产交易的契约文书中，立契人交易不动产后获得契约中约定的钱币或相关实物，买方获得不动产的所有权或管理使用权，出卖方保证不动产的合法性，以及家人亲属等不得干涉买方的经营管业活动，日后发生矛盾纠纷时买方与中人的责任等，契约中各主体的权利与义务都有明确的约定。例如《嘉庆二十四年（1819）三月十七日陈明先卖田契》：

> 立写田契人陈明先，今因春到，无钱使用，无路出办。母子商议，自将份下坐落土名松森林冲田，大小叁丘，该禾十六穜，该米五合正，将来出卖。先问房亲四邻，无人承买。自请中人莫子洪上门问到木姜桥陈远胜承买。前去看过田丘水路，明白回家。三面言定田价钱拾千文正，就日交足。是先亲手接受回家应用。其田明卖

明买,任从买主耕种管业。日后不得卖主异言。如有异言,将约为凭。人心难信,立约为照。

代笔:徐秀瑛　押
中人:莫子洪　押

嘉庆二十四年三月十七日　　立人陈明先　押

在这份搜集于富川瑶族自治县白沙镇木江村的卖田契中,出卖人陈明先"因春到,无钱使用,无路出办",于是将自家位于"松森林冲田,大小叁丘",在中人莫子洪的说合下,三方一起"前去看过田丘水路",最后立契成交,以"田价钱拾千文正"的价格出卖给陈远胜。在写立卖田契约时,买卖双方的权利责任与义务非常明确,对出卖方而言,陈明先在出卖田地时,他有着保证所出卖的农田的合法性、获得"田价钱拾千文正"、把"大小叁丘"田交给陈远胜"耕种管业""日后不得卖主异言"等权利与义务。对买方而言,陈远胜则有着付给买主陈明先"田价钱拾千文正"、对"大小叁丘"田"耕种管业""如有异言,将约为凭"等权利责任与义务。

七　署押

署押,即署名和画押,是契约文书中一个重要的组成部分和契约生效的必要条件。交易各方通过协商,达成成交意向,在书写交易契约文书后,所有参与人员必须在契约署名和画押,表示对交易真实性的认可与负责。在广西东部地区契约文书中,署押人主要有中人、见证人、在场人、代笔人等。在我国传统社会中,虽然有文字下乡,但普通百姓上学识字并不是一件容易的事,很多村民没有上学校读书、学习文字的条件。因而,乡村社会中买卖交易的文本一般都是村中上过学堂会写文字的人书写。在立契的过程中,代笔人书写完契约正文后,也会代替不会写字的参与人写好姓名,然后再由参与人在契中画押,表示认同契约的具体内容。会写自己姓名的人则自己在契中书写自己的姓名。参与立契的人员署押之后,表示该契约正式生效。

在传统的乡村社会里,大部分村民不会书写文字,于是书契人会代替他们书写姓名,再由他们在自己姓名后画押。从广西东部地区发现的民间契约文书看,不管是否会书写自己的姓名,大部分参与人的姓名是由代笔人书写,然后自己在姓名后面画押。画押主要有三种形式:

第一种为"十"字押。由于书写简单,"十"字押是广西东部地区契约文书中最为普遍的画押形式。如《乾隆三十八年(1773)十二月初四日任启福、任启贵等绝卖池塘契》中的"任启贵+""任启福+""任启美+""任启琏+"(《贺博整理本》第01932号)。《乾隆二十一年(1756)正月二十八日黎友梢卖田约》中的"同见黎友枝+""代笔中人罗普胤+""立人黎友梢+"(《贺博整理本》第02007号)。《民国丁巳年(1917)十二月二十日任进贵卖田契》中的"中人任世才+""代笔任宗恩+""卖田契人任进贵+"等(《贺博整理本》第01982号)。

第二种形式为不规则的符号。不规则的非文字符号主要有圆形、椭圆形等画押形状。如《民国四年十月初九日陈有志卖田契》中的"在场母李氏〇""在场祖母梁氏〇""中人潘续〇"。这种不规则符号的画押,在广西东部地区的契约文书中较少。

第三种形式为文字或文字加符号。这种形式主要是由会写文字的参与人自行书写,文字押可分为单字、双字和多字,有些文字还画上圈或括号等符号,以示与契中文字进行区别。如昭平县黄姚镇巩桥村《同治二年(1863)三月十五日徐良元断卖田契》中的"中人刘孔章◇""在场兄达元◇""徐良元亲押◇"。《咸丰七年(1857)十一月三十日邱学元断卖田契》中的"在场叔李孟杨◇""代笔叔李天培◇"等。《光绪二十六年(1900)家城断卖棉花熟地契》中的"中人家书◇""代笔万举◇""在场万雄◇""见证万稻◇"。《光绪四年(1878)三月初五日程志全卖田契》中的"中人内弟钟世佳◇""中人刘高宾◇""在场兄志观◇""男步团◇"。经统计,单字画押主要有"正""心""公""押""中""合""忠""清""明""士""到""知"等字,双字画押主要有"正心""公正""诚心""一心""公心""清心""好心""士心""断心"等。多字画押主要有"一片中心""一片忠心""一片清心""一片净心""一片诚心"等。这些文字画押虽然文字一样,但来自不同书写者时,每人都有不同的书写特色,可以说是他们的私有符号,别人难以模仿，具有一定的防伪作用。

除此之外，广西东部地区契约文书中，也有私人印章和指印等其他形式的署押。

八　立契时间

契约文书签订的时间"年、月、日"一般位于契尾部分。明清时期的立契时间一般都先注明皇帝年号，然后是在位年的序号或当年的干支，接下来是月和日。例如"万历三年（1575）八月初三日""嘉靖二十九年（1550）八月二十三日""雍正十一年（1733）十一月二十四日""乾隆丙午年（1786）十月十六日""光绪二十三年（1897）四月初四日""光绪甲辰年（1904）二月二十一日"。在有些契约文书中，明、清两字前加有"大明""大清""皇上"等字，如"大明万历十五年（1587）三月十二日""大清宣统元年新正月十八日""皇上壬子年次二月十六日"等。民国时期的契约文书则直接书写民国△△年△△月△△日，或中华民国△△年△△月△△日，如"民国壬子年二月二十日""民国十二年四月二十三日""中华民国十八年八月初八日"等。

第二节　广西东部契约文书的特征

由于广西东部地区有着独特的地理位置和自然环境，既是历史上中原地区进入岭南地区的重要通道之一，同时也是沟通历史上海陆丝绸之路的对接区域。随着南来北往不同人群、不同民族人口的流动，大量移民来此定居，广西东部地区形成了以汉、壮、瑶等多民族多人群杂居的格局，也是南北文化的交会点。因而，广西东部地区的民间契约文书内容具有丰富性、多民族性、多方言性、延续性和系统性的特征。

一　丰富性

广西东部契约文书是当地乡村社会的真实反映，其内容涉及多个方面，不仅涉及了当地的历史变迁情况，还涉及当地的经济情况，同时还涉及当地文化习俗等情况，涉及的内容非常丰富。

从整理的广西东部契约文书来看，具体内容有涉及农田、林地、荒地、畬地、池塘、宅基地、阴地、住房、油榨屋、猪牛栏、厕所、粪坑、竹木等不动产的交易，有涉及犁、耙、车、牛马等农业生产工具的交易，也有涉及食物、棉被、衣柜等家庭生活资料的交易。这些契约文书形式多样，涉及断卖、活卖、租佃、典当等多样形式。

此外，契约文书还涉及有甘结书、讼词诉状、判决书、和息合同、议约、戒约、清白字、错字等涉及纠纷解决的诉讼文书和合同；有契税单、归户册、四柱清册、实征册、粮册等赋役文书；有家族的议约合同、宗族公共产业合同、宗祠收入账簿、族谱等宗族文书；有吉课、阴地契、寺庙捐款账簿、寺庙活动记录簿等信仰文书；有分家析产的分关合同、遗嘱、抚养合同、招赘婚书、财产陪嫁合同、过继文书、媒帖、庚帖、鸾书等婚姻家庭文书；有祭文、占书、墓志铭、书信、兰谱、算命单、报帖等民间日用类文书。

这些契约文书全面地反映了广西东部各族人民的日常生活现状，以及乡村社会发展的真实情况，包括了社会治理、经济运行、民间交往、风俗习惯、婚姻制度、宗教信仰等方方面面，是我们研究明清以来广西东部区域社会经济与文化重要的第一手资料。

二 多民族性

由于广西东部地区地域较广，又是一个多民族居住的地区，不同民族、不同地域的契约文书的内容和书写有着自己的特征，反映了当地的自然生态环境、生计方式和文化习俗的情况。汉族主要居住在广西东部地区的平地，壮族居住在山口，由于这一地区田地宽广、土壤肥沃、阳光充足、水资源丰富，有着利于以水稻为主的农作物的生长条件，大部分村民以传统的稻作农耕为生计，一部分村民则以手工业和商业为生计，造成当地的手工业发达，铁器、布匹、食盐、饰品、针线、炼油等日常生产生活用品也非常丰富。因而，生活在广西东部地区的平地的人们留下来的契约文书以农田交易为主，也兼有山林、商业等契约文书。

汉族作为广西东部地区人口最多的民族，内部族群众多，有秦代以来的汉族屯军后裔；有操本地话的本地人族群；有操粤语的广府人族群；有从广东而来的河源客家、河婆客家和长乐客家三个客家族群；有操宝庆话的宝庆人；有操七都话的七都人；有操八都话的八都人；有操九都话的九都人。另外，还有铺门人、船家人、梧州人、鸬鹚人等十余个族群。① 按居住地来分，广西东部地区的瑶族可分为平地瑶、过山瑶和土瑶。平地瑶居住在平坝地区，主要从事稻作农业生产，而过山瑶和土瑶则居住在山区，由于山区农田较少，山地宽广，他们主要从事刀耕火种的生计，也有木材、中药材、茶叶、山货等产品。

不同的民族和族群长期居住在广西东部地区，他们在生产生活中形成并流传下来的契约文书，是我们研究他们族群迁徙、族群交往、族群文化变迁的珍贵素材。不同地区、不同民族和族群的契约文书的内容和书写有着自己的特征，如贺县本地人的不动产交易契约文书与其他地方的契约文书进行比较，从契约文书书写形式上看，最大的特点就是契尾中标注有吉祥语。吉祥语也称"吉利话""口彩"，意为能给人们带来好运的词语，一般是在喜庆日子或重大场合下使用。② 在广西东部地区的家庭分家等重要事务的契约文书中，立契人一般都会在分关文书上写吉祥语。但在一些地区的田地、林木等买卖文书中很少会写吉祥语，如清水江流域的文斗苗寨的林地买卖文书中，就很少发现有标注吉祥语的林业契约文书，富川瑶族自治县和钟山县的田地买卖文书中，很少发现有吉祥语。

然而，在贺县发现的契约文书中，不管是田地买卖、林地买卖，还是房屋买卖，契约中都有吉祥语。例如贺州市平桂区鹅塘镇山岛村发现的田地、山林、房屋等不动产买卖文书都标注了各种吉祥语。在桂岭镇竹园村发现的不动产买卖文书，甚至是借据，也标注有吉祥语，一般标注"天理良心""天理仁心""天理人心""丰登大熟""子孙永远""百世荣昌""长发其祥""永远为炤""始终如一"等。这种现象在富川瑶族自治县、钟山县、昭平县等地的契约文书中很少能看到。

---

① 李晓明：《互动互制与互补互适：广西贺州多样性族群文化生态特质》，《贺州学院学报》2014年第1期。

② 吴忠军主编：《中国民族民俗》，东北财经大学出版社2002年版，第159页。

三 多方言性

多民族、多族群的居住现状，使广西东部成为了多语言、多方言的地区。按方言的来源分，仅贺州市三县两区的汉语就有六种，分别是土话、粤语、客家话、西南官话、湘语和闽语。其中土话是早期来到贺州定居的族群说的老粤语，包括了本地话、昭平话、钟山话、梧州话、铺门话、信都话、六州话、七都话、八都话、九都话和鸬鹚话11种方言，总人口达到116万余人。操广府口音和粤西口音的粤语，在贺州市有57万余人，主要包括八步区、平桂区、钟山县境内的阳山话，昭平县、钟山县境内的连滩话，黄姚镇的街话，八步区的广宁话和开建话，灵峰镇的怀集话，等等。客家话遍布贺州市的三县两区，有37万余人。西南官话也遍布贺州市各地，人口7万余人。湘语主要分布在贺州市的富川瑶族自治县和八步区，人口0.4万余人。闽语主要分布在贺州市的平龙村和樟林村，约0.09万人。此外，贺州市境内还有壮语人口4.7万人，主要分布在平桂区、八步区、昭平县和钟山县。操瑶族勉语的人口有4万余人，贺州三县两区都有分布。① 操不同方言的村民在进行交易买卖签订契约文书时，不可避免地受到本族群方言的影响，因而，他们在书写契约文书的语言表达中，总是把本族群方言和俗字写入文本中。这种带有族群方言特色的契约文书，对我们研究广西东部族群的方言文化有着弥足珍贵的作用。

四 延续性和系统性

广西东部的契约文书是当地各民族各族群人民群众在长期的生产生活与交往过程中自发形成的民间档案资料，也是广西东部地区历史文化中重要的文化遗产。南岭走廊地区在历史上被中土人士称为"蛮夷化外之地"②，广西东部地区虽地处湘桂粤三地毗邻之处，是南岭走廊核心的中段地带，但在历史上这一地区的人口流动极其频繁。一些乡村社会虽

---

① 杨璧菀、邓玉荣：《贺州市的语言种类及地理分布》，《贺州学院学报》2018年第1期。
② （北魏）郦道元：《水经注校证》卷36《温水》，陈桥驿校证，中华书局2007年版，第834页。

然经历过多次浩劫，但遗留下来的契约文书仍然保持了一定的系统性和延续性。契约文书的内容不仅涉及土地、赋役、商业、宗族、教育等诸多方面，也有老百姓的生老病死、婚丧嫁娶、衣食住行、各种风俗习惯等日常生活文书。例如贺州市平桂区鹅塘镇的周氏文书，是周家老祖母在20世纪60年代保藏在门楼上的墙壁缝隙中而幸存下来的。这批契约文书共有300多件，内容涉及了周氏家族从清乾隆十三年（1748）十二月二十七日到民国三十六年（1947）七月十四日，时间跨度长达200年，其内容涉及田地、房屋、山场、水塘、林木、矿产、店铺、商业、账簿、教育、婚姻、析产、分关、谱牒、信函、捐官、毕业证等，系统地反映了周氏家族从清乾隆到民国期间近200年的日常生产生活与社会交往的实况。

从纵向上看，广西东部地区的契约文书有很强的延续性，从明代嘉靖时期开始，到民国时期，每一个时期都有一定数量的文书被保存下来。其中我们搜集到的时间最早的文书为明代嘉靖元年（1522）二月初一日，富川瑶族自治县富阳镇铁耕村何、李二姓共同签订的山场契约书。课题组搜集到的最晚的一份契约文书为1985年3月1日富川瑶族自治县新华乡上坝村黄姓家族出卖水塘的协议书。从明代嘉靖元年（1522）到1985年，时间跨度长达464年。这些契约文书在时间上一张张地紧密相连，真实地反映了广西东部地区乡村社会经济与文化发展变迁的基本情况。

第三节 广西东部契约文书的价值

相对于徽州文书、清水江文书、西北文书、江西文书、浙江文书等其他地区的文书而言，广西东部地区的契约文书虽然发掘比较晚，但内容丰富、数量众多。这些契约文书有着多民族、多族群文化的特色，对学术研究有着极高的史料价值。

一　对历史文献资料的弥补有重要价值

广西东部地区的契约文书可以拓展我国民间文献的搜集、整理与研究范围，补充地方历史、方志等语焉不详处的记载，填补史志和官书废置不用所造成的官方历史文献资料的不足。广西东部地处湘粤桂三省区毗邻之处，在漫长的历史时期，一直是处在"帝国的边缘"，古人称之为"天地以隔内外"的蛮夷化外之地。由于历史上来自不同区域的人群频繁地进入广西东部地区，加上王朝国家力量长期的渗透，使这一区域社会呈现出复杂性和独特性，造成广西东部地区的经济文化教育等相对落后于中原地区，加上域外的精英知识分子鲜有到达这一地区，导致传统的历史文献相对比其他地区要少。广西东部地区契约文书虽然比已经大量出版和研究丰富的敦煌文书、徽州文书、清水江文书、浙江文书、福建文书、太行山文书等地区的文书发掘较晚，但拓展了我国民间文献搜集、整理与研究的范围，丰富了我国民间文献的宝库。同时，广西东部地区的契约文书也是对地方历史文献资料的补充，提供了大量反映该地区基层社会历史面貌和社会变迁的第一手资料。

二 对家庭史和族群关系的研究有重要价值

广西东部契约文书来源于相对村落的农户家中，这些归户性较强的原始资料清楚地记载了该家庭或家族内部的发展，以及与外部的交往交流情况。家庭内每一次农田等不动产的买卖、租佃等都可以了解该家庭当时的实际状况，从分关文书中，我们可以看到该家庭人口和土地等情况。如果对一个家庭或者家族保存下来的多份契约文书进行梳理，一个家庭或家族的历史实况及其变迁就呈现在我们面前。如果把村落中多个家庭或家族不同时期的契约文书进行整理与解读，那么该村落的历史变迁情况也就得到厘清。同时，我们可以了解到当时的社会经济与文化情况，以及作为社会底层老百姓在面对当时的社会和自然情况下，谋求不断发展的生存智慧。例如从贺州市平桂区水口镇张氏文书中，我们就可以看到从清乾隆时期到民国时期，张氏家族的山林经营、农业生产、生活等经济情况，同时也看到张氏家族人口、家庭结构等概况。

千百年以来，不同的民族和族群生活在广西东部地区，他们在长期交往与交流的过程中，形成了多民族文化互动与互融的格局。各民族在生产技术上的交流、生活方式的互动、婚姻的互动、生活资料的互补、语言上的互动、民俗文化的共享等必定会在日常生产生活留下的契约文书等民间文献中体现出来。因而，广西东部地区的民间契约文书为我们研究多民族多族群的互动关系提供了翔实的原始资料。

三 对少数民族"内地化"的研究有重要的价值

除了汉族外，广西东部地区还是一个由瑶、壮、苗等多个少数民族居住的地区，如瑶族是广西东部一个主要的少数民族，在历史上瑶族人民过着"吃一山，过一山"的迁徙生活。随着王朝国家对瑶族地区实施积极的民族政策后，瑶族逐渐地定居下来，成为国家的"编户齐民"。不少学者在研究瑶族等少数民族"内地化"的过程中，在材料的运用上，一般都是运用正史资料，从"自上而下"的视角进行探讨，鲜少涉及少数民族民间底层的文献资料的运用。契约文书等民间资料恰好是这些少数民族在"内地化"过程中形成的文本资料，能够反映历史事件的真实情况。如果在研究中只寻找正史的相关资料，没有在民间文献资料中寻找材料，就不能全面地掌握民间底层的实际情况，研究成果难免会出现偏颇。瑶族虽然没有自己的文字，但他们在与汉族等其他民族交往交流交融中，学习了汉文化，也留下了大量的契约文书等民间文献资料。因此，我们在研究过程中，通过对这些少数民族民间文献资料的梳理与解读，结合正史资料，那么就可以清楚地了解到广西东部地区少数民族"内地化"的过程。

四 对多学科综合研究有重要价值

广西东部契约文书的发现，可以丰富多学科研究的史料，有利于研究者进行综合性研究，对法学、历史学、民族学、文书学、经济学、社会学、语言学、档案学等多学科的学术研究有着重要的价值。如在法学方面，从纠纷解决契约文书中，我们可以了解广西东部地区民间纠纷解决中，国家法在民间的实践，同时也可以了解民间习惯法在乡村社会中的重要作用。此外，中人和其他在场人在乡村社会中的地位和功能，传统的宗法制度，以及传统的契约精神和法制精神，也可以在契约文书中得以体现。在史学方面，可以考察明代、清代和民国时期，广西东部地区乡村社会商品市场中的土地流转的形式与动因、价格变动及其原因、买卖双方的权利与责任，同时也可以了解广西东部地区的产业结构、管理模式和赋税状况等经济活动。在民族学方面，通过契约文书等民间文献，可以考察广西东部地区不同民族的生计方式、生态技能、生态智慧、家庭结构、婚姻制度、宗族制度、宗教信仰、伦理道德、民俗民风等情况。此外，从契约文书中还可以了解多民族多族群地区的国家认同、民族认同、文化认同等情况。在语言学方面，可以从契约文书中探讨各民族的方言俗字，以及人群的语言文化的相互影响。在文书学方面，可以探讨广西东部地区文书的形制、特征与变迁，以及与华北、浙江、安徽、江西、贵州等地契约文书的异同。

小 结

本章通过对广西东部地区民间契约文书文本的分析，对契约的形制、特征与价值进行了探讨。我们可以看到，广西东部地区的契约文书的形制与徽州文书、清水江文书等其他地区的形制基本一致，都包括立契人、出卖原因、标的物来源、标的物属性、承契人、权利与责任、署押等要素。但也有一些差别，如在出卖原因的要素中，广西东部契约文书中有大量的因节日无钱而出卖不动产，这是广西东部地区每个族群都有自己节日的体现，也是当地人们族群认同的结果。另外，由于不同人群的认同感，广西东部出现了大量不需要中人就签订的契约文书，这也是与贵州清水江流域和徽州等区域的契约文书的差异之处。

虽然在形制上广西东部地区的契约文书有着许多相似之处，但这个区域居住着不同的民族和众多的族群，而且他们生息的自然环境也有所差异，因而广西东部地区的契约文书内容丰富，包括人们日常生产生活的各个方面。在广西东部地区的乡村社会中，当地人们有10多种方言，操不同方言人群在书写契约文书时，受自己方言的影响，出现了不同方言的文字和俗字在契约文书中，因而广西东部地区的契约文书具有多方言的地域性特点。

另外，这一区域的契约文书也有延续性和系统性的特点，从明代嘉靖到民国时期的契约文书都有一定的数量。这些民间文书真实地反映了广西东部地区乡村社会经济与文化发展变迁的基本情况，对地方历史文献资料的补充，提供了大批反映该地区基层社会历史面貌和社会变迁的第一手资料。同时，这些文书对广西东部区域社会的经济史、社会史、法律史、民俗学、语言学等多学科的研究有重要的价值。

第四章　广西东部的地权流动

第一节　广西东部房产买卖

一　广西东部民间房产买卖的类型

房产作为传统乡村社会中重要的不动产，是人们生活起居、生产劳动的重要场所。因而，在一般情况下，人们不会轻易出卖交易房产。从整理的广西东部地区的房产买卖契约文书来看，契中标的物主要包括住房、书房、店铺、油榨屋、牛栏屋、粪屋等多种类型。

（一）住房出卖

住房买卖契是广西东部房产买卖契约中最为常见的契约。乡民在缺少金钱使用，没有其他办法解决经济问题时，也会将房产出卖给他人。如下引的两份来自富川瑶族自治县林溪村的两份房屋买卖契：

> 立写断卖推补底屋契人陈启文，今因家下无钱使用，无路出办，母子商议自将祖居底屋乙间，将来出卖。先召房亲四邻，无人承应，自请中人欧光先劝合邓敬恩处允从承买。先去看过底屋界记，四至分明：上有天面行条砖瓦，中有楼楷，下有墙脚屋地门榔头脚柱项等齐全，瓦檐滴水外西边门路乙条。回家三面言定，屋价钱柒仟伍百文正。即日立约交足。是启文亲手接受回家正用。其屋明断明卖，任从买主修整居住。日后不得陈姓见外叔侄生端异言。

如有异言，今立有凭。今恐人心不古，立写断补一纸付与买主子孙永远收执为照。

代笔：李宗成　押
中人：欧光先　押
同治庚午年六月十九日立人陈启文

　　立永杜卖房屋契人黄世登，犯法在牢，不得归家，无处出备，亲手写信归家，分付（吩咐）子锡高、兄世位、世修、世伦、锡宏、锡光，将祖遗房屋二间砖瓦木料楼房地段片石路街--并出卖与人，先问房亲，无人承买。托请程瑞有、黄世达为中，引至上门问到房侄黄昔荣、黄昔奇家出价永买。二家对中三面言定特值杜房屋价钱壹拾肆仟文正。即日立契交足，并无欠少分文。系是亲房叔侄人等接收回家下县支用。其房屋自卖之后，任从买主居住所管，卖主亲房叔孙人等无得生端异言，幡（翻）悔阻滞。如有此情，自甘罪责。今人难信，故立杜卖契乙纸，付与买主收执为凭。

同见：世位、世修、世伦、锡宏　押
中人：程瑞有、世达　押
大清同治辛未年二月十一日立杜房黄世登、黄锡高　押

　　这两份卖屋契都是白契，出卖的标的物都是居住的房间，而且都是"祖遗屋"的一部分。第一份卖屋契出卖的原因是卖主"因家下无钱使用，无路出办"，第二份卖屋契出卖原因则是卖主"犯法在牢，不得归家，无处出备"。在出卖的过程中，两位出卖人都遵循了我国传统社会交易中"亲邻优先"的制度，在"先问房亲，无人承买"的情况下，托请中人上门到买主家达成交易意向。同时在对所出卖房屋"四至分明"的情况下，通过"三面言定"价格后，将自己房屋绝卖。

　　此外，广西东部地区传统乡村社会中，一些乡民在遇到经济问题时，在无法筹集款项的情况下，他们也会将自己整栋房屋及附属物出卖。如《民国十三年（1924）五月十七日义曹氏等杜卖房屋契》：

立写杜卖房屋地契人义曹氏、子维圣、维平等，为长子维后被人禀告，无银使用。故母子商议愿将父所造之房屋，一并凡砖瓦木料门限，大小寸土一概出卖。自请维达为中，上门问到族兄炳□家承买，二面对中言定价银壹拾陆元正。即日立契交足，是曹氏与子亲收，回家使用。其房明卖明买，自卖之后，任从买主择日居住，毋容内外人等生端异言。如有等情，乙并为中是问。今人难信，立契为据。

　　　　　　　　　　　　同见：维善、显祯
　　　　　　　　　　　　中人：维达
　　　　　　　　　　　　代笔：求明
　　　　　　　　　　　　民国十三年五月十七日

　　此份卖房屋契搜集于富川瑶族自治县麦岭镇的义氏家庭，义姓原籍为山东，原住在湖南道州，明代洪武二十三年（1390）时迁入广西富川麦岭一带定居。① 契中出卖人为义曹氏和她的两个儿子义维圣和义维平，因曹氏长子义维后"被人禀告，无银使用"，于是把自家整栋房屋出卖给族兄。

（二）书房、店铺等出卖

　　在传统的乡村社会中，人们非常重视子女的教育，除了到义学读书之外，一些经济条件较好的家族或宗族会投资建立私塾，让子弟接受文化教育。因而，一些家境较好的家庭投资设立独立的书房，以便让子女更好地学习，但在家庭遇到经济问题时，书房也会出卖。如下引的一份契约：

　　立卖书房、店铺地段契人胞弟育萱，今因缺少使用，不敷，愿将父遗书房一座、店铺一座，上下连带骑半一概分占一半，将来出卖与人。自托族叔祖瑞相，兼亲叔永旺为中，同问胞兄育兰承买。

---

① 富川瑶族自治县志编纂委员会编：《富川瑶族自治县志》，广西人民出版社1993年版，第456页。

当时兼中言定，时值价钱壹拾肆千文，实系二家情愿。其钱即日交足，并无少欠分毫。书房铺仔（子）自卖之后，任从胞兄照管，日后无得异言。凡上下装修楼房石条砖瓦，任从胞兄居住修整，无有生端。今恐日后异言，所立卖契一张付执为凭。

中人：瑞相、永旺　押
同治二年正月二十八日育萱　押

这份契约文书搜集于富川瑶族自治县朝东镇秀水村，该村由毛姓建于唐代。由于重视教育，秀水村在宋嘉定十四年（1221）就建立了江东书院。自唐代到清代，毛姓家族先后出了一位状元，二十六位进士。[1] 因而，在传统教育的影响下，秀水村私人建立书房应该是常见的现象。在经济困难的情况下，这些不动产也会出卖给他人。这份契约中，毛育萱"因缺少使用"，因而他出卖书房和店铺应该是迫不得已才做出的决定。再如《嘉庆四年（1799）七月十六日立契彭双山卖店铺契》：

立契出卖店铺人彭双山，今因家下缺少用度，无从出备。情将父置地名炉前冲短坝下瑶丘田角上，自造店铺一栋二间门壁铺盒一并要行出卖，请中间到周五容父子名下承买为业。凭中言定，时值价铜钱二千文整。就日钱两交足，并无短少。自卖之后，任从受主另裱毁拆，卖主再无异言。今欲有凭，立卖契为据。

往来中人：周清山、周丘山
天理仁心
嘉庆四年七月十六日立契卖店人双山亲笔，同男景高

在广西东部地区的潇贺古道，由于地处湘粤桂三省交界之处，是沟通南北的重要通道，人流物流较大，因而不少乡民开设店铺，供过往的客商和行人休息和购物，导致沿途的店铺也较多。于是店铺成为乡民重要的不动产，在遇到特殊情况时，店铺也可以出卖。上引的出卖店铺契

---

[1] 富川秀水村明义房《毛氏族谱》，光绪十八年（1892）。

约中，出卖人彭双山就因"缺少用度，无从出备"，他于是将自家位于田角上的一栋店铺出卖给周五容父子。

此外，在广西东部地区也有南方传统的走马楼民居建筑，在家庭急用时，走马楼也可以出卖，如《民国八年（1919）二月二十二日毛子福卖房屋契》：

> 立卖房屋祈阳走马契人正祀房毛子福，今因父故，丧葬急用，不敷，无从出备。情愿将祖遗房屋，坐落土名大厅地背面前祈阳一座，走马楼一半，其屋祈阳周围墙壁地段，上盖天，下盖地，凡砖瓦、木料、楼梯、大小门限、石条，一概卖尽出卖与人。先问亲房，不愿承买，自托家胜为中，问到上元房毛兴龙家出银贰佰伍拾毫正。即日立契交足，并无拖欠分文。其屋自卖之后，任由买主管业、居住、修整、起造，毋得异言、翻悔、剥价等情，内外人等亦毋得生端阻滞。如有此情，挂红加陪，逐年起利加三，卖主一并承当，不干买主之事。今恐口说无凭，所立卖房屋祈阳并走马楼契约乙张交与买主收执，子孙永远存照。
>
> 计开四抵
中人：毛家胜　立押
民国八年二月二十二日子福亲笔立押

走马楼是我国南方乡村社会中一种特殊的民用建筑，楼房一般是用木材在地基上建筑两层，并建有可以骑马通行的走廊。这份富川瑶族自治县秀水村的卖房屋契出卖的标的物就有走马楼。

（三）牛栏屋、粪坑屋出卖

在我国传统的农耕社会中，牛是农民劳动的重要生产工具。然而牛不能长期地放在野外，也需要修建给牛休息的牛屋。根据各地的习惯，牛屋的修建地点也有不同，一般而言，由于卫生问题，牛屋都修建在房屋附近不远的地方，方便人们喂养和放养，但也有一些地方把牛屋和人的住房连在一起，如有些侗族地区的吊脚，最下一层为养牛、猪、鸡等牲畜的地方，再往上则为人生活居住的楼层。在黔东南的苗侗地区，有些当地人则把牛屋修建在经常劳动的田地边。在广西东部地区，农民的牛屋一般是修建在聚落房屋的附近。牛屋作为乡民的不动产，也可以交易买卖。如下引的两份卖牛栏屋契：

  立写卖牛栏契约人唐友琬，今因无钱使用，出路出办。夫妻商议，自将己业牛栏上节乙节，砖瓦木料一概四角分明，将来出卖。自请中人唐呈瑞劝合，胞兄友达处允从承买，知得牛栏屋地明白，回家当中三面言定时值价银柒拾捌毫子正，即日交足。是友琬亲接回家正用。其牛栏明卖明买，任从买主管业，日后不得异言。今恐人心难信，立写付买主收执为照。

代笔：呈瑞　押
民国甲寅年三月十四日立契人友琬　押

  立写卖牛栏屋契约人唐忠刚，今因无钱使用，无路出办。夫妻商议，自将分下牛栏屋将来出卖。先问房亲四邻，无人承买，自请中人唐朝文上门问到同村唐广寿处允从承买。得知牛栏屋一间，四角明白。回家当中三面言定，时值牛栏屋价肆千贰百文正。就日立约交足，是忠刚亲手接授回家应用。其屋明卖明买，任从买主[管业]，日后不得卖主异言。今恐有凭，人心难信，立写卖约一纸付与买主收执为据。

代笔中人：任朝文　押
同治五年丙寅岁二月二十四日立人唐忠刚　押

上引的两份卖牛栏契均搜集于富川瑶族自治县莲山镇黑山村，该村为平地瑶居住的小山村。由于地处富川县到钟山县的平地一带，村民主要以传统的稻田耕作为生计。在传统的稻作生计中，牛是他们主要的生产工具，每家每户都养有耕牛，建有牛屋。在特殊情况下，他们也可以出卖耕牛，从而解决经济问题。同时，他们也可以把牛栏当给他人，获得银钱。例如清宣统三年（1911）三月初四日，唐友来因无钱使用，将自家牛当给本村唐成彦，获得价银78毫。

庄稼一朵花，全靠粪当家。农家肥是传统乡村社会中主要施用的有机肥料，对农作物的丰收起着重要的作用。农家肥除了动物粪便的厩肥、草木灰等肥料之外，人类的粪尿也是农家肥的重要组成部分。粪尿的储存场所主要是厕所。在广西东部地区的传统乡村社会中，厕所又称"粪坑""厕坑"等，是当地每家每户都有的财产，并且可以出卖。例如《民国癸丑年（1913）三月二十八日立人潘新昌断卖粪坑屋契》：

> 立写断卖粪坑屋约人潘新昌，今因春耕使用，无路出办。夫妻商议，自将己下分占大门口西边粪坑屋乙间，上有天面砖瓦盖，四面墙门路同行，将来卖断。先问房亲四邻，无应，自请中人潘发昌上门问到邓秉桂允从承买。看过粪坑屋，四角分明。当中三面言定，断卖价银一百毫子正。即日立约交足，是新昌亲收回家支用。其粪坑明断明卖买，自断之后，任从买主庄（装）粪庄（装）尿，不得异言。恐人心难言，口说无凭，立写断卖乙纸，付与买主收执存照。
>
> 　　　　　　　　　　　　　中人：发昌　押
> 　　民国癸丑年三月二十八日立人潘新昌亲笔　押

在广西东部地区的传统社会里，普通乡村没有像当今现代的楼房，他们居住的房屋内没有修建厕所，因而大部分乡民的粪坑屋都在住宅屋边的空地或者大路边，既可以方便路人，又能方便乡民劳动生产时挑粪。例如在富川瑶族自治县石家乡石枧村头，一排排的粪坑屋仍然可见。粪坑屋也是当地乡民一份重要的不动产，在无钱使用的情况下，粪坑屋也可以出卖。在上引的这份断卖粪坑屋契约搜集于富川瑶族自治县白沙镇涧别村，出卖人潘新昌"因春耕使用，无路出办"，于是夫妻商议，"自将己下分占大门口西边粪坑屋乙间"断卖给邓秉桂。此外，粪坑屋也可以当卖，如下引的一份当卖粪坑屋契：

> 立写当卖粪坑屋人潘廷封，今因正事，家下无钱使用，无路出办。夫妻商议，自将己下分占大门口粪坑屋一间，将来出当。先问

房亲四邻，无钱承应，自请中人欧恩先上门问到堂叔公潘一胜允从承买。先去看过，四角分明。回家当中三面言定粪坑屋价钱，本利捌千文正。即日立约交足。是廷封亲手接受回家正用。其粪坑屋明当明卖，限至本春社复还。如有不还，任从买主管业担粪，日后不得异言。今恐人心难信，立写乙纸，付与买主收执为照。

代笔中人：欧恩先　押
光绪二十五年四月二十二日立人廷封　押

这一份粪坑屋当卖契约也搜集于富川瑶族自治县白沙镇涧别村，出当人潘廷封"因正事，家下无钱使用，无路出办。夫妻商议，自将己下分占大门口粪坑屋一间"当卖给堂叔公潘一胜，获得铜钱8000文。

二　广西东部地区民间房产买卖的特点

（一）形式多样

在清代到民国时期，广西东部地区传统乡村社会的房产交易买卖内容丰富，形式多样。广西东部房产文书是当地社会历史、经济、生活的反映，其范围涉及乡民的生活居住、劳动生产、学习、经商等多个方面。从目前发现搜集的广西东部地区房产交易契约文书的具体情况来看，主要有上文提到的住房、书房、店铺、牛栏屋、粪屋等买卖契约和典当文约等多种形式的契约文书。从契约文书中可以看到，这些产业作为乡民生活生产重要的财产，在万不得已的情况下，他们是不愿意拿来作交易的。例如在结婚、丧葬、官司、春耕等情况下，无处筹措金钱时，房屋等不动产经常成为交易的对象。

（二）格式完备

历代王朝国家对民间田地、房产的买卖交易契约的形式没有相关的法律规定，仅是对民间房产的买卖交易需要通过向官府交税并盖官印。在民间房产交易的契约文书都是由民间有文化能写文字的人士书写，由于不同地域文化和语言等习俗差异的原因，造成不同地域的契约有不同的地域特色。从上文引用和整理的房产买卖交易的契约文书上看，广西东部民间房屋交易的契约文书的形制基本上是统一的。契首注明买卖交易的性质和立契人情况，契中有买卖交易原因、房产的来源和位置、中人、承买人、价格、各方的权责等，契尾有交易时间，以及中人、见证人、代笔人等署押。广西东部地区房产交易契约文书与其他田地和林地等契约不同的是，田地和林地契约的方位只注明"上、下、左、右"或"东、南、西、北"等四个方位，而房产买卖契约中除了上述四个方位外，经常还会增加如上文《民国八年（1919）二月二十二日毛子福卖房屋契》中的"上盖天，下盖地"的两个方位，从而使买卖交易房产立体的六个方位都得到明确的表述和约定。

（三）亲邻优先

亲邻优先权是我国传统社会交易中形成的习俗，这种习俗自明清以来已经普遍成为不动产买卖交易的规则。在广西东部不动产交易买卖契约中，我们发现当地乡村社会的交易中也有着亲邻优先权的特点，尤其是同宗族的优先权体现得非常充分。例如上文《同治二年（1863）正月二十八日育萱出卖书屋、店铺契》中，毛育萱"自托族叔祖瑞相，兼亲叔永旺为中，同问胞兄育兰承买"；在《同治辛未年（1871）二月十一日立杜房黄世登、黄昔高杜卖房屋契》中，立契人"托请程瑞有、黄世达为中，引至上门问到房侄黄昔荣、黄昔奇家出价永买"；在《光绪二十五年（1899）四月二十二日立人潘廷封当卖粪坑屋契》中，立契人潘廷封"自请中人欧恩先上门问到堂叔公潘一胜允从承买"；在《民国十三年（1924）五月十七日义曹氏等杜卖房屋契》中，义曹氏、子维圣、维平等在出卖房屋时，"自请维达为中，上门问到族兄炳□家承买"；在《民国甲寅年（1914）三月十四日立契人唐友阢卖牛栏契》中，立契人唐友阢在出卖牛栏时，"自请中人唐呈瑞劝合，胞兄友达处允从承买"；等等。在这些房产交易契约文书中，承买人的"胞兄、族兄、房侄、堂叔"等称呼，说明了亲邻优先权能够充分地体现在广西东部地区乡村社会的房屋不动产买卖交易中。

（四）多为白契

为了增加国家财政收入，在东晋时期我国就创立了契税制度。乡民在交易之后，拿契约文书到官府缴纳契税，纳税之后再在契约上盖上官印，这种契约称为"红契"，也称"官契"。没有向官府纳税的契约文书则为"白契"，属于漏税或偷税契约。契税制度虽然使国家对民间契约行为实施了严格的控制，可以减少民间交易纠纷和维持社会秩序的稳定，但民间仍然出现大量的白契，特别是宋代以来尤为突出。出现白契增多的现象，究其原因主要有两个方面：一是在乡村社会中，乡民使用白契能使交易便捷地得到实行，特别是居住在较为偏僻的乡村村民；二是白契在乡村得到村民的普遍认可和接受，其效力并不亚于红契。另外，白契的盛行，也与一些官员在征收契税时私自加征赋税，受贿、中饱私囊的现象时常发生。国家为了打击白契现象，还多次制定法律，加大力度打击拒不纳税的白契行为，如清代的《户部则例》就对偷税行为规定了严厉的处罚措施。在广西东部地区的房产买卖交易契约文书中，绝大部分房产买卖契约都是白契，如上文本节中引用的 10 份房产买卖契约中，不管是住房买卖、书房买卖，还是店铺、牛栏屋、粪屋的买卖都是白契。可见，在房产买卖交易中，白契在广西东部地区的乡村社会中得到普遍的认可和接受，我们从中也可以看到当地社会的信用机制。

第二节　广西东部田地流动

一　广西东部田地流动的类型

从搜集到的广西东部地区的田地契约文书来看，其类型主要包括需要用水灌溉耕种的农田和无须用水灌溉的旱地。农田在广西东部地区的契约文书中一般都标注为"田"。在广西东部地区的契约文书中，旱地有"园地""园土""熟地""畲地""荒地"等多种类型，同时，也有以种植的作物命名的旱地，如麦地、棉花地、豆地等。

（一）农田买卖

在我国传统农耕社会中，农田作为乡村社会中重要的生产资料，也是乡民生存之本，一般情况下，乡民是不愿意出卖农田的。但在搜集与整理的广西东部契约文书中，大部分为农田买卖，如 2021 年 11 月 4 日，在八步区桂岭镇竹园村搜集的 168 份契约文书中，涉及农田交易的契约就有 82 份，占总数的 49%。2022 年 7 月 23 日，课题组在富川瑶族自治县白沙镇下井村搜集的 48 份不动产买卖契约文书中，涉及农田交易的契约就有 25 份，占总数的 52%。这些卖田契与我国其他地区的卖田契一样，在格式、内容和书写顺序上有着一致性。这也是广西东部地区与中原汉文化交往交流交融的结果。从搜集的广西东部农田买卖契约中看，自明代以来就有着统一的格式，如上文引用的《乾隆五十七年（1792）十二月十五日奉思福卖田契》《嘉庆三年（1798）四月十三日全赵龙卖田契》《咸丰七年（1857）四月十七日唐廷芝卖田契》《同治六年（1867）四月初六日周福泰卖田契》等。

广西东部地区的农田买卖契约主要包括以下七个部分：其一，农田交易的主体，即出卖人、承买人和中人，有些契约在承买人前还加上与出卖人的关系，如"族叔""房兄""堂兄""本族"等。其二，买卖交易的原因。广西东部农田出卖的原因多种多样，契约中较多的为"无钱使用"。其三，农田的来源。从契约中可发现，广西东部交易的农田大多为祖上遗留下来的不动产，也有出卖人购置的农田。其四，交易农田的地名、数量及所在的地理位置。其五，农田交易价格和支付方式。其六，权利与责任。权利与责任主要为出卖人对交易农田产权的合法性进行注明，并承担出卖人的责任。其七，签约人、书契人以及其他在场人的署名画押。

水是农田耕作的重要条件和保证，因而在农田买卖交易中，水资源的使用权一般都会跟随着农田的所有权一起转移，这也是传统农耕社会中农田买卖交易的习俗和规则。在同村寨或同房族之间的交易中，由于交易圈是在一个熟人社会中，大家对村寨中的不动产情况都非常熟悉，因而农田买卖一般不会把水资源的使用体现在契约中，于是形成了一种约定俗成的用水规则。然而在不同家族、不同村寨等村民之间的农田买卖交易中，为了防止农田出现用水纠纷，水资源的使用权情况一般都会体现在交易的契约文书中。例如《嘉靖二十九年（1550）八月二十三日盘天保卖田契》：

> 立卖田契人盘天保，今为无银使用，愿将自己分下祖田壹丘，土名坐落上大栎，粮税叁分，出卖与人。先问房兄，后问房弟，无

人承买，自请同户任志辉为中，引至本村瑶邓巴俫言说，其田出卖，是巴俫出银承买。三面言定田价银肆两整，当中随契交足，天保亲手接受应用。其田愿卖愿买。过后两家不许反悔，如有悔者，赴官呈告，公罚白米拾石入官工用，其田给回买主永远耕种。今恐人心难见，当中立写绝卖祖田契约付与买主巴俫收执，永远为照。

　　　　　　　　　　　　　　　　　水等一寸
　　　　　　　　　　　　　　　户长：任祖孙　押
　　　　　　　　　　　　　为中代书：任志辉　公正
嘉靖二十九年八月二十三日立卖田契人盘天保　押

　　这是一份来源于富川瑶族自治县福利镇平地瑶的契约文书。在这份卖田契中，盘天保因无钱使用，将"自己分下祖田壹丘"的所有权出卖给邓巴俫。从契约内容看，由于交易双方是同村人，对契中交易的农田四至位置情况非常熟悉，因而他们并没有到农田现场进行踏勘，正文中只对标的物数量、地名和粮税情况进行了注明。但从契尾的"水等一寸"四字可以看到，出卖人盘天保把本契中交易的农田的水资源使用权也一起出卖。在富川瑶族自治县的平地坝子中，农田的灌溉大多来源于当地的地下井泉或者溪流，村民通过修筑共用的水坝和水渠，把水引到农田。村民在用水灌溉农田时，则按约定俗成的放水口的尺寸进行分配，本契中的"水等一寸"就是交易农田的用水量。

　　另外，在广西东部地区的乡村社会中，村民出卖农田时，出卖人、承买人和中人等主体通常在签订交易契约之前，一起前往实地进行踏勘，了解农田的位置、四至和灌溉的水路等情况，然后再回家商讨价格，最后便签订契约，完成地权转移。下引的民国三十二年（1943）二月二十五日富川瑶族自治县潘志英断卖田约便是一例：

　　　　立写断卖田约人潘志英，今因家下正事，无钱使用，无路出办。母子商议，自将田业，分占坐落土名源裏大田底小田四丘，该秧乙崩，该禾十二穗，该粮六合正。将来出卖，先问房亲，后问四邻，无钞承应，自请中人邓呈照上门问到同村莫呈友允意承买，凭中引去看过田丘水路,明白回家。当中三面言定时值价银法币壹仟陆佰元正,即日立约交足,是志英亲手接收回家费用。其田明卖明买,任从买主永远耕种管业,日后不得异言。今恐人心难信,口说无凭,立写乙纸付与买主收执为实。

中人:邓呈照　押
亲手代笔:潘志英　押
民国三十二年二月二十五日立约

这份契约搜集于富川瑶族自治县白沙镇井下村,契中的潘志英在出卖农田时,他先与承买人莫呈友和中人邓呈照"看过田丘水路",然后回家商议价格,并立契成交。可见,该交易农田的用水灌溉情况得到了明确。这种情况在广西东部其他县域的农田买卖交易时,基本上是约定俗成的,如民国三十一年(1942)十一月二日,昭平县镇南乡横沙村邱佰平、邱善南因"无钱正用",将自家三丘农田出卖给苍梧县狮寨乡木皮村程统新时,他们先是"同中临田踏看,点清田丘界址、坡头水圳",然后再回家商议价格,并立契成交。再如,同治三年(1864)四月初七日,钟山县凤翔镇唐月村唐转昌在出卖农田给陈怀杰和陈刚时,也是"连中踏看,指明田丘水路,以古通流",把农田的灌溉情况明确地书写在交易的契约文书中。

(二)园地买卖

在广西东部地区,园地是种植蔬菜、瓜果、花果等作物的土地。园地一般位于乡民住房旁边或附近不远的地方,方便采摘,是乡民日常生活中主要的蔬菜、瓜果等作物来源地。作为乡民重要的不动产,园地经常也作为交易买卖。例如《民国庚辰年(1940)十一月二十六日龚圣美卖园地约》(《贺博整理本》第00426号):

立写卖断园地约人龚圣美,今因家下无银使用,无路出办。夫妻商议,自将土名屋门底崩木根园地壹块,将来卖断。先问房亲四邻,无银承应,自请中人李序才上门问到胞兄圣旺允从应买。先去看过园地,四角方园,树福为界。回家当中三面言定价银壹佰元正，即日立断交足，是圣美亲手接回家正用。其园地明断明卖，任从买主耕种管业，日后不得异言生端。今恐人心难信，立写一纸付与买主子孙收执为照。

中人：序才　押
民国庚辰年十一月二十六日立约人圣美亲笔　押

在这份卖园地契约中，记载的是龚圣美把自己名下的一块园地出卖给自己的亲哥哥龚圣旺。虽然交易双方是亲兄弟关系，但在交易的过程中兄弟俩还是按照正规的立契交易程序，有中人参与，并亲临标的现场踏勘。可见，广西东部一些村落的亲邻，甚至亲兄弟之间的不动产交易，也严格遵循了通行的交易习惯。

在广西东部地区也有在出卖园地时，直接标注为菜园地，如民国七年（1918）正月十日，王文氏"因乏粮无出，自愿半分占屋左菜园地一节"出卖给王子弼，获得价钱7000文。在钟山县的一些村落，"园地"也称"园土"，如道光二十五年（1845）十二月二十五日，聂承尚"因家下要钱使用"，以"价钱三千文"，将自家园土出卖给堂叔宗金公孙。宣统三年（1911）周楚生"因要钱用度"，将自家三块园土以1400文的价格出卖给刘邓山兄弟。富川县、钟山县一些村落的园地也称为"熟地"，如光绪十六年（1890）二月二十八日，何凌才、何凌钱、何凌形三兄弟"因家中无钱正用"，自将祖遗熟地一块出卖给主房叔何爵庆，获得价钱2200文。民国二十年（1931）十二月初五日，王发清"因缺少资本"，将两块熟地出顶给王治纯耕种，获得价钱22000文。

（三）畲地和荒地买卖

畲地，即经过刀耕火种过后耕作三年的田地。在广西东部地区的畲地，一般是指开荒种植农作物几年后的旱地。在传统的农耕社会中，广西东部地区的乡民耕作畲地也是一种重要的生计活动，可以在畲地上种植黄小米、玉米、红薯、高粱、花生、豆类等作物。特别是一些田地较少的乡民，经常还租山开垦畲地，以种植旱地作物为主。作为不动产的畲地，也经常被作为标的物交易买卖。例如《民国七年（1918）正月十三日陈永兆断卖畲地契》就是一例：

立写断卖断补断贩断赎文契人陈永兆，今因家中欠银支用，自思无路，愿将祖父遗下沙手大畲地一块，将来出卖与人。先后相召（招），无人承受。自请中人向问到族侄陈毓喜兄弟处允承受，是时，同中踏看，界趾（址）分明，回家三面言定时值断价银贰百肆拾毫正。即日立契交银，并无折算，其银系卖人亲手领足。其畲地自断卖之后，任从受主耕种，卖人不得阻抗生端等情。日后言补言赎贩之事，如有上手来历不清，不干受主之事，卖主同中一力承当。此是明卖明买，三家情愿，并无相迫。今恐无凭，立写断卖一纸付与受主为据。

中人：陈永道

民国七年正月十三日立人的笔

这份断卖契来源于贺州市八步区桂岭镇竹园村，该村乡民为广西东部地区的汉族本地人族群。在本契中，陈永兆"因家中欠银支用，自思无路"，将自家一块畲地出卖给族侄陈毓喜兄弟。从标的物的来源看，畲地是卖主的祖父遗留下来的不动产，也是经过耕作种植多年的熟地，但在此村乡民仍然称之为畲地。

在广西东部地区荒地也非常多，有耕种后抛荒多年的荒地，也有从未开垦过的荒地。这些荒地通过增加劳动力的开垦，也可以种植农作物，对乡民来说有一定的价值，因而也可以作为不动产出卖。例如，在《嘉庆丙子年（1816）正月二十三日唐肇乾、唐肇良兄弟杜卖荒地契》中，唐肇乾、唐肇良兄弟俩"因家用不足"，自请唐胜求作为中人，将祖业四块荒地出卖给唐先尺，得钱8800文。在《民国二年（1913）九月二十一日何燕山杜卖地所契》中，何燕山因"不便管理"，自请中人陈成才将"忽头村右边屋头荒地一所，右边田头为界，上至山脚，下至田边"，以花银五两的价格出卖给陈永安。在有些乡村中，荒地也称荒土，如光绪三十四年（1908）十二月二十一日，周国钟、周国镫、周国锡等人因纠纷问题要钱使用，将牛形尾荒土出卖给周国凤父子，获得铜钱700文。

此外，在广西东部地区契约文书中，也有不少以具体的农作物命名的旱地买卖交易文书。这些契约主要涉及棉花、麦等作物，如搜集于富川瑶族自治县朝东镇塘源村的《同治庚午年（1870）三月十九日立林盛宗卖棉花地契》：

> 立卖棉花地契人林盛宗，今因无钱出取，缺少钱文，自将祖遗业地牛角脑地壹块出卖与人。先问亲房，后部四邻，无人承买，自请中人唐正训向到问至唐文美家承买，二比兼中言定，时值价钱壹千壹百文正，就日立契交足，亲收回家应用。其地自买之后，任从买主耕种管业，不得少欠，如有剥削，卖主承当，自干罪究。今人难信，所卖棉花地壹块是实。付与买主收执永远存照。
>
> 中人：唐正训
代笔：林永枝
同治庚午年三月十九日立　卖主林盛宗

在自给自足的传统农耕社会中，种植棉花是解决织布和棉衣、棉被的主要途径，因而乡民经常会种植棉花解决日常生活中的用棉问题。广西东部的瑶族、壮族等少数民族有着悠久的纺织习俗，几乎每家每户都有纺纱车和织布机。姑娘们从小就开始向长辈学习纺织技艺，除了纺织土布之外，她们还会利用植物染料纺织青、蓝、黑、红、绿、白等多种颜色布料，以及制作多种图案的服饰。南宋地理学家周去非在《岭外代答》的"瑶斑布"条中就对瑶族的蜡染工艺进行了详细的记载。[①] 上引的这份订立于1870年的卖棉花地契约就搜集于富川瑶族自治县的瑶族村落，在中华人民共和国成立之前，富川县瑶族基本上户户都有织布机和纺纱车，村民利用自己种植的棉花纺纱织布。因而，当地瑶族村民会根据自家情况而种植棉花，棉花地也成为他们家庭中的不动产，并可以进行交易和买卖。再如，在《光绪辛巳年（1881）十一月二十日唐蒙有卖棉花地契》中，富川县抵源村瑶族村民唐蒙有"因缺少钱文，无处出取"，将自家一块棉花地出卖给唐文美。可见，在富川县的传统社会中，当地瑶族等乡民种植棉花是一种常见的现象。

---

① （宋）周去非：《岭外代答校注》，杨武泉校注，中华书局1999年版，第224页。

在广西东部地区的钟山县和昭平县等其他县的乡村也种植棉花。课题组在昭平县黄姚镇茶埠村一农户中就搜集了四份棉花地交易契约,如《民国九年(1920)十一月初六日潘贤寿典押棉花地契》中,潘贤寿"因娶妻无银支用",将其父亲遗留下来的一块棉花地典押给胞兄潘贤德,得银100毫。《民国丙寅年(1926)十月二十八日潘贤寿典棉花地契》中,潘贤寿因家下正用不敷,将自家棉花地出典给潘新贵,获得洋银220毫。再如在钟山县搜集的《光绪二十二年(1896)十二月十三日钟如恒、钟如愉杜卖棉花熟地契》等。

另外,广西东部地区也有的种植麦、豆等作物的旱地。例如,光绪二十一年(1895)闰五月十一日,杨知修因无钱使用,将自家一块麦地作为抵押,向杨□春借得铜钱2200文。民国二十年(1931)八月十六日彭唐氏,因"家下要钱使用",将石屋坪一块麦地出卖给唐早亭,得钱38000文。民国十五年(1926)二月十二日,潘礼"因移居,无处出办",将四块"自置豆地"典卖给潘兴,获得5块银元。

二 广西东部田地流转的形式

在广西东部田地买卖契约文书中,从书面上看,地权的流转方式主要有断卖、活卖、典当、租佃、交换等多种方式,涉及的标的物包括田地买卖的农田、园地等多种类型。

(一)买卖

根据出卖人是否回赎不动产的所有权,不动产买卖可以分为断卖和活卖两种类型。① 断卖也称绝卖,即不动产出卖后,出卖人把不动产所有权绝对地转让给承买人,不得再回赎不动产的所有权。活卖即出卖人将田地等不动产出卖给承买人后,出卖人在日后可以回赎所出卖不动产的所有权。广西东部地区的民间田地买卖也分为断卖和活卖。

1. 断卖

断卖是广西东部地区田地流转最主要的方式,亦称"杜卖"。田地通过断卖,实现了地权的转移,出卖人不能回赎。自明代到民国期间,

---

① 任志强:《论清代土地流转形式》,《农业考古》2010年第4期。

在广西东部的田地断卖契约文书中，契首一般注明"立断卖""立写断卖""立写永远断卖""立写杜卖""立写永远杜卖"等字样。例如下引的《嘉庆六年（1801）二月初三日唐彦举绝卖地契》（《贺博整理本》第01513号）：

> 立写卖永远地契人唐彦举，今因无钱使用，自将分下土名屋尾岗地一边，自有绝卖，托请中人问到唐得琳家承买。当中言定断卖永远地价钱三百文正。即日交足领讫使用。其地断卖后，任从买主永远管业，过后不得异言。立写永远是实。
>
> 中人：唐伟瑱　押
> 嘉庆六年二月初三日绝卖人唐彦举亲笔　押

在这份签订于嘉庆六年（1801）的卖地契中，唐彦举"因无钱使用"，将自家一宗地出卖给唐得琳，卖价为300文。契首中运用了"立写卖永远地契"的表述，契尾中也有"其地断卖后，任从买主永远管业，过后不得异言"的约定。可以看出，通过断卖，这份契约中标的物的地权已经转移到买主唐得琳手中，卖主唐彦举不能反悔。再如下一份卖地契：

> 立永卖地契人盘进禄，今因无钱使用，自己祖地神边地上下三块，山边后壁正路边塘一口，将来永卖。托请中人赵宗瀿引至上门问到钟万深、钟万洋二兄弟家劝合承买。当中三面言定，永卖地价银壹两伍钱整。就日随契交足，回家使用。其地卖后，买主任从耕种管业。抛石下潭，永不归宗，过后房族不得异言。人心不古，今写契书有凭。
>
> 中人：赵宗瀿　乙分
> 乾隆伍拾三年戊申岁七月初六日写永卖地契人盘进禄　押

在这份卖地契中，盘进禄"因无钱使用"，将自家三块地和一口水塘出卖给钟万深。从契首中"永卖"的表述来看，这是一份土地断卖契，再从契尾"抛石下潭，永不归宗"的声明来看，契中标的物的地权已经转移到买方。

在广西东部地区的断卖田契中，涉及粮税的推收过户，因而契中会特别注明粮税的具体情况。如下引的一份断卖田契（《贺博整理本》第00612号）：

> 立写断卖田契人何广全，今因无钱使用，自己分下祖田坐落土名坝仔脚洞古田乙丘，该税乙分伍厘整，将来出卖。先问房亲四邻，无人承买，自请中人何广林上门问到土桥村李宗全奉价承买。当中三面言定，田价钱壹拾四千文整，就日立契交足，是何广全亲手接收回家应用。其田明卖明买，任从买主耕种管业。如有大造之年，入册了纳。如有异言，卖主承当，过后不得叔侄异言，系是卖主承当。今言难信，立约为凭，付与买主收执为照。
>
> 中人：何广林 押
> 同见人：何文朴 押
> 代笔人：何士周 押
> 嘉庆拾贰年丁卯岁二月初八日立永断契人何广全押

这份卖田契订立于1807年，从契约中可以看出，何广全"因无钱使用"，将自家一丘"该税乙分伍厘整"的农田出卖给土桥村李宗全，卖价为14000文。该农田的地权显然已经转移到买主李宗全手中，但双方并未及时把该地粮税推拨给买主。然而，田地等不动产的登记造册需要一定的时间，因此双方在契中约定"如有大造之年，入册了纳"。再如《民国丙辰年（1916）十二月二十四日唐求星杜卖田契》，"立永远杜卖田契人唐求星，今因造屋，无钱使用，父子商议将祖业买受田土，土名棕母脚田乙丘，又土名荳子地田乙丘，一共二丘，该秧八棚，原税四分，将来出卖……二家自愿断服断卖，任从过册推收入户，房族人不得异言阻滞"。

从整理的富川瑶族自治县新华乡老村屯平地瑶的断卖契约文书看，当地田地推收过割时间不一。例如《乾隆七年（1742）七月十五日唐志雄卖田契》中，交易的时间为乾隆七年（1742）七月十五日，而双方到官府验契推收时间为乾隆三十三年（1768）十二月初九日，从出卖到验契推收相隔了 26 年。在《宣统元年（1909）十月二十四日钟荣保、钟崇现断卖田契》中，推收过户时间为民国二十一年（1932）二月二十八日，时间相隔了 20 年。在《民国十年（1921）十一月初六日钟李氏世英断卖田契》中，唐杏华从钟李氏世英家中购买了"该秧四崩，原税二分"的"秧田乙丘"，双方于民国二十八年（1939）才到村公所推收过户，从出卖到过户，时间相隔了 18 年。在《民国辛酉年（1921）十月二十四日唐现挽断卖田契》中，唐现挽"因买牛无钱"，将自家"该秧二崩，税乙分"的一丘田出卖给唐现华。民国二十七年（1938）十二月二十七日，买卖双方到村公所验契并推收过户，从买卖到推收过户，相隔了 6 年时间。在《民国二十三年（1934）钟朝保断卖地契》和《民国二十二年（1933）钟门恩翠断卖田契》中，买卖双方推收过户的时间均为民国二十八年（1939），分别相隔 5 年和 6 年时间。

2. 活卖

活卖是指交易双方在田地等不动产买卖交易中，卖主并没有把田地所有权一次性卖断，仅是把使用权和收益权出卖给买方，卖主可以在日后备价回赎田地的使用权和收益权。在广西东部活卖契约文书中，并没有标注"活卖"二字，一般是在契首中注明"卖"字，契中再注明回赎时间。如《康熙四十六年（1707）十二月二十二日黄守德卖地契》（《贺博整理本》第 01477 号）：

> 立卖地契人黄守德，今因无钱使用，自己祖地，坐落土名本菜湾地一块，又松由母本路下地，一皆（概）将来出卖，无人承买，托请中黄惟荣、惟科、沈元坤引至任忠甫承买。当中三面言定地价银叁两整，就日随契交足，亲手接领应用，毫无少欠。并无异言，其有异言，买主承当，不干买主之事。其买之后，任从管业。不期年月，任从收赎。今恐无凭，立写契约一张，收执存照。
>
> 中人：沈元坤、惟科、黄惟荣　笔
> 同见人：莫寰志
> 康熙四十六年十二月二十二日立卖地契人黄守德

在这份卖地契中，契首"立卖地契人黄守德"和契尾中"不期年月，任从收赎"的表述，说明这是一份活卖契，卖主有备价回赎契中标的物所有权的权利。但从"不期年月，任从收赎"的表述中，可以看出这是一份没有规定具体回赎时间的卖地契，买主可以在任何时间回赎土地所有权。再如，在富川瑶族自治县莲山镇羊狮塘村《乾隆十七年（1752）二月初八日陈奇明卖田契》中，买卖双方约定"不期年月远近，还回本钱，退出文约"；在《道光十年（1830）十月十二日陈启序、陈启清卖田契》中，双方约定"不期远近，价到约出"；在昭平县走马镇《同治九年（1870）正月二十一日韦光海、韦光连卖田契》中，卖方韦光海、韦光连因父亲去世，无钱安葬，将自家田出卖给潘德梅，双方约定"不拘三年五载，钱还契退"。在《同治乙丑年（1865）二月十五日徐先庆卖地契》中则标注"钱还约出"（《贺博整理本》第01285号）。可以看出，这些契约是没有约定具体回赎年限的活卖契，卖主可以随时备价回赎。

在广西东部地区的活卖田地契中，我们也发现书写有具体的回赎期限的卖地契。如在《嘉庆二十一年（1816）十二月二十日廖贤明卖地契》中，卖方廖贤明在中人唐肇登的说合下，将自家土地出卖给廖贤科，并约定"在立写过二十年满，任从廖贤明归赎"（《贺博整理本》第05713号）；在富川瑶族自治县莲山镇羊狮塘村《道光十二年（1832）六月初六日陈圣宗卖地契》中，卖方陈圣宗和买方陈光通在无中人的见证下，双方在交易中约定卖方"拾年归赎"；在《民国十三年（1924）六月十五日陈朝英卖地契》中，卖方陈朝英，买方聂荣岐、聂荣富和中人黎永长三方约定"限至六年开补归赎"（《贺博整理本》第05914号）。在《民国二十六年（1937）廖成名卖地契》中，买卖双方约定"四年满后归赎"（《贺博整理本》第05764号）。在《同治十年（1871）四月二十四日莫德林卖田契》中，双方则约定在十二月内归赎（《贺博整理本》第10923号）。可以看到，广西东部地区田地在活卖时，卖方回赎的具体时限没有统一的规定，买卖双方会根据情况约定回赎时间，有二十年、十年、六年、四年、三年等不同的回赎时限。

卖方在回赎时，除了把原价给买方外，还会收回契约，同时也会在契约上标注"归赎"等字样。如在《光绪三十一年（1905）十二月二十七日赵盛明立写卖田契》中，卖方在回赎时，契尾的标注"民国癸丑年（1913）十二月二十三日归赎田，赵昌园赎归"，即此农田出卖8年后，由卖方的亲人赵昌园回赎（《贺博整理本》第06017号）。

卖方在回赎田地时，如果原卖契找不到或者丢失，双方可以协商处理，由买方写一张回头契，并由交易双方及见证人签字画押。如民国二十九年（1940）盘神福在回赎先年出卖给杨良善的七丘农田时，因原契一时寻找不到，于是双方协商后，由买方杨良善书写了一张回头契后，七丘农田回赎到盘神福手中。该回头契原文誊写如下：

> 立写回头字据人杨良善，自与先年买受已业，坐落土名高岩洞长田面塘头田乙丘，又土名大井脚路边田乙丘，又土名税热爱田山仔脚田乙丘，又土名山仔脚前面田乙丘，又土名杨家凼田乙丘，又土名白马庙上下贰丘，合共七丘。其田该粮贰升，田契二张，将田契归田原主盘神福。庚辰年十二月二十日归赎田价贰乙拾毫正。即日杨良善所收其田后，杨姓子孙寻出契约作为故契纸，内外不得异言生端。今人难信，立写回头契约乙张付与原主盘神福收执为凭。
>
> 　　　　　　　　　　　　　　代笔人：丁山村杨衍标
> 　　　　　　　　　　　　　　　　　　杨良善　押
> 　　　　　　　　　　　　　　　　　　杨顺满　押
> 　　　　　　　　　　　　　　　　　　盘神福　收
> 民国二十九年庚辰岁十二月二十日立　　杨良善拨回

这份回头契搜集于富川瑶族自治县古城镇丁山村，是原契丢失或暂时找不到而书写的回赎契。在相邻的莲山镇洋狮塘村，卖主在回赎田地时，则是另签订一份"转立契"，把标的物的所有权回赎到原卖主手中。例如《道光丁亥年（1827）三月初二日邓宏逵转立田约》，邓宏逵将先年卖出"税米九合"的农田以"前约正价连补钱壹拾肆千伍百文正"的价格赎回（《贺博整理本》第10970号）。可见，在广西东部地区不同的村落有不同的回赎习惯。

在整理契约文书的过程中，我们也发现契首标注了"杜卖""断卖"等字样，但从具体的内容上看，实际为"活卖"。例如《光绪二十二年（1896）五月初六日任求富永远杜卖推拨税根田契》：

> 立写永远杜卖推拨税根田契人栎岗村任求富，今因少欠，债目无钱填还，自将祖遗分下坐落土名枧嘴田乙丘，该秧四崩，原税贰分，将来杜卖。自请中人任绍章为中，引至上门问到龙集村莫子珍家中承买断。是日，当中诸面言定时值税根田价钱壹拾四千文正，即日立契交足，分文不欠，系是杜卖人亲手接回家正用。其田杜卖之后，任由买主耕种管业，日后不得异言，幡（翻）悔生端。今立有凭，所立断卖字据乙纸付与买主永远收执存照为凭，是实。
>
> 中人：任绍章　四百文
> 光绪丙申年五月初六日立写永远杜卖田契人任求富亲笔　押
> 批明：当老在场归赎　莫科赐　黄国治　任崇进
> 宣统元年十二月初八日任世恩当老在场归赎　押

在这份卖田契中，契首"立写永远杜卖推拨税根田契人"的表述，以及契中"买断"二字，契中出卖农田的粮税已经推拨，明显这是一份断卖田契。但在契尾批注了"宣统元年（1909）十二月初八日任世恩当老在场归赎"，而且还有当地老人"莫科赐、黄国治、任崇进"三人在场见证。可以看出，这份卖田契中契首虽书写了"杜卖"二字，实为"活卖"契。

（二）典当

田地典当是我国传统社会一种常见的经济交易行为，是当人们遇到经济问题时，在确保产权不发生转移的前提下，以土地的使用权及其收益去获得资金的交易方式。① 典当契在我国有着悠久的历史，南北朝时期就是典契的萌芽阶段。② 在汉代时，我国民间社会中已经出现私人经济交易的典当现象③，唐宋时期，我国典当行业形成了一定的规模，并

---

① 龙登高：《清代地权交易形式的多样化发展》，《清史研究》2008年第3期。
② 柴荣：《中国古代物权法研究——以土地关系为研究视角》，中国检察出版社2007年版，第211页。
③ 刘秋根：《中国典当制度史》，上海古籍出版社1995年版，第21页。

且已经成熟①，在明清时期，我国典当行业达到兴盛，典当成为民间乡村社会一种普遍的经济现象。随着社会经济的发展，为了保障人们合法的权益，维护社会秩序的稳定和王朝统治的长治久安，国家在法律上对典当行为制定了相应的法规，促进了乡村社会的稳定和经济的发展。②

随着我国大量民间契约文书等文献的现世，学界对民间的典当习俗进行了较多的探讨。例如：龙登高等通过丰富的史料，对宋代和清代的典田的性质与权益进行了研究③，也对典与清代的地权交易体系进行了探讨。④ 戴建国对宋代的民田典卖进行了探讨。⑤ 曹树基对典地契与典租契的分析，探讨了清代闽南地区的土地市场与金融市场⑥，他也通过对松阳县石仓村"当田契"的考察，探讨了清中后期浙南山区的土地典当中的赎当方式和"当人"与"钱主"身份的转变，以及田价、谷价与利率变动之间的关系等问题。⑦ 田晓霈则通过对黑水城典地契的梳理，对黑水城西夏时期的土地抵押、土地价值等进行了探讨。⑧ 张强通过对清水江文书进行整理，探讨了清代民国时期清水江流域出现的民间"典当"现象，认为"典"与"当"没有实质差异。⑨ 俞如先以福建闽西的契约文书等民间文献为中心，探讨了清至民国民间典当交易中，中人流行的情形、所起作用、中人礼费等多个方面对民间典当的中人问题。⑩

虽然学界对民间典当契约的研究取得了丰硕成果，但鲜有涉及广西

---

① 曲彦斌：《中国典当史》，九州出版社 2007 年版，第 33 页。
② 卞利：《明清典当和借贷法律规范的调整与乡村社会的稳定》，《中国农史》2005 年第 4 期。
③ 龙登高、温方方、邱永志：《典田的性质与权益——基于清代与宋代的比较研究》，《历史研究》2016 年第 5 期。
④ 龙登高、林展、彭波：《典与清代地权交易体系》，《中国社会科学》2013 年第 5 期。
⑤ 戴建国：《宋代的民田典卖与"一田两主制"》，《历史研究》2011 年第 6 期。
⑥ 曹树基：《典地与典租：清代闽南地区的土地市场与金融市场》，《清史研究》2019 年第 4 期。
⑦ 曹树基、李霏霁：《清中后期浙南山区的土地典当——基于松阳县石仓村"当田契"的考察》，《历史研究》2008 年第 4 期。
⑧ 田晓霈：《黑水城出土西夏文典地契研究》，《中国农史》2019 年第 4 期。
⑨ 张强：《清代民国清水江流域民间"典当"——基于"清水江文书"的考察》，《原生态民族文化学刊》2019 年第 2 期。
⑩ 俞如先：《民间典当的中人问题——以清至民国福建闽西为视点》，《福建论坛》（人文社会科学版）2009 年第 5 期。

乡村社会的典当行为。广西东部地区契约文书的搜集与整理，为我们探讨当地乡村社会的典当活动提供了第一手资料，下文将对广西东部地区田地典当进行探讨。

1. 田地典当类型

在广西东部地区的契约文书中，田地典与当非常普遍。广西东部地区的田地典当契约，一般在契首中就有"立写典田契""立写当田契""立写典地契""立写当地契""立写典卖契""立写当卖契"等表述。在这些典当契约中，其中水田典当较多。例如《同治五年（1866）二月十六日莫发誉当田契》：

> 立写当契人莫发誉，今因岁欠，无钱使用，无路出办。夫妻商议，自将分占田业，土名白马洞田乙丘，该谷贰担，税壹□，将来出当。先问村内，无人承当，自亲上门到邻村陈长泰允应，踏看田丘水路回家，二两言定时值当出田价钱肆千五百文正，即立契文，系发誉亲授，其钱限至本年冬月照契复还，并无缺少。若有缺少，任从买主亲耕自种。今恐人心不古，立当一契交与长泰收执为据。
>
> 同治五年二月十六日立人莫发誉亲笔

在这份搜集于富川瑶族自治县莲山镇鲁洞村的当田契中，从具体内容上看，同治五年（1866）二月十六日，出当人莫发誉"因岁欠，无钱使用，无路出办"，将自家一丘农田当给邻村的陈长泰，获得4500文钱。该田交由承当人陈长泰耕种，因而没有利息，由陈长泰自耕抵息，但是在本年十一月时，莫发誉应当把当价4500文钱退还给陈长泰。

广西东部地区的旱地典当也非常普遍。在整理的广西东部田地典当契约文书中，有些当主只在契约中注明"当地"的字样，并没有具体地把出当土地的性质书写清楚。例如光绪二十五年（1899）五月二十日，陈朝恩"因家下无钱使用，无路出办"，将自家窝地二丘出当给同村徐永亮，获得"七大元"（《贺博整理本》第10936号）。民国六年（1917）年三月初八日，龚庆德"因家下无银使用，无路出办"，将自家"地乙节"出当给陈新添，获得"地价银五拾壹毫正"，该地并交给陈新添耕种，双方约定"期银限至下年春社复还"（《贺博整理本》第00024号）。当然，旱地典当契中也有典当园地的契约，如乾隆四十七年（1782）四月初二日，唐傺禄将一块园地出当给唐先秩，获得当价1500文（《贺博整理本》第10917号）。

此外，在广西东部土地典当契约中也常见有棉花地、豆地、油茶地、麦地等具体农作物的土地典当契约。例如民国十三年（1924）十一月二十六日，昭平县茶埠村石挞寨潘儒正"情因年岁饥荒，家中正用不敷"，将自家一块棉花豆地典给本村堂弟潘贤德，获得"典出地价壹拾伍大元"（《贺博整理本》第03146号）。乾隆二十三年（1758）正月初十日，唐隽芳将自家"茶树地一节"出当，得钱450文（《贺博整理本》第01450号）。

在整理契约文书的过程中，我们发现一份契首注明为卖地契约，但实为典当契，现将此契誊抄如下：

> 立写卖地约人李子亮，缘因春耕无钱使用，无路出处。夫妻商议愿将己下分占地业，土名大田湾车圳地乙丘，该秧贰工，将来出卖，先问房亲四邻，各称不受，亲自上门问到同村潘姓维正公蒸尝堂钱允从承买。当时潘姓与卖主二比看过地丘，界趾四至分明，回家言定时值地价钱贰千文正。即日立契交足，并无短少扣折分毫，价钱系子亮亲手接受回家正用。自卖之后，其钱言定每千行息三分，限至清明前十日交清，不得分毫拖欠。如有拖欠，其地任从潘姓叔侄过耕管业，卖主不得异言生端阻抗等情。今人用凭，为此立卖契乙纸付与潘姓叔侄收执存照。
>
> 　　　　光绪十九年三月初三日立人李子亮　亲笔　押
> 　　　　　　　　　　　　（《贺博整理本》第10932号）

在这份富川瑶族自治县的契约中，虽然契首注明"立写卖地约人李子亮"，但我们从契约中"自卖之后，其钱言定每千行息三分，限至清明前十日交清，不得分毫拖欠"的表述，可以看到这份卖地契实为典当契。

2. 田地典当时限

田地典当的时间到期后，田地回赎权的实施是田地主利益得到保证的重要措施。为了维护田地主的利益和社会的稳定，王朝国家对典当中的回赎权制定了相关的法律条文，如《大清律例》中就对典当的回赎有明确规定："其所典田宅、园林、碾磨等物，年限已满，业主备价取赎，若典主托故不肯放赎者，笞四十，限外递年所得花利追征给主，依价取赎。其年限虽满，为主无力取赎者，不拘此律。"①

广西东部地区的民间田地典当时限没有统一的规定，有无时间限制随时可以回赎的典当，也有1年、2年、3年、6年、12年等固定年限的典当。在无时间限制的田地典当契中，如在《光绪三十一年甘纯礼当卖田》中，出当人甘纯礼将自家二丘田出当给黄友梁，获得7600文铜钱。在《民国三十年（1941）七月初七日黄求发当园地契》中，双方则明确约定"不拒（距）年月远近复还，银还约退"。在有固定时间限制的田地典当契中，如《民国六年（1917）三月二十三日徐永华当地契》，出当人徐永华将自家地出当给同村陈翁文，得钱210毫，双方约定当银在第二年春社日归还（《贺博整理本》第05593号）；在《民国三十二年（1943）三月初十日奉求星当田契》中，出当人奉求星将自家一丘田出当给奉增献，获得法币250元，双方约定两年归赎；在《民国三十六年（1947）十二月二十一日陈秋田当田字》中，双方约定三年归赎；在《民国三年（1914）十月二十八日潘贤寿典棉花地契》中，双方约定三年归赎；在《民国十二年（1923）八月初五日张近重当田契》中，湖南江永县岩口村张近重将一丘田出当给富川月塘村周天运，获得当价10000文，双方约定五年归赎（《贺博整理本》第10578号）；在《民国三十一年（1942）九月初九日徐壹生、徐求保当地契》中，立约双方则约定十二年归赎（《贺博整理本》第05600号）。

此外，广西东部乡村社会的田地典当也有较短的时间，有3个月、10个月等以月计算，最短的仅3天。例如《在宣统三年（1911）四月

---

① 马建石、杨育棠主编：《大清律例通考校注》，中国政法大学出版社1992年版，第435页。

初七日李富胜、李富龙典田契》中，出当方李富胜、李富龙将一丘田出当给承当方李有才、李有德，典价为"70毫零204文"，双方约定"限典三日后，不拘远近，银还田退"（《贺博整理本》第10860号）。

在广西东部地区的典当田地行为中，如果承当人遇到紧急事件，急需用钱时，经常会出现转当现象，即承当人将自己承当的田地转当给他人。例如下引的两份契约文书：

> 立当田契人白德春，情因正事，无钱使用，夫妻商议，自将己分土名毛坝水尾田，大小四丘，该秧六崩半，民税五分正，将来出当。自请中人白添和问至同村邓五瑰出言承收回家应用。三面言定当田价价银二百毫子正。即日立契交足，系折德春亲接回家使用，将来出当邓五瑰耕种管业。立无乱短说长。今天恐人心不古，执契理论。特立有凭，付与邓五瑰收执存照是实。岁至十年。
>
> 白德春亲笔
> 宣统三年正月二十五日立
> （《贺博整理本》第06214号）

> 立写转当田契人邓五瑰，情因无钱使用，母子商议，自将白德春之田转当与人。其田土名毛坝水尾田，大小四丘，该秧六崩半，民税五分正，将来转当。先问房亲，无人承当，托请中人侯庆隆上门问到侯恩赐出言承当。当中看明水路田丘，一概清白。三面言定，将前契转当，价银贰百四十毫。即日交足，系五瑰亲接任用。其田当后，任从当主过耕管业，日后不得异言等情，如若等情，执契公论。今恐人心难信，特立当契乙纸，付与恩赐收执是实。
>
> 其田限至六年归赎
> 中人：侯庆隆
> 代笔人：钟鸣应
> 民国三年岁在甲寅三月二十四日立
> （《贺博整理本》第05590号）

上引的第一份契约是一份当田契，宣统三年（1911）正月二十五日，白德春"情因正事，无钱使用"，以"二百毫子正"的价格将自家四丘毛坝水尾田出当给邓五挽。农田出当后，出当人白德春不需要交利息给邓五挽，而由邓五挽耕种该田收获作为利息。双方约定十年后出当人归赎当田。在第二份契约中，民国三年（1914）三月二十四日，即邓五挽承当耕种白德春出当的农田3年4个月后，"情因无钱使用"，邓五挽以"价银贰百四十毫"的价格，将自己承当的农田转当给侯恩赐，并给定"其田限至六年归赎"。

这种转典现象在广西东部地区非常普遍，再如民国二十年（1931）二月初三日，何长远、何一正等叔侄四人，因家中无钱使用，将先年承当的二丘农田转当给彭善修，得钱775毫。在广西东部地区，出典人出典当田地后，也可再向承当补价，如民国九年（1920）十一月初六日，潘贤寿"因娶妻，无银支用"，于是将自家一块棉花地出典给胞兄潘贤德，获得地价银100毫。七个月后，潘贤寿于民国十年（1921）十二月初六日，再向其胞兄补银肆圆陆毫（《贺博整理本》第03158号）。我们可以看到清到民国时期，广西东部地区乡村社会土地交易、土地典当市场非常活跃。

一般而言，作为不动产的田地，乡民是不会随便典当的，只有在遇到特殊问题时，他们才会将田地典当，但并未断卖，典当到期后，再用价赎回。如果出典人无钱回赎，可以将田地断卖给承当人。例如下引的两份契约：

> 立当地契人唐至顺，今因为母身故，无钱正用，自将祖遗分下土名屋尾岗地壹块，将来出当，自请中人唐至彩上门问到唐秀登家承当。三面言定地价钱捌百文正。即日立契交足，亲手接授回家正用。其地当后，任由当主限至冬月还回，不得少欠，如有少欠，任从当主过手耕种管业。日后不得异言。今立有凭，立当是实。
>
> 　　　　　　　　　　　　　　中人：唐至彩　押
> 　　　光绪己丑年五月十一日立当地契人唐至顺押
> 　　　　　　　　　　　　（《贺博整理本》第01427号）

立补断地契人唐至顺，今因无钱使用，自于先年祖遗土名坐落屋尾岗地壹块，将来当与唐秀登，日久至今，思系无奈荒岁难度，自请中人唐秀彩上门劝合，情愿甘心将来断卖。当中诸面言定地价钱壹千六百文整。即日帮帖立契，契价两交，系卖人接收回家使用。其地永卖，任从买主永远耕种管业，不得房内异言，再无生叠复利。今立有凭，所立永远补契乙纸，付与买主永远收执存照。

中人：唐秀彩　钱乙百文　押

光绪二十一年乙未岁十二月十五日立补断地契人唐至顺亲笔押（《贺博整理本》第01423号）

在第一份契约中，光绪己丑年（1889）五月十一日，唐至顺"因为母身故，无钱正用"，将"屋尾岗地壹块"出当给唐秀登，获钱800文，并约定冬月归赎。在第二份契约中，光绪二十一年（1895）十二月十五日，双方约定的时间已到，唐至顺应该赎回出当的土地，但他没有经济能力赎回，因而"自请中人唐秀彩上门劝合，情愿甘心将来断卖"。经三方商议，承当人唐秀登再补1600文给地主唐至顺，把该地所有权买断。

3. 田地典当利息交与方式

广西东部地区的乡村社会，田地典当非常频繁。为了便于分析，本研究选取了富川、钟山、昭平、八步区、平桂区、灌阳等县的田地典当契约52份，其中富川瑶族自治县19份、钟山县8份、昭平县9份、八步区6份、平桂区5份、灌阳县5份。由于搜集的田地契约文书中，清代末期到民国的较多，在整理过程中，选取光绪和民国期间的典当契也较多，占82%，嘉庆到同治年间的典当契仅占18%。具体情况如表4-1所示：

从表4-1中可以看到，这些田地典当的原因一般都笼统地标注为"无钱使用"，占80%，只有极少的契中标注为春耕、结婚、老人去世、欠债等原因。回赎时间大多为无时间限制，占70%，标注具体回赎时间的契约占30%。从具体的利息交付方式来看，主要有承当人自耕田地为息、承当人租佃田地给典主，以收取定额的钱或实物为息的两种方式。

表4—1　广西东部田地典当统计表

时间	出当人	承当人	典当物	原因	回赎时间	典价	利息
嘉庆九年（1804）二月二十一日	唐廷秦	唐得雁	田一丘	无钱使用	无时间限制	4450文	承当人自耕抵息
嘉庆二十三年（1818）四月初八日	唐施万	唐施祥	田一丘	无钱使用	无时间限制	2500文	承当人自耕抵息
道光十八年（1838）五月初四日	黎纯政	陈光通	田一丘	无钱使用	无时间限制	2800文	承当人自耕抵息
道光二十年（1840）六月初三日	黎纯政	陈光通	田一丘	无钱使用	无时间限制	3900文	承当人自耕抵息
咸丰六年（1856）四月初十日	夏日序	邓明惠	田一丘	无钱使用	无时间限制	9600文	承当人自耕抵息
咸丰八年（1858）三月十六日	唐宗念	邓明惠	田一丘	正事缺钱	无时间限制	8500文	承当人自耕抵息
同治三年（1864）三月三十日	莫积光	何成祖	田四丘	无钱应用	无时间限制	5600文	承当人自耕抵息
同治五年（1866）二月十六日	莫发誉	陈长秦	田二丘	无钱使用	本年冬月	4750文	承当人自耕抵息
同治十年（1871）六月二十一日	邓光秦等	邓明惠	田一丘	夏季无钱	春社日	3600文	承当人自耕抵息
光绪二年（1876）八月二十二日	陈启恩	徐光龙	田一丘	无钱无钱	无时间限制	3600文	承当人自耕抵息
光绪三年（1877）二月二十七日	陈祖求	徐光龙	田十丘	春耕无钱	12月内	5400文	承当人自耕抵息
光绪五年（1879）	陈继枝	陈胜光	地一块	完聚欠彩礼	无时间限制	6250文	承当人自耕抵息
光绪十三年（1887）十二月二十三日	奉士光	奉笼烟	地一块	无钱正用	无时间限制	1040文	承当人自耕抵息
光绪十六年（1890）三月十二日	罗应乾	徐光龙	田一丘	无钱使用	无时间限制	4200文	每千行利3分
光绪十八年（1892）五月十三日	蒋光魁	周之相	田二丘	无钱使用	冬月	20000文	每千行息3分
光绪十九年（1893）三月初三日	李子亮	潘姓众人	地一块	春耕无钱	清明前十天	2000文	每千行息3分
光绪二十年（1894）二月二十四日	周光隆	周兆福	田一丘	家中无钱	冬月	20000文	每千行利3分
光绪二十五年（1899）四月初九日	陈引先	陈先广	地三块	无钱使用	无时间限制	4200文	840文

续表

时间	出当人	承当人	典当物	原因	回赎时间	典价	利息
光绪二十五年（1899）五月二十日	陈朝恩	徐春完	地二丘	家下无钱	春社日	7元	承当人自耕抵息
光绪三十一年（1905）四月十一日	甘纯礼	黄友梁	田一丘	无钱使用	无时间限制	7600文	承当人自耕抵息
宣统三年（1911）正月二十五日	白德春	邓五晚	田四丘	正事无用	10年	200毫	承当人自耕抵息
宣统三年（1911）二月十二日	盘光辉	盘神玉等	地一块	无钱正用	12月	170毫	承当人自耕抵息
宣统三年（1911）二月社日	黄开润	何启寿	田四丘	无钱正用	无时间限制	25元	承当人自耕抵息
宣统三年（1911）四月初七日	李富胜等	李有才等	田一丘	借数不清	3天	70毫200文	承当人自耕抵息
民国元年（1912）三月十五日	莫荷晚	莫志凯	地六丘	无钱使用	2年	650毫	承当人自耕抵息
民国二年（1913）八月初五日	张远重	周天运	田一丘	家下缺费	5年	10000文	每年谷390斤
民国二年（1913）十一月初九日	陈引先	周白德	田一丘	小儿过礼	无时间限制	260毫	承当人自耕抵息
民国三年（1914）正月三十日	李今恩	周天闻	田一丘	家下缺钱	春社	40毫	无
民国三年（1914）四月初七日	李富胜等	李有才等	田二丘	借数不清	3天	70毫400文	承当人自耕抵息
民国四年（1915）二月十五日	罗秀恩	邓朝先	田一丘	正事无钱	无时间限制	91毫	承当人自耕抵息
民国六年（1917）闰二月二十日	全宗启	邓荣胜	田一丘	正事无钱	无时间限制	44毫	承当人自耕抵息
民国六年（1917）四月初五日	全宗义	邓元昌	田一丘	春上无钱	无时间限制	90毫	承当人自耕抵息
民国六年（1917）三月二十三日	徐永华	陈翁文	地一节	家下无钱	春社日	210毫	承当人自耕抵息
民国七年（1918）三月十七日	黄启祥	黄现赐	曹地	无钱使用	无时间限制	40毫	承当人自耕抵息
民国七年（1918）十二月二十三日	黄现德	黄文星	田二丘	无钱使用	1年	100毫	每年行息3分
民国九年（1920）二月二十二日	欧求贤	李求庆	田一丘	正事无钱	3年	220毫	每年行利3分 承当人自耕抵息

续表

时间	出当人	承当人	典当物	原因	回赎时间	典价	利息
民国十三年（1924）二月初十日	岑秀通	岑贤明	畲地一节	家下无钱	3年	20毫	承当人自耕抵息
民国十三年（1924）六月十五日	陈朝英	聂荣富	黑地一节	母亲亡故	6年	320毫	承当人自耕抵息
民国十八年（1929）二月二十二日	黄之进	黄神求	田一丘	无钱使用	无时间限制	57500文	每元称租120斤
民国十八年（1929）十一月二十二日	唐先申	唐可君	田一丘	无银使用	无时间限制	120毫	每元称租70斤
民国十八年（1929）三月二十二日	黄之进	黄秀亮	田二丘	无正用	无时间限制	115毫	承当人自耕抵息
民国二十五年（1936）三月二十二日	岑秀通	黄贤惠	地一节	家下无钱	春社日	26毫	每年租谷400斤
民国二十五年（1936）七月二十四日	黄之进	黄佛福	田一丘	无钱使用	无时间限制	65毫	承当人自耕抵息
民国二十八年（1939）三月初五日	黄天喜	邱学贤	田4丘	正用无钱	6年	法币167元	每年253斤谷
民国二十九年（1940）	邱永元	龚开杰	园地一节	无银使用	6年	法币91元	承当人自耕抵息
民国二十九年（1940）十二月二十二日	李树明	黄神求	园地2节	父亲亡故	来年10月底	法币75元	10毫
民国三十年（1941）七月初七日	黄远圣	杨恩	田一丘	无钱使用	二月社日	38500文	承当人自耕抵息
民国三十年（1941）二月二十三日	廖神恩	陈怀吉等	熟地一段	无钱使用	冬月	300元	承当人自耕抵息
民国三十一年（1942）九月初九日	徐壹生等	奉增献	田一丘	无钱使用	12年	法币250元	承当人自耕抵息
民国三十二年（1943）三月初十日	奉求星	谢子能	熟地二块	家下无银	2年	1300元	承当人自耕抵息
民国三十四年（1945）二月二十五日	贺近有	何昌维	地一块	缺少用费	10年	15000元	每年供租合三桶
民国三十五年（1946）十二月十九日	何福林				无时间限制		

资料来源：以上契约均收藏于贺州民族文化博物馆。

第一，承当人自耕田地为息。即承典或承当人将典价或当价付给出典人后，自己亲自耕种典当的田地，田地的收获归承典人所有，并作为承典人的劳动力报酬和典当的利息。从表4-1中可以看到，清嘉庆到同治的9份典当契都是承典人自己耕种典当的田地，以田地的收获作为利息，占比100%。如嘉庆九年（1804）二月二十一日，唐廷泰将岩头田一丘出当给唐得雁，田价4450文，此后该田任从唐得雁耕种（《贺博整理本》第05562号）。道光十八年（1838）五月初四日，黎纯政在出当一丘农田给陈光通时，契中约定其田任从陈光通耕种。在光绪到民国期间的43份典当契约中，则有31份中承当人自己耕种典当的田地，占比72%。例如民国二十八年（1939）三月初五日，黄天喜"因无钱使用，无路出办"，于是夫妻商议，将自家祖产红泥小田一丘出当给黄佛福，获得价银65毫。双方在契中约定"其田任从黄佛福耕种管业"，"限满陆年归赎"。

可见，承当人自耕抵息的付息典当方式非常简单，典当人只把田地的使用权交给承当人，而承当人凭自己的劳动就可以获得投资的回报。这对我国传统农耕社会的乡民来说，有益处，也会有一定的风险，有益之处在于只要自己勤奋劳动，管理经营好田地就会获得收益，而他们承担的风险则在于，一旦遇到灾害发生，特别是遇到不可抗拒的旱灾或水灾等自然灾害的时候，他们就可能损失较大。而对典当人来说，几乎没有任何风险。

第二，承当人租佃田地，以收租为息。即典当人典当田地给承典人后，田地仍由典当人自己耕种，每年只向承典人交纳一定数额的钱或实物作为利息。这种交易方式在清水江流域的典当交易中也称"出典回佃"[①]，即出典人典出自己的田地后，再向承典人佃种该田地，再向承典人交纳佃租。在广西东部乡村社会的典当田地活动中，典当人典出田地后，田地仍由典主耕种，可以说是承典人将田地的收益权租佃给典主，只是向典主收取一定的钱币或实物作为利息，这种利息也可以称为租佃金。

从承当人收取钱币的典当契看，广西东部地区有两种情况，一是按

---

① 谢开键：《"出典回佃"式交易研究——以清中后期贵州锦屏县为例》，《中国社会经济史研究》2019年第1期。

年收取利息，一般都是3分息，如光绪十九年（1893）三月初三日，李子亮当地给潘姓时，得钱2000文，每年每千文行息3分（《贺博整理本》第10932号）；光绪十六年（1890）三月十二日，罗应乾将自家一丘农田出当给徐光龙时，获得4200文，双方约定"每年每千行利3分"（《贺博整理本》第05577号）；民国七年（1918）十二月二十三日，黄现德将二丘农田出当给黄文星，得钱100毫，双方约定"每年行利加叁"（《贺博整理本》第13364号）。二是承当人交一次性利息，例如光绪二十五年（1899）四月初九日，陈引先将3块地出当给陈先广获得铜钱4200文，另加总利息840文，典当的3块地由当主陈先广耕种（《贺博整理本》第13653号）。

从以实物作为利息的契约文书看，实物主要为稻谷，如民国十八年（1929）二月二十二日，富川县莲山镇黄灵枧村的黄之进，"因春耕无钱正用，夫妻商议，自将祖遗田地，土名石桥头岭头田上下贰丘"出当给下洞村黄神求，获得价银115毫，当田交由当主耕种，双方"言定息谷每元称谷柒斤正"。再如，民国三十五年（1946）十二月十九日，何福林将一块地出当给何昌维，获得当钱15000元，该地由出当人何福林耕种，双方言定"每年秋收之期供租谷叁桶，送至钱主仓前"（《贺博整理本》第09819号）。

（三）租佃

土地租佃是指土地主将自己土地的耕种权出租给他人，每年向耕种者收取一定比例的货币或者实物。① 地主租佃制是我国明清时期土地经营的基本方式。② 地主与佃户之间形成的权责与义务的租佃关系，是我国传统乡村社会农业生产中主要的生产关系。这种关系早在战国时期就已经产生，《汉书》中就记载："或耕豪民之田，见税什五。"随着土地私有制的发展，到汉代时，我国传统社会的租佃关系得到发展，民间已经使用了租佃文书。唐宋元时期，民间租佃关系深入发展，租佃契约文书得到发展和完善。明清时期，民间土地租佃现象极为

---

① 卞利：《明清土地租佃关系与租佃契约研究》，《原生态民族文化学刊》2015年第4期。
② 杨国桢：《明清土地契约文书研究》，中国人民大学出版社2009年版，第29页。

普遍，租佃关系已经成为乡村社会中农业生产的最基本的关系，租佃契约文书也极为普遍。随着大量契约文书等民间文献的发现，学界对传统的土地租佃关系也进行了深入的研究。广西东部地区民间田地契约文书的发掘，为我们了解当地乡村社会的租佃关系提供了第一手资料。

从整理的田地租佃文书来看，按租佃契约文书的书写人来分，广西东部的田地租佃形式主要有招佃式和承佃式两种。招佃式契约文书是由田地主书写，佃主收执的契约。例如下引的一份立于民国三十年（1941）十二月十八日的租佃契约：

> 立发批字人谢圣武公值年经管相发、春成、柱成、丰年、建恩等价买之业，大地名安乐源，田名象鼻田一段，原租六把半。又黄泥坂田一段，原租贰拾肆把，内折六把，批与谢子能耕种，实奉批金桂钞壹百贰拾伍元正。双方言定逐年供租谷拾贰桶半，丰次之年不加不减。其谷限至秋收送至业主仓前，车净过桶，不得拖欠升合。如有此情，任由业将批金扣除外，将田另批别人耕种，承批人不得异言阻滞霸耕等情。恐口无凭，立发批字为据。
>
> 代笔：恕红
> 中华民国三十年十二月十八日谢相发、春成、
> 柱成、丰年、建恩立

这份发批字来源于桂林市灌阳县仁合村，是以田主谢相发、谢春成、谢柱成、谢丰年、谢建恩等人的名义书写的租佃契约，租佃人为谢子能。

承佃式租佃契约则是以承租人的名义书写的文书，如下引的一份立于民国二十九年（1940）一月的一份契约：

> 立承批耕佃人何秋如，今因无田耕种，自行问到杨名村田主梁之荣、之海等有祀田，坐落杨名村小叫，土名黄雀洞闸脚尾领脚田捌丘，具系接连订明递年上下两造，每造租谷贰拾伍斤，丰衰不

减，风晒干净，担送到家，以码秤交收。又有荒田七丘，限开荒三年，开成后每造加纳租谷壹拾斤。自承之后，尽力耕种，不得以长截短，不得以批霸占。人心用信，恐口无凭，限批五年，期满另转批。写立批据为实。

中华民国二十九年一月立承批耕佃人何秋如的笔

这份租佃契搜集于广东省怀集县，该县在1952年3月之前，一直隶属于广西管辖，位于广西东部地区。从契首"立承批耕佃人何秋如"，可以明确这是一份承租人书写的租佃契。

从契中是否有时间限制看，广西东部租佃可分为有期租佃和无期租佃。有期租佃，即立契双方在签订租佃契约中，约定了有租佃时间的租佃形式。例如下一份租田契（《贺博整理本》第12208号）：

立写租批田约人邓明乾，情因三房叔侄商议该年清明挂扫，土名水撑鸡田梁木井共四丘，该秧十乙崩，现在邓福养允从承批，每年限定清明称出租谷贰百斤，清明挂扫使用。期定五年，满期至转批，逐年不得异言。如有异言，另外发批。今恐人心隔肚，口说无凭，立写批帖乙纸收执为照。

在场人：邓元祥　押

邓恩圣　押

代笔人：邓呈现　押

中华民国三十二年启三十七年至三月初二日立约人明乾

这份来源于富川瑶族自治县新华乡的租佃田契，就是招佃人邓明乾租佃给邓福养的有期租佃契，双方约定租期为5年。从整理的田地租佃契约文书看，广西东部地区乡村社会的田地有期租佃没有统一的时间限制，有3年、5年、10年、12年等不同的年限。

无期租佃是指没有约定时间限制的租佃形式。这种无期限的租佃方式在广西东部地区的乡村社会中是非常普遍的现象。一般而言，只要承租人能按契约规定的条款按时交纳租金，招佃人就不会随便中止租佃活动。如下一份承租字（《贺博整理本》第06045号）：

>　　立写认租字人黄开闻，批到羊山脚地乙块，托请中人赵德神上门问到□□□□□。言定长租钱乙百八十文，限至十一月十六日了纳，不得少欠，若有少欠，地主自种。付与地主为凭。
>　　　　　　　　　　　　光绪庚寅年二月二十九日立写认租黄开闻笔

从内容上看，这份租佃契的内容不是很完整，看不到标的物的招佃人。契中并未注明约定的租佃期限，双方约定的"长租钱乙百八十文，限至十一月十六日了纳"的表述，仅是每年交纳租金的时间，可以说明这是一份无期租佃契约。再如，另一份签订于民国二十三年（1934）五月十四日的租佃契中，招佃人何昌维与承佃人何福照约定"每逢秋收之日，将干爽好谷送至业主仓前"（《贺博整理本》第09842号），也可以看出该契为无期限的租佃契。

从有无押金来分，广西东部地区的田地租佃可分为有押租佃和无押租佃。有押租佃是指承佃人在租佃田地时，必得先交一定数量的押金，才能租佃出佃人的田地。这种押金在承佃人退租时，出佃人是要退还给承佃人的，但如果承佃人不按时向出佃人交纳租金，出佃人可以扣除押金，并将中断契约，另将田地佃给他人耕种或者自己耕种。例如上引的《民国三十年（1941）十二月十八日谢相发、春成、柱成等发批田契》中，主佃双方就约定租"谷限至秋收送至业主仓前，车净过桶，不得拖欠升合。如有此情，任由业将批金扣除外，将田另批别人耕种"。可见，招佃人向承佃人收取租佃押金主要是防止承佃人不按时交租，对承佃人来说，他得先付出一笔金钱；对出佃人来说，他可以提前获得资金。这种形式的租佃，对承佃人特别是那些没有田地、生活较为贫穷的佃户来说，是一种额外的经济负担，但对乡村土地市场和租佃关系的稳定有着一定的意义。

无押租佃是承佃人在租佃田地时，不需要向招佃人交纳押金，只需要按时交纳租金。例如上引的《民国二十九年（1940）一月何秋如佃田契》中，承佃人何秋如没有交纳押金，每年只需要向田主梁之荣和梁之海交纳租谷500斤。在《民国三十二年（1943）邓明乾租田契》中，承佃人邓明乾也无须交纳押金，只"每年限定清明称出租谷贰百斤"给田主。

按承佃人交租的方式，广西东部地区的田地租佃可分为定额租的实物租和货币租两种租佃形式。实物租主要是承佃人每年向出佃人交纳定额的稻谷等实物。例如上引《民国二十九年（1940）一月何秋如佃田契》中的每年租谷500斤，《民国三十二年（1943）邓明乾租田契》中的每年出租谷200斤。再如，在《民国三十年（1941）闰六月二十六日何昌永承租字》中，双方约定承租人何昌永每年供租谷4桶（《贺博整理本》第09860号）。

货币租，即承租人用货币向田地主交纳地租的租佃形式。例如上引的《光绪庚寅年（1890）二月二十九日黄正闻认租字》中的"租钱乙百八十文"。再如，在《同治壬申年（1872）九月初一日李长奇认租字》中，双方约定承租人李长奇"逐年地租钱叁百文正，限至冬月了纳"（《贺博整理本》第06028号）。《光绪元年（1875）十月初一日陈星华认租字》中的"租钱三百文，限至清明了纳"（《贺博整理本》第06027号）。

另外，广西东部地区的田地租佃还有转佃和退佃两种形式。转佃即田地承佃人将自己承佃的田地转让给他人承佃的形式。例如《民国戊寅年（1938）十二月二十五日赵钟二姓转批字》（《贺博整理本》第06036号）：

> 立写转批字人赵钟二姓人等，今因先年批到江邑龙城村李启松、李启清二兄，批到下路溪村雷打石牛栏口荒熟地，将来转批。四至立明，东至山脚为界，南至地槽为界，西至水槽为界，北至大石为界。自己叔侄说合，赵秀富承转批，逐年长租伍毫正，限至冬月请主猪肉银拾毫，豆腐壹锅。日后上顶下退，地主在场。其地转后，丰年不添，旱年不减，限至拾年转批。此系二家合（和）气，若存租息清楚，任由批主耕种管业，若有租息不清，任由叔侄所管，日后不得异言。今恐人心不古，所立乙付与秀富

收执为据是实。

在场户长：钟过保　银二毫、钟进昌
银二毫、钟智现　银二毫
钟广稀　银二毫、赵盛俊　银二毫
代笔：钟世林　银二毫
民国戊寅年十二月二十五日立

在此契中，广西富川新华瑶族赵钟二姓众人将他们先年批佃湖南江华龙城村李启松、李启清两兄弟的土地，转批给赵秀富耕种，年租5毫，另加"猪肉银拾毫，豆腐壹锅"给原出佃人。

退佃是承佃人因租佃到期或者因故退佃给出佃人的租佃形式。例如光绪十六年（1890）十二月二十二日，陈细通将租佃之田退与曹姓的原田主，然后该田又租佃给他人（《贺博整理本》第02084号）。宣统二年（1910）二月十九日，蒋芳馥"因家下无使用"，将租佃的一块地退与原主，原主再将该地租佃给程进祥耕种，每年交租钱230文。民国二十六年（1937）七月初七日，李喜清、李喜松两人"因家下缺少正用"，将年租10毫的一块地，退出一半给钟秀富耕种（《贺博整理本》第06044号）。

（四）交换

为了方便人们生产生活，在乡村社会中常常会出现乡民相互之间交换田地等不动产现象，并签订交换契约文书。在广西东部地区的乡村社会的交换田地契约文书中，"交换"也常常写作"兑换""调换""对换""斠换"等语言。例如《光绪五年（1879）己卯岁十二月二十七日任相珍兑换地合同》：

> 立写兑换合同人任相珍先人买受土名水口庙面前地乙块，又合同人黄绍祈先人买受土名栎岗仔脚地乙块。二家不便耕种，执出文约，将来兑换。持将契书，任相珍耕种土名山仔脚地乙块，黄绍祈耕种土名水口庙面前地乙块，二家允服，不拘贵贱，自认兑换。日后原主归赎，执契收价后，存出有契，种人收价，不得幡言。如有

悔言，执出合同自干罪戾。恐后无凭，立写允服兑换合同乙纸二张，各收存照。

光绪五年已卯岁十二月二十七日立写兑换地合同人任相珍、黄绍祈亲笔

在这一份兑换合同中，由于耕种不方便，任相珍和黄绍祈两人将各自先人购买的土地相互兑换。又如，光绪二十七年（1901）二月初三日，为了"各便方圆"，富川瑶族自治县莲山镇周正太与陈秀庆将各自一丘农田斛换。民国丙辰年（1916）十一月十九日，为了方便耕种，唐克绵、唐克络兄弟将自家"土名枯井塘山脚地一块"与唐克东家"土名社山脚路边地一节"兑换（《贺博整理本》第05591号）。民国三十八年（1949）正月二十四日，为了"遗远就近"，贺县桂东乡竹园村的陈毓谨、陈贤松、陈毓异一家与同乡的清华村民罗家兴一家调换了面积基本相等的农田。

在我国传统的农耕社会中，田地是乡民的立身之本和衣食父母。明清以来，随着社会的变迁和商品经济的快速发展，乡民怎样从土地中获得最大化的利益，从而使自己能够获得温饱，并且稳定地生存下来，这是当时的乡民必须考虑的大事。明清以来，广西东部地区的乡民运用了丰富多样的田地流动形式，使他们能够获得资金周转，促使他们能够顺利地进行生产和再生产。但田地流转方式的多样化也反映了传统小农经济的脆弱性，一些农民由于各种原因，转让自己赖以生存的土地后变成了佃农或半佃农，一些地主商人则趁机大量兼并土地，把土地集中到他们手中，加速了社会阶层结构的变动。

三 广西东部地区田地的计量单位

自秦汉以来，随着国家的统一，我国的田地一直以亩和顷作为面积计量单位。随着时代的更替和社会的发展，以亩和顷为计量单位的面积也有所差异。由于田地是国家税赋征收的重要来源，各个时代的政府对田地的亩制计量都采取了一些措施进行规范，确保赋税的征收。如明代就规定："凡田以近郭为上地，迤远为中地、下地。五尺为步，步二百四十为

亩，亩百为顷。"① 清朝初期，朝廷为了统一亩制，制定了"凡丈地，五尺为弓，二百四十号为亩"的律制。② 但由于我国地大物博，各地的土壤等自然环境因素和文化习俗不同，导致在计量的过程中出现差异。

在我国南方的乡村社会，在田地面积计量中普遍流行一种以种子的数量确定田地面积的计算方法。如湖南醴陵县的"田种称石、称斗不称亩，以十斗为一石"③；四川井研县的"田不以亩计，以尽人力所尽一担为率"④；又如，贵州荔波县"田不计亩，民以出谷多寡定价之低昂"⑤。在广西的蒙山、昭平、苍梧、贺县、信都、容县、岑溪、桂平、陆川、博白、横县、贵县、北流、横县等地以谷种的多少计算水田的面积。如蒙山县10斤谷种的水田为1.52市亩，贺县10斤谷种的水田为1.32市亩，信都县10斤谷种的水田为0.73市亩，容县10斤谷种的水田为0.94市亩，藤县10斤谷种的水田为1.29市亩，贵县10斤谷种的水田为0.95市亩。⑥

广西东部地区整体上位于南岭走廊的中段，由于这个区域乡村的具体自然环境有着差异，有位于山地的乡村，有位于丘陵的乡村，有位于山冲的乡村，有位于平地坝子的乡村，也有位于河道旁的乡村。加上来源于不同地域的多种民族、多种方言及风俗文化的人们在这里生产生活，使广西东部地区田地计量单位呈现多样化特征。从整理的契约文书看，除了以谷种的数量计算水田面积外，广西东部水田的计量单位还有丘、工、棚、秏、把、稑等，旱地计量单位主要有块、丘、边、节、钱、斗、升、灰等。

(一) 水田计量单位

1. 丘

在广西东部地区的水田数量计量中，不管是汉族乡民，还是瑶族、壮族等乡民的水田计数，一般都使用"丘"作为单位。如道光乙未年

---

① （清）张廷玉等撰：《明史》卷77，中华书局1974年版，第7册，第1882页。
② 《钦定大清会典》卷17《户部》，光绪二十五年重修本。
③ 同治《醴陵县志》卷1《舆地志·风俗》，第24页b。
④ 光绪《井研志》卷8《食货四·土产》，第3页b。
⑤ （清）爱必达、张凤孙修撰：乾隆《黔南识略》卷11，道光二十七年刻本，第8页b。
⑥ 《广西年鉴》第三回，广西省政府统计室1948年版，第277—278页。

(1835)十二月初二日,黄德衡"因无钱使用",于是将自家"百竹脚田乙丘"出卖给本村黄世琳,获得田价钱2200文(《贺博整理本》第01936号);民国二十六年(1937)二月十六日,黎胜显"因家下无钱使用,无路出办,母子商议,自将祖业分占土名火烧田共贰丘"断卖与黎恩惠,获得"价银壹拾元"(《贺博整理本》第01970号)。这种以丘作为水田数量的计量单位的习惯与广西西部其他地区和贵州、湖南、广东、海南等地区的水田计数单位相同。

2. 工

在广西东部地区的农田买卖契约文书中,发现富川和钟山两地一些乡村的农田以"工"为面积单位。例如富川县朝东镇的两份卖田契:乾隆二十三年(1758)六月初十日,林廷衡"因年程饥荒,使用无钱,自将分下祖业,土名坐落便骨母田乙工半,原税四分五厘正"出卖给林之仕,获得六两白银;民国三十年(1941)三月二十六日,毛世发将"土名大岗面田五丘,十工"出卖给唐宗盛,获得"国币980圆"。再如,钟山凤翔镇的两份卖田契:光绪十八年(1892)十月十六日,虞子新"为收租未足",于是"将坐落土名木排田三工一丘"出卖给唐宣昌,获得"价银二十五两";民国二十七年(1938)二月三十日,唐庆华"因美事,费用未敷,自将手买己业,坐落土名五工墇田大乙丘,乙工"出卖给堂弟唐庆文,获得桂币19元。

根据民国期间的调查,"工"常常作为一些地方的水田面积习用单位,而且在不同的地域有不同的面积。广西省政府统计室在1948年编辑的《广西年鉴》第三回就记载,在广西只有资源县、全县、灌阳、平乐县、恭城县、富川县和钟山县七个县有使用"工"作为水田面积的计量单位,而且这些县的1工水田的面积都不相同。资源县的1工田折合为0.77市亩;全县的1工田折合为0.661市亩;灌阳县的1工田折合为0.42市亩;平乐县的1工田折合为0.8市亩;恭城县的1工田折合为0.78市亩;富川县的1工田折合为0.45市亩;钟山县的1工田折合为0.39市亩。①

---

① 《广西年鉴》第三回,广西省政府统计室1948年版,第277页。

3. 棚

在广西东部的富川瑶族自治县发现的水田买卖契约中，我们在整理的过程中，发现以"棚"作为水面面积的计量形式，而且都是出现在富川瑶族自治县的福利镇、新华乡、白沙镇、莲山镇等平地瑶村落的水田交易契约文书中。经过整理与统计，"棚"是禾秧的计数单位，在契约中计量水田面积时，标注为"田一丘，该秧一棚""田一丘，该秧三棚"等。"棚"字在契约中还有"稝""崩""胐""塴""稝"等多种异体字。

例1：棚

立补田契人王德孝，今因口粮难度，无钱正用，先年自将土名路母田乙丘，该秧陆棚，原税叁分，自来补价。托请中人王发安上门劝合苗碑岗唐秀登家承补，当日诸面言定价补钱伍千文整。就日立契交足，系是补人亲接回家度用。其田补后，任由买主耕种管业。日后不得异言。今立补契乙红付与补主收为是实。

中人：王发安

光绪十四年岁次戊子正月二十八日立补人王德孝亲笔

（《贺博整理本》第 01468 号）

例2：稝

立卖田契人盘明科，今因无钱正用，自将习受毛姓价田，坐落土名大木口坭田乙丘，又沙田乙丘，共粮三合，秧三稝，将来出卖，自请中人奉顺洪引至上门问到长山村廖□□家承买。当中三面言定田价钱壹千捌百文正。……立写卖契乙纸付与买主收执为凭。

替笔人：奉顺洪

光绪十四年十二月二十二日立写田契人盘明科

（《贺博整理本》第 13893 号）

例3：崩

立卖田契人奉善茂，今因无钱使用，将分下祖田，土名坐落大沙洞，小土名大合母田乙丘，该粮伍合，秧伍崩，将来出卖。自请中人奉善仁引至上门问到盘澄魁家承买。当中三面言定田价钱贰拾贰千文整。……立写卖契乙纸付与买主收执为凭。

代笔中人：善仁

咸丰拾乙年十月十九日写立田契人奉善茂　押

（《贺博整理本》第 13381 号）

例 4：甪

立写永远杜卖男契人蒋相贤，今因无钱使用，自将分下祖业坐落土名巡塘田贰丘，该秧贰甪，原税壹分，将来出卖。自请中人蒋神相上门问到蒋士进家承买，当中三面言定时值永远杜卖价银捌拾毫整。即日契价两交足，亲手接受回家支用。其田卖后，任从买主永远耕种管业。日后不得幡（翻）悔异言。今立永远杜卖田契乙纸付与买主收执为据是实，存照。

代笔中人：蒋神相　押

民国庚午年八月二十二日　立写永杜卖田契人蒋相贤押

（《贺博整理本》第 14590 号）

例 5：塴

立写断卖田契人罗呈旺，今天因无钱使用，无路出办，父子商议原将己下土名芽坝水尾田白面山脚田二丘，该秧乙塴，民税乙分，将来出卖。先冲房亲，后问四邻，无人承买。自请中人罗神光上门问到邓广科承应。当中三面言定时值价银壹进叁拾六毫正。……今恐人心难信，特立契乙纸付与广科收执为据是实。

中人：罗神光
代笔：邓祥才
中华民国十九庚午年二月初八日立
（《贺博整理本》第 01480 号）

例 6：稝

立写永推拨税根田契人，系唐进华，今因年岁无钱正用，自将先年买受坐落土名大名石田乙丘，该秧二穮半，原税一分，将来出推。自上门问到堂侄唐杏华、杏朝家承买。当诸面言定价银叁大元加六毫正。……日后不得异言。今立推拨税根乙纸付与买主收执为胸怀大志是实。

光绪甲辰年十二月二十四日立永推拨税根田契人唐进华笔押
（《贺博整理本》第14575号）

上引的六例田契都来源于富川瑶族自治县的平地瑶村落，契中的"棚""穮""崩""甭""埲""稝"字，除了"穮"和"稝"两字为乡民自造字以外，"棚""崩""甭""埲"四字都可以在字典中查找到，其中"棚"的读音为péng，而"崩"的读音为bēng，"甭"的读音为bēng和yòng，"埲"的读音则为bèng。根据实地田野调查，富川瑶族自治县福利镇、新华乡、莲山镇当地乡民都统一把这些字读为"棚"字的péng。从这些契约文书中可以看到，"穮""崩""甭""埲""稝"五字是"棚"的异写体，表达的意思相同，即水田秧苗的数量。在中华人民共和国成立之前，这些乡村都以秧苗péng的数量去计算水田的面积。

经过文献调查，官方史料和地方志书等文献资料中，都没有以"棚"作为田亩计量单位的记载。通过田野调查走访这些契约文书的来源地，课题组于2020年9月18—20日在福利镇的豹洞村、新华乡的新华和东湾等村，2021年3月15—18日等多次在白沙镇下井村、木江村、黑山村，莲山镇莲塘村、大深坝村等当地不同村庄的调查中，通过走访盘经章、盘社保等老人，发现在福利镇和新华乡一带的平地瑶族村落中的"3棚秧的水田面积约等于1亩"。在白沙镇和莲山镇的村落调查访谈时，当地的钟荣正等老人说的都基本一致，当地"2.5棚秧的水田面积约等于1亩"。

4. 秾

在广西东部的富川瑶族自治县的水田交易契约文书中，我们发现了不少以"秾"作为面积计量单位的契约。这些带"秾"字的契约主要来源于富川瑶族自治县北部的葛坡镇一带的乡村，"秾"是作为稻穗数量的计量词，也作为水田产量和田亩大小的依据，即"十秾田""二十秫田"等。在契约文书中一般都标注为"该禾十秫"或"该秧十秫"。例如下引的契约一份契约文书（《贺博整理本》第04551号）：

> 立写永远断卖田契人杨国东，今因无钱使用，自将先年买受坐落土名奀东田二丘，该禾乙百六十秫，原税三分五厘正，将来永远断卖与人。先问亲房，无钱承买，托请中人杨知秀上门问到杨仁宣家承买。二家即日兼中三面言定，时值田价银叁拾肆千文正，即日立契交足，系是杨国东亲手接受回家正用。其田自卖之后，任从买主杨仁宣永远耕种管业。日后不得房内兄弟生端异言，如有此情，执契理论，卖主自干其罪，自原甘心。恐人心不古，写立永远断卖契纸乙张付与杨仁宣永远收执存照。
>
> 代笔：杨国荣　押
中人：杨知秀　押
> 宣统元年十二月二十七日　立永远契人杨国东押

在这份断卖田契中，出卖人田主杨国东将自己购买的面积为"禾乙百六十秫"的二丘农田断卖给杨仁宣家。可见，此契的标的物"奀东田二丘"的面积并没有用常用的亩作为计量，而是用出卖的水田产量"乙百六十秫"作为计量。

"秫"字由"禾"和"花"字构成，但在《汉语俗字丛考》《说文》《汉语大字典》《中华字海》等典籍中，这些字并未收录。在葛坡镇深坡村的玑公祠堂内的祠田碑中，记载该祠堂有钟家坝"田丘大小壹百零肆丘，该禾一千九百五十秫"，"另有异姓插花田贰拾陆丘，该禾柒百五十秫"[1]，而在玑公祠堂对面的恕堂书屋的"恕堂书屋记"的碑刻则记载有"新买鸡公坠四贰丘，一百五十花；七香庙田乙丘，禾六十花"的内容[2]。"秫"应该是当地乡民创建的一种俗字，根据田野调查，当地乡民一直都种植一种名叫"大禾"的糯稻，而这种糯稻的收割不像

---

[1]《玑公祠田业碑记》，现存于富川县葛破镇深坡村玑公祠堂内，立碑时间不详。
[2]《恕堂书屋记》，现存于富川县葛契镇深坡村恕堂书屋内，民国十二年（1923）立。

收割粘稻那样直接在农田中脱粒就运回家，而是用禾剪一株株地把糯稻穗剪下，再捆成束，然后带回家在房屋楼阁上晾晒。通过对葛坡镇深坡村的蒋尚森先生等村民的访谈，当地人们采摘一束糯稻称为一秕，重量大约为十二斤，而且富川瑶族自治县讲七都话、八都话、九都话和梧州话的村落，人们一般都用秕作为稻田的面积计量词。同时与这些方言邻近的村落，因受影响也用秕作为水田面积的计量词。①

5. 把

在广西东部的富川瑶族自治县农田交易契约文书中，也发现了一些以稻穗的"把"计算田地面积的计量方式。例如下引的一份卖田契（《贺博整理本》第00032号）：

> 立写卖田约人龚庆德，今因家下无钱使用，无路出办，夫妻商议，自将祖业坐落土名新田岭南风◼田七丘，中了◼田贰丘，中方◼田贰（丘），乙共大小十乙丘，该禾五十把，该税三分正，将来出卖。先问房亲，无银承应，自请中人胞弟庆贵上门问到堂侄龚庆旺允从承买。先去看到田丘水路明白，田丘分明，回家三面言定价银乙百零七六毫子正，即日立约交足，是庆德亲手接受回家正用。其田明卖明买，任人买主耕种管业，日后不得异言生端。今恐人心难信，立写乙纸付与买主永远收执为照。
>
> 中人：庆贵　押
> 在场人：庆旺　押
> 民国丁巳年正月二十九日立人庆德亲笔押

这份卖田契中，龚庆德"因家下无钱使用，无路出办，夫妻商议"，将自家"大小十乙丘，该禾五十把，该税三分正"的农田出卖。此契中的"禾"为收割时的稻穗，"该禾五十把"即该农田收割的五十把稻穗。以"禾"和"把"计量农田的记载，在光绪年间编纂的《富川县志》

---

① 资料来源于2020年9月24日笔者在富川深坡村对蒋SS、蒋XP等村民的访谈。

中也有记载："杨冲鲁塘口田租禾伍十把，每把十二斤。"① 这是清代富川富江书院田产中一处田租的具体数量，清楚地记录了"一把禾"为十二斤。另外，在富川的契约文书中也发现一处标注了"一把禾"的重量，"立写断卖田契人罗凌昌，今因无钱正用，无路出办，自将分占土名塍六田乙丘，原租禾十三把，每把十二斤"。

可见，1"秅"禾与1"把"禾的重量都是12斤，但以"把"作为计量水田面积的习惯主要在富川瑶族自治县操都话和梧州话之外的村落。根据民国时期（1933年至1939年）广西农田亩产平均251斤②，以及富川瑶族自治县1952年至1961年水稻每亩平均281.2斤推算③，20—24"把"或"秅"的稻田约为1亩。

6. 稴

在广西东部地区富川瑶族自治县的田地交易契约文书中，发现以"稴""稈"字作为水田面积计量单位。在契约中，水田面积常标注为"该禾二十稴""该禾八十稴"等，如下引的《光绪三年（1877）三月十九日潘瑞昌卖田契》（《贺博整理本》第04239号）：

> 立写卖田契约人潘瑞昌，今因春耕，家下无钱使用，无路出办，父子商议，自将祖置土名大冲立吕田，大小三丘，该禾二十四稴，该税乙分，将来出卖，先问房亲四邻，无钱承买，自请中人王世荣上门问到同村徐德成允从承买。先去看过田丘水路明白回家，当中三面言定价钱拾伍千文正，即日立约交足，是亲瑞昌亲手接授回家正用。其田明卖明买，如后不得异言，如有异言，今立有凭。今恐人心不古，立约一纸是实。
>
> 代笔中人：王世荣
>
> 光绪三年丁丑岁三月十九日　立人潘瑞昌

---

① 光绪《富川县志》卷6《学校·书院》，第32页a。
② 陈正祥：《广西地理》，正中书局1946年版，第157页。
③ 富川瑶族自治县志编纂委员会编：《富川瑶族自治县志》，广西人民出版社1993年版，第135页。

光绪三年（1877）三月十九日，潘瑞昌"因春耕，家下无钱使用，无路出办"，于是父子商议，将"该禾二十四穊"的三丘农田出卖给同村的徐德成，获得15000文铜钱。契中标的物"大小三丘"田的面积使用了"该禾二十四穊"标注。在《说文解字》《康熙字典》《汉语大字典》《汉语俗字研究》《汉语俗字丛考》等书中无法查到"穊"字，因而此字应该与上文的"秷""䄮"一样，是富川当地乡民的自造俗字。其造字原理与"秷""䄮"相同，在"禾"字后加"厘"字，形成一个自造字"穊"，其意义与禾穗相关。至于与穊相关的水田面积，还有待进一步的田野调查和研究。

（二）旱地计量单位

1. 块

在广西东部地区旱地的数量计量单位中，大多以"块"计量。例如同治庚午年（1870）三月十九日，富川瑶族自治县朝东镇塘源村林盛宗"因无钱出取，缺少钱文，自将祖遗业地牛角脑地壹块出卖与"唐文美家，得钱1100文；中华民国七年（1918）正月十三日，贺县桂岭镇竹园村陈永兆"因家中欠银支用，自思无路，愿将祖父遗下沙手大畲地一块"出卖给族侄陈毓喜兄弟，得钱240毫；民国庚辰年十一月二十六日，富川县莲山镇龚圣美"因家下无银使用，无路出办。夫妻商议，自将土名屋门底崩木根园地壹块"出卖给胞兄龚圣旺，得银100元。在以块计量旱地的契约文书中，卖方只注明了旱地的数量和价格，具体面积并未标注，大部分契约也未标注土地的四至方位。从契约的交易主体看，买卖双方主要是亲邻关系，双方对出卖的标的物的情况非常熟悉，在广西东部土地契约文书中，很少出现标的物四至方位的原因可能就在于此。

2. 丘

在广西东部地区的旱地交易契约文书中，也可以看到以"丘"作为数量的计量。例如《民国丙子年（1936）三月十九日龚开龙当地契》（《贺博整理本》第00310号）：

> 立写当地契人龚开龙，今因家下无银使用，夫妻商议，自将已

下地土名梅坭井地一丘，将来出当。先问房亲四邻，无银承应，自请中人陈积昌上门问到陈启照允从承应。先去看过地丘，明白回家，当中三面言定地价银本利壹百叁拾毫正，即日立约交足，是开龙亲手接受回家正用。其地明当明买，其银限至春社复还。如有不还，任从买主耕种管业，日后不得异言，如有异言，今恐人心难信，立写乙纸付与买主收执为凭。

中人：陈积昌

民国丙子年三月十九日　立人龚开龙笔

此契搜集于富川瑶族自治县莲山镇莲塘村，是一份当地契。民国丙子年（1936）三月十九日，龚开龙"因家下无银使用，夫妻商议，自将己下地土名梅坭井地一丘"出当给陈启照，得钱130毫。"地一丘"的表述，说明当地以"丘"计算"地"的数量。再如，民国二十一年（1932）十二月十九日，陈怀清将自己先年卖给龚吉祥的"梅子凹码头地大小一连二丘"地补断（《贺博整理本》第00034号）。但在当地其他旱地的契约文书中的"地"计量中也有使用"块"的文书，如民国庚辰年（1940）二月二十七日，任神德将自家"牛鼻嵴入穴水地一块"作为抵押，向李光廷借得法币60毫（《贺博整理本》第00009号）。在明至民国时期，广西东部地区有大量的旱田，当地人们也称陆地，主要用于种植陆稻，也称旱稻，特别是瑶族地区，由于水田较少，陆地较多，种植旱稻也成为瑶族人民主要的农业生产活动。例如，民国二十六年（1937），在广西东部地区陆稻产量的统计中，富川县有1150市担，钟山县有1667市担，昭平县有15015市担，贺县有12177市担，信都县有11958市担，苍梧县有2000市担，怀集县有48500市担。[①] 为了与种植旱稻之外的土地加以区别，乡民把陆地与水田一样，以"丘"作为计量单位，而除陆地之外的畲地、园地等旱地则以"块"作为计量单位。

---

① 《广西年鉴》第三回，广西省政府统计室1948年版，第290页。

3. 灰

庄稼一朵花，全靠粪当家。在传统的农耕社会中，由于没有当今科技生产的化学肥料，草木灰、人粪和牲畜粪等农家肥是人们进行劳动生产的主要肥料。在广西东部地区有些乡民由于家中烧火的灰、人粪和厕粪不能满足生产的需要，往往会上山焚烧草木成灰，补充农家肥。同时，为了保存草木灰，人们通常会建造灰屋或灰楼保存草木灰，并可以作为不动产进行交易，如道光二年（1822），张以和因无钱使用，将自家灰屋出卖。

在广西东部的富川瑶族自治县，我们还发现一种较为特殊的旱地数量计量方式。这种方式主要是以"灰"和"担"作为计算旱地的面积。例如《民国壬子年（1912）十二月二十二日赵盛万卖地契》（《贺博整理本》第06038号）：

> 立写卖地契人赵盛万，今因无钱使用，自将分下祖地出卖，坐落土名伴乳凼虎头山脚地乙块，该灰乙担，将来出卖，托请中人赵盛龙上门问到赵昌园家承买。当中三面言定时值价银叁拾伍毫正，就日立契交足，亲手接收回家正用。其地卖后任从买主耕种管业，日后不得异言。今立有凭，付与买主收执为据是实，存照。
>
> 　　　　　　　　　　　中人：赵盛龙　钱二十四文
> 民国壬子年十二月二十二日　立写卖地契人赵盛万亲笔

这份卖地契搜集于富川瑶族自治县麦岭镇，签订于民国壬子年（1912）十二月二十二日，出卖人赵盛万"因无钱使用，自将分下祖地出卖，坐落土名伴乳凼虎头山脚地乙块，该灰乙担"出卖给赵昌园获得"价银叁拾伍毫正"。契中以"该灰乙担"注明了标的物的面积，以"灰"和"担"计量旱地面积在富川瑶族自治县非常普遍。一担灰的面积是多少，课题组成员在富川麦岭的高桥村和莲山镇的大莲塘村进行了实地访谈调查。当地村民在旱地种植红薯、花生、豆角等作物时一般都要用灰施肥，由于种植不同农作物的间距不同，高桥村"一担灰"的旱地面积一般可以给 0.08—0.1 亩的旱地施肥①，大莲塘村"一担灰"的旱地面积一般也是 0.08—0.1 亩②。

四 广西东部地区田地买卖的特点

（一）交易范围较小

中国的传统乡村社会是一个由一定的血缘和地缘关系组成的共同体。相同的血缘是宗族成员自我认同和交往的主要依据，血缘关系使不同的人员组成了一定的宗族关系，建构了一种宗族观念。在传统宗族观念的影响下，"财不出户"深深地影响着乡村社会的田地等不动产买卖和交易的范围，于是自唐代就形成了一种"亲邻优先"的习俗，到宋代时国家还明文规定："应典、卖、倚当物业，先问亲房，亲房不要，次问四邻，四邻不要，他人并得交易。房亲着价不尽，亦任就得价高处交易。"明清以来，乡村社会的不动产交易中亲邻优先权一直约定俗成地存在，在这种规则的约束下，乡村社会不动产的交易范围受到一定的限制。

从广西东部地区的田地买卖契约文书来看，不同民族的田地买卖都受到传统宗族观念的影响。在富川县平地瑶乡村社会中，如明嘉靖二十九年（1550）八月二十三日，福利镇盘天保在出卖一丘祖田时，"先问房兄，后问房弟，无人承买"，最后才出卖给邓巴俫，而且邓巴俫还是和他居住在一个村的乡民。清代宣统元年（1909）二月二十二日，白沙镇唐梓常、唐神恩在出卖农田时，在"先问房亲，后问四邻，无人承买"的情况下，将农田出卖给邻村客牛路村的何天隆、何天崇两兄弟。民国十三年（1924）十二月初九日，黄正恩在出卖地时，在"先尽亲房，有钱不买，方可出卖"的情况下，将地出卖给本村黄贵保家（《贺博整理本》第 13254 号）。在汉族乡村社会中，如民国五年（1916）四月二十日，富川县秀水村毛蕃仪在出卖自家两丘农田时，在"先问亲

---

① 资料来源于 2020 年 10 月 12 日笔者在富川县麦岭镇高桥村对义 JY、杨 SP 等村民的访谈。

② 资料来源于 2020 年 10 月 22 日笔者在富川县莲山镇大莲塘村对黎 XG、钟 YT 等村民的访谈。

房，不愿承买"时，将田出卖给毛兴茂家。民国三十年（1941）五月十五日，苍梧县镇南横沙村丘文斋、丘仁斋，在"先问房族，无人承受"的情况下，将四丘农田出卖给丘学贤家。民国三十三年（1944），钟山县大耀村蒋垣盆在断卖自家二丘农田时，"先问房亲，后招四邻人，不承受"，于是将田出卖给苏安生。在客家乡村社会中，如光绪二十六年（1900）十二月初四日，昭平县樟木林镇叶家城，因无钱使用，在出卖一块棉花熟土时，"先问亲邻，不就"，于是出卖给东寨叶三妹。

可见，在广西东部地区的不同人群都有"亲邻优先"的观念，使田地等不动产交易的范围限制在一定的范围内。为了更好地分析广西东部地区乡村社会田地交易的范围，课题组成员对在富川瑶族自治县白沙镇客牛路村搜集的19份田地买卖契约文书进行统计，如表4-2所示。

表4-2　　　　　　　　客牛路村田地交易统计表

交易时间	标的物	出卖人及村落	承买人及村落	价格
光绪二年（1876）二月二十一日	田一丘	唐广清 棉花地村	唐聪学 客牛路村	4000文
光绪十五年（1889）正月二十二日	田一丘	唐成启、唐求习 棉花地村	何春荣 客牛路村	800文
光绪二十五年（1899）十月初十日	田二丘	唐时求 涧别村	何春荣 客牛路村	2400文
光绪二十六年（1900）四月初三日	田一丘	唐时求 涧别村	何春荣 客牛路村	4000文
光绪二十六年（1900）四月初六日	田三丘	唐时求 涧别村	何春荣 客牛路村	12500文
光绪二十七年（1901）七月二十四日	田二丘	唐时求 涧别村	何春荣 客牛路村	3600文
光绪三十年（1904）二月十六日	田一丘	唐时求 涧别村	何春荣 客牛路村	4毫
光绪三十二年（1906）二月初六日	田一丘	唐进宗、唐成秋 棉花地村	何春荣 客牛路村	800文

续表

交易时间	标的物	出卖人及村落	承买人及村落	价格
光绪三十四年（1908）二月初六日	田一丘	何天星 客牛路村	胞兄何天崇 客牛路村	30毫
宣统元年（1909）二月初八日	田一丘	何天星 客牛路村	何天崇 客牛路村	20毫
宣统元年（1909）二月二十二日	田一丘	唐梓常、唐神恩 涧别村	何天良 客牛路村	51元
民国元年（1912）二月十六日	田二丘	唐神恩 涧别村	姐夫何天崇 客牛路村	60毫
民国元年（1912）十月二十二日	地六块	唐梓常 涧别村	何天崇 客牛路村	120毫
民国三年（1914）二月二十四日	田一丘	唐葱苟 客牛路村	何天崇 客牛路村	124毫
民国三年（1914）三月初十日	田一丘	唐上廉 涧别村	何天崇 客牛路村	40毫
民国三年（1914）七月初六日	田一丘	唐梓熙 涧别村	何天崇 客牛路村	2毫
民国七年（1918）三月十八日	地一块	唐上修、唐上廉 涧别村	何春荣 客牛路村	80毫
民国三十六年（1947）十一月二十六日	田三丘	何明昌 客牛路村	族内何明庆 客牛路村	350斤谷
民国三十七年（1948）一月二十四日	地一块	何明道 客牛路村	亲房何明庆 客牛路村	300斤谷

资料来源：2018年7月28日搜集于富川瑶族自治县白沙镇客牛路自然村。

在表4-2中，我们可以看到田地交易涉及的村庄有客牛路、涧别和棉花地三个自然村。据现场调查，客牛路自然村和涧别自然村紧紧相连，村民房屋仅相距几百米，他们的田土相互插花，属于同一区域的文化生境。棉花地自然村则位于客牛路自然村和涧别自然村的南面，相隔着白沙河，在1953年之前棉花地自然村的房屋位于白沙河边，与客牛路自然村和涧别自然村相距一千米左右。由于一场洪水，棉花地村整体搬迁至相距 1.5 千米左右的今白沙镇坪江村坪地自然村居住。从表 4-2 中田地交易的具体范围看，客牛路自然村与涧别自然村的交易有 11 笔，与棉花地自然村的交易有 3 笔，本自然村内有 5 笔。其中，从买卖双方为本自然村的契约看，他们都是何姓人，而且有两份契中注明了双方为"族内"和"亲房"关系，另一份外村交易的契约中则注明了"姐夫"的关系。可见，当地的田地交易范围限定在一定的范围内。虽然，这份统计表中的交易仅为一户的田地买卖，而且数量也较小，但从中可以窥见当地的田地交易范围的大致概况。

（二）补价现象较多

补价是指交易各方完成田地等不动产交易，出卖人在获取了价钱之后，又再向承买人补价的经济行为。这种补价行为在我国明清以来的不动产买卖交易中成为普遍现象，南方的福建、江西、贵州、广东、湖南、江苏、浙江、安徽、湖北、台湾等省，北方的陕西、热河、河北、山东、山西、甘肃等省的民间文献中发现了大量的补价现象，而且有找、贴、添、尽、足、洗、凑、札、补、加、断、增、撮、叹等不同的称呼。[①] 在广西东部地区的不动产买卖交易契约文书中，课题组也发现了大量的补价契。

广西东部地区的补价契一般在契首注明"立写补田""立写补断""立写补约""立写补帖"等字样。例如《道光七年（1827）五月十六日毛德佩补田帖》中的"立写补帖人毛德佩"（《贺博整理本》第 10972 号），《道光十七年（1837）三月十八日蒋相宗补田契》中的"立补田契人蒋本宗"（《贺博整理本》第 12633 号），《光绪十六年（1890）二月二十日邓世林补田约》中的"立写补约人邓世林"（《贺博整理本》第 05895 号），其中最早的一份契为《万历四十六年（1618）六月初六日奉朝用补田契》。另外，在富川瑶族自治县的朝东镇的不动产交易的契约文书中，我们还发现一种契首标注"剥削"二字的补价契，现将该契誊抄如下：

---

① 陈铿：《中国不动产交易的找价问题》，《福建论坛》（文史哲版）1987 年第 5 期。

立剥削田价银人林秀叶，情因先年卖出田，土名黄廖洞窑脑上油蛇母大四方田，共田三丘四工，卖与林天珍为业，原税柒分五厘正。今又剥削价银贰两正，就日交乞，不欠分厘。其田剥削之后，任从银主照依前例管业耕种，毋得异言。今人难信，（立）剥削（契）为凭。

代笔中人：莫玉英　押
乾隆三十年十一月二十二日　立剥削人林秀叶　押

这是一份写在原卖田契中的"剥削田价契"，田主林秀叶原卖田契写于清乾隆二十一年（1756）正月二十七日。这份"剥削田价契"是在林秀叶出卖田九年之后，即乾隆三十年（1765）十一月二十二日的一份契约，并且书写在原契尾。从内容上看，乾隆二十一年（1756）正月二十七日田主林秀叶将"土名黄廖洞窑脑上油蛇母大四方田"出卖给林天珍，乾隆三十年（1765）十一月二十二日，出卖人林秀叶又向承买人林天珍索补了2两白银。

从整理的补价契可以看到，广西东部地区的田地补价原因主要是原出卖人遇到"家中无钱""无钱使用"等经济问题。例如同治四年（1865）十二月十四日，周世财因无钱使用，将先年卖出的"该秧三崩，该米六合"的农田索补，在中人周神荣的说合下，获得"补田价钱五百文正"（《贺博整理本》第12639号）。光绪庚子年（1900）十二月十一日，沈瑞福"因目下无钱使用"，于是将自己先年卖出的"土名流源井中央长地一块"取补，在无中人的介入下，自己亲自上门补价，原买主聂启胜补价500文（《贺博整理本》第01346号）。在这些补价契中，补价人明显地标注了补价原因，但我们也发现没有标注补价原因的补价契。例如光绪二十七年（1901）正月十七日，陈白照自请中人陈求赐、陈秀恩、陈开胜三人到陈圣春家索补田价，获得补价1200文（《贺博整理本》第12606号）。契首中由书写人即补价人陈白照书写的是"立写赖补田价人陈白照"，此处的"赖"字可能就是没有索补钱的原因，或许确实是业重价轻。

在整理文书时，也发现即使是田地断卖，或者是"业轻价重"，契约文书中书写了永不补价等词语，但出卖人仍然可以补价。如下引的一份契约（《贺博整理本》第06699号）：

> 立格外情赠人刘以仁，情因先年卖出之田前契书明没洗休心，永不问补等情，既经业轻价重，无可补。兹今苦求受主邱学贤处格外情赠，补出棺木银贰两正，白银俱系亲手接足，并无短少。自补以后，即有吉凶大故，再不敢备补等情。如有此情，任受主执约赴公理论，甘罚无辞。今欲有凭，（刘以仁）的笔写立格外情赠一纸付与受主为据。
>
> 　　　　　　　　　　　　　　　　在场中人：刘相章
> 　　　　　　　道光二十五年四月初八日立人亲押的笔

这份契约的契首中书写有"格外情赠"四字，以及"先年卖出之田前契书明没洗休心，永不问补""业轻价重"的内容看，立契人刘以仁在绝卖农田给邱学贤之后，在无理由的情况下，他以"格外情赠"的理由，向买主要求"补出棺木银贰两正"。

在我国传统社会中，不动产交易后补价的时间，从交易不久后就可以补价，也可以十余年甚至数十年上百年之后再向买主补价。[①] 广西东部地区田地补价的时间有短有长，从整理的契约文书看，最短时间的补价契就出现在交易的当天。如下引的两份契约：

> 例1：立卖田契人唐秀勋，今因无钱使用，祖遗分下土名坐落前面圳下秧田乙丘，该秧叁崩，原税乙分五厘，将来出卖，托请中人唐象魁上门问到唐廷弼家承买。当中三面言定田价钱陆千文正。就日立契交足，亲手接受回家正用。其田卖后任从买主耕种管业，日后不得异言。今立有凭，立写卖契乙纸付与买主收执为据。
>
> 　　　　　　　　　　　中人：唐象魁　钱伍拾文　押
> 　　　　　　咸丰三年癸丑岁三月十六日立卖田契人唐秀勋亲笔押
> 　　　　　　　　　　　　　　　（《贺博整理本》第01456号）

---

① 陈铿：《中国不动产交易的找价问题》，《福建论坛》（文史哲版）1987年第5期。

例2：立补田契人唐秀勋，今因无钱使用，祖遗分下土名坐落前面圳下秧田乙丘，该秧叁崩，原税乙分五厘，将来出补。托请中人唐象魁上门问到唐廷弼家承补。当中三面言定补田价钱陆千文正。就日立契两交，亲手接受回家正用。其田补后任从买主耕种管业，日后不得异言。今立有凭，立写补契乙纸付与买主收执为据。

中人：唐象魁　钱伍什文　押

咸丰三年癸丑岁三月十六日立卖田契人唐秀勋亲笔押

（《贺博整理本》第01457号）

上引的两份契约都是咸丰三年（1853）三月十六日唐秀勋书写，例1为田主唐秀勋卖田契，例2则为田主唐秀勋补田契，而且两份契为同一天书写，都是经官方盖过钤印的红契。可见，该田出卖人唐秀勋在同一天把自家一丘农田出卖并补价。

从整理的广西东部地区的补价契约文书看，绝大部分原出卖人补价时间可随经济情况而随时向买主索补，如光绪十年（1884）十二月二十二日，王德孝"因无钱使用，自将祖遗分下坐落土名水路母田乙丘"出卖给唐秀登，得钱5000文（《贺博整理本》第01454号）。过了三年一个月后，即光绪十四年（1888）正月二十八日，王德孝"因口粮难度，无钱使用"，于是向买主唐秀登补价5000文（《贺博整理本》第01468号）。光绪二十五年（1899）四月初五日，徐永华"因家下无钱使用，无路出办。父子商议自将先年卖出田业，土名冲见岭田，大小八丘"，向原买主徐永亮索补"田价银叁大元正"（《贺博整理本》第05585号）。在契约中也发现，出卖人去世后，其后人也可以向买主索补，如乾隆十四年（1749）十二月二十五日，胡明翠"因父亲身故，无钱使用"，于是将父亲先年出卖给周首泰耕种多年的"坐落土名小洞田乙丘"向买主索补，在中人何士伦劝合下，买主周首泰补出田价钱1600文（《贺博整理本》第00591号）。

这些补价契都为原出卖人另写的补价契，但大部分补价契的内容是书写在原卖契中，如《光绪五年（1879）三月二十日陈求赐卖田契》（《贺博整理本》第12406号）：

> 立写卖田契人陈求赐，今因无钱正用，无路出办。夫妻商议自将分下土名洞尾水喷田乙丘，该秧乙崩半，该米肆合正，将来出卖。先问亲房，后问四邻，无人承应。自请堂侄陈秀乾上门问到刘启胜出价承买。当中三面言定田价钱叁千伍百文正，就日立契交足，是赐亲手接受回家正用。其田卖后，任从买主耕种管业，如若，不得异言。今恐人心难信，立写乙纸付与买主收执为凭是实。
>
> 　　　　　　　　　　代笔中人：堂侄陈秀乾　押
> 　　　　光绪五年三月二十日立契文约陈求赐　押
>
> 光绪捌年壬午岁陈求赐立补田价钱柒百文正。
>
> 　　　　　　　　　　　　　　中人：陈秀华代笔
> 　　　　　　　　　　　　二月十六日立补人陈求赐押

这是一份在契尾书写有补价的卖田契。光绪五年（1879）三月二十日，陈求赐"夫妻商议自将分下土名洞尾水喷田乙丘"出卖给刘启胜，得钱3500文。光绪八年（1882）二月十六日，原卖主陈求赐又向买主补钱700文，并把这次补价的时间、中人、价钱等信息书写在原卖田契尾。

在我国传统社会中，同一不动产的交易找价次数，可以一次到十次，甚至更多次。[①] 广西东部地区的补价大多为一次性补价，但也出现多次补价的现象。从整理的广西东部地区的田地交易契约文书中，我们发现了有补二次、四次的现象，而且每次补价的信息都书写在原契中。例如下引的两份卖田契：

> 例1：立卖田契人唐进华、母周氏，今因无钱正用，自将祖遗土名下枧田乙丘，该秧三崩，该税一分半，将来出卖，托请房叔唐子康为中，上门问到叔祖母唐庆云家承买。当面言定时值田价钱拾千肆百文正，即日立契交足，系是卖人亲拉回家正用。其田卖后任

[①] 陈铿：《中国不动产交易的找价问题》，《福建论坛》（文史哲版）1987年第5期。

从买主耕种管业,不得异言,所立卖契乙纸付与买主收执存照是实。

          继父：钟廷裕 亲笔 押
          中人：唐子康 钱乙百文
       光绪戊戌年三月十一日立卖田契人唐进华押
      光绪庚子年十二月二十八日补钱二千文 唐进华亲字
       光绪丁未年写立补田契人价银壹大元 亲笔

  例2：立卖田契人陈求惠,今因无钱使用,无路出办,父子商议,自将分下土名白马坝田乙丘,该秧二崩,该米陆合正,将来出卖。先问房亲,后问四邻,无人承买,亲兄求赐上门问到刘启胜出价承买。三面言定田价钱陆千陆百文正,即日立契交足,是求惠亲手接受回家正用。其田明卖明买,任从买主耕种管业,如后不得异言。今恐人心难信,立写乙纸付与买主收执为凭。

          亲兄：陈求赐 四十文
      光绪七年辛巳岁三月二十五日 立契人陈求惠押
   立补田契人陈求惠,今因无钱使用,无路出办,刘启胜补出
     田价钱乙千文正。是求求惠接受回家正用。
         光绪癸未年立补乙纸 堂兄亲笔
  立补田契人陈引先补出田价钱乙千文正,是引先接受回家正用。
           代笔人：黎先美押
            庚子年二月十六日

  上引的两个卖田契案例都是田主出卖农田后补价了两次。例1中,唐进华和其母周氏"因无钱正用",将"该秧三崩,该税一分半"的一丘田,于光绪戊戌年(1898)三月十一日出卖给唐庆云家后,他又在光绪庚子年(1900)十二月二十八日和光绪丁未年(1907)分别补得2000文和"银壹大元",两次补价的信息都书写在原卖田契中。在例2中,卖田人陈求惠"因无钱使用,无路出办,父子商议",将"该秧二崩,该米陆合正"的一丘田出卖给刘启胜,获得6600文。后来他又分

别在光绪癸未年（1883）和庚子年（1900）都补得田价钱 1000 文，补价的信息也书写在原卖田契中。从具体内容看，第一次补价人为原卖主陈求惠时，而且书写了补价原因。第二次补价的时间与第一次补价的时间相差了 17 年，补价人已经不是原卖主陈求惠，而是其后代陈引先。

在整理广西东部的不动产交易契约文书中，发现了一份补价四次的卖田契，特引如下（《贺博整理本》第 01117 号）：

> 立卖田契人沈永求，今因无钱使用，自己分下祖田，土名坐落蚂蝗洞田乙丘，该秧四崩，税乙分，将来出卖。先问房叔，后问四邻，无人承买，托请中人沈先福引到上门问到唐文科家承买。当中三面言定田价银肆两整，就日随契交足，亲手接授回家应用。其田卖后，任从买主耕种管业，不得异言，如有异言，立卖契为据。
>
> 　　　　　乾隆戊子年十二月二十七日立卖田契沈永求　押
> 　　乾隆辛卯年四月初六日立补田价人永求收补田价银贰钱整，就日补价交足，亲手接受回家使用是实。
> 　　立写补价田人沈永求，先年卖到土名坐落蚂蝗洞田乙丘，该秧四崩，税乙分，添补乙钱二分五厘，亲手接受回家使用，原中沈先福，四月十二日立写补契是实。
> 　　　　　乾隆戊申年四月十二日立写　替笔盘常清
> 　　立写取补田价人盘宗太，今因年岁饥荒，无粮度日，自将之祖蚂蝗洞田，上门问到盘盛英、盘盛钦承补田价钱壹百文正，就日立契交足回家应用，任由买主耕种管业。立补是实。
> 　　　　　　　　　　　　　　　　　　替笔：沈永隆　押
> 　　嘉庆十四年四月十三日立补田价人盘宗太　押
> 　　嘉庆壬申年正月初三日补田价钱贰百文正，是宗海接受回家使用。今恐人心不古，立写补契乙纸付与买主收执存照是实。
> 　　　　　　　　　　　　　　　　　　代笔人：常科

这是一份补价四次的卖田契，四次补价的信息都书写在原卖田契中。乾隆戊子年（1768）十二月二十七日，卖田人沈永求"因无钱使用",于是将"自己分下祖田,土名坐落蚂蝗洞田乙丘,该秧四崩,税乙分"出卖给唐文科家,获得田价银四两。后来,原田主出卖人沈永求于乾隆辛卯年(1771)四月初六日和乾隆戊申年(1788)四月十二日,分别向原买主补得"价银贰钱整"和"乙钱二分五厘",两次补价的时间相差了17年。时间又过了21年之后,嘉庆十四年(1809)四月十三日和嘉庆壬申年(1812)正月初三日,盘宗太和盘宗海又分别补价100文和200文。从出卖田的乾隆戊子年(1768)和嘉庆壬申年(1812)最后一次补价,时间相差44年。

明清时期,由于不动产交易的找价现象非常普遍,"卖而不断"和"断而不死"的现象并不鲜见,在有些地方有"恶俗"之称。① 为了防止出现大量纠纷,国家也多次颁布相关条例禁止这种乱象,但补价现象直到中华人民共和国成立之前仍然长期在各地存在。② 从广西东部田地交易中的补价现象中,可以看到从明代到民国时期的田地活卖和绝卖中都有补价的习俗。这些习俗的长期存在,除了与当地的社会因素有关联外,还与经济因素有着密切的关系。

在社会因素方面,广西东部地区的乡村是一个由血缘和地缘组成的共同体,当地乡民有着牢固的宗族和乡族观念。这种传统的社会力量使个人在田地等不动产交易时,形成了"亲邻优先"和"产不出户"等约定俗成的交易规则。加之,受宗法伦理的影响,导致个人在田地买卖时受到诸多的干预。因而,我们在广西东部地区的契约文书中可以看到"托请中人上门问到""托请中人上门劝合"等表述,甚至是出卖人在无中人的介入下,"亲自上门",买主还是可以补价,即使是契约中注明了断卖无补的情况下,也能补价。在国家层面,相关法律对民间补价行为多次采取措施禁止,如《大清律例》就规定:

> 嗣后民间置买产业,如系典契,务于契内注明回赎字样。如系卖契,亦于契内注明绝卖、永不回赎字样。其自乾隆十八年定例以

---

① 杨国桢:《明清土地契约文书研究》,中国人民大学出版社2009年版,第187页。
② 唐文基:《关于明清时期福建土地典卖中的找价问题》,《史学月刊》1992年第3期。

前，典卖契载不明之产，如在三十年以内契无绝卖字样者，听其照例分别找赎。若远在三十年以外，契内虽无绝卖字样，但未注明回赎者，即以绝产论，概不许找赎。如有混行争告者，均照不应重律治罪。①

可见，乾隆十八年（1753）的定例中明确规定民间产业的典和卖有30年的时限。然而，广西东部地区的补价行为并未受到约束，如上引的《乾隆戊子年（1768）十二月二十七日沈永求卖田契》中，卖主沈永求在乾隆辛卯年（1771）向买主补价。契中在没有注明"绝卖"和"永不回赎"的字样的情况下，卖主又分别于乾隆戊申年（1788）、嘉庆十四年（1809）和嘉庆壬申年（1812），即出卖后的第20年、第41年和第44年仍然可以补价。

在经济因素方面，补价是传统地权交易机制的一部分，是地价形成机制的一个环节。② 在我国传统民间社会的土地交易市场中，为了满足人们多样化的需求和交易目的，形成了断卖、活卖、典当等不同形式的交易类型。通过卖主的找价行为，活卖和典当可以转换为断卖，如《乾隆十六年（1751）闰五月二十八日何希贤推补田契》中，原出卖人何希贤"因生意乏本"，于是将先年活卖给蒲六爷的南湾田索补，在原中人陈天佑的劝合下，补得白银一两，并把该田"洗册离娘"，断卖给原买主蒲六爷。通过补价，使土地价钱在买卖双方之间流动，实现了地权在交易主体之间的流转，从而使资本、劳动力、土地等生产要素进一步得到配置，也促使乡村社会土地资源市场配置机制的形成。

由于在我国传统的农耕社会中，特别是一些较为闭塞的乡村，信息不畅通，导致人们不能及时了解当时的市场交易信息，因而在土地等不动产交易时，人们不能准确地确定当时的市场价格。例如富川瑶族自治县的《民国二十年（1931）二月二十五日彭荣亮断卖田契》中，买卖双

---

① 马建石、杨育裳主编：《大清律例通考校注》，中国政法大学出版社1992年版，第437页。
② 张湖东：《传统社会土地交易"找价"新探——实证与功能分析》，《学术月刊》2013年第7期。

方在商定田价成交时,契中就标注了"中人引踏看过田丘塘井灌养田,明白回家。二比言定,时值时不值断卖田价银陆拾陆元正,即日立契交足"(《贺博整理本》第07553号)。契约中"时值时不值"的文字表明,该"田价银陆拾陆元正"可能是当时的市场价格,也可能不是当时的市场价格,这就为交易后卖主补价行为留下了后路。可见,土地交易后的补价能对信息不畅通带来的交易不公平进行弥补,从而也能使交易人对交易障碍进行克服,促使交易产生和完成。这种补价的交易机制不仅使出卖人获得了急需的资金,分享了土地涨价等增值的收益,同时也兼顾了社会公平。①

(三) 买卖双方权利义务不对等

从广西东部地区的田地买卖交易契约文书中,可以看到大部分田地买卖交易的原因都是因出卖人的经济问题,特别是在我国传统的农耕社会中,田地是人们赖以生存的生产生活资料,田地宅院等不动产的买卖交易常常被认为是后代没有守好祖业、家道败落的表现。因而,在正常的情况下,人们一般都不会把田地房产等产业出卖交易,除非遇到万不得已的情况。从广西东部地区田地交易契约中可以看到,不管是汉族、瑶族等不同民族的田地买卖原因,大多为"无钱使用""家下正事,无银正用""因春上无钱使用,无路出办""年岁口粮不度""因先父亡故,拖欠账目"等。如在《康熙七年二月十四日盘世科卖地契》中,盘世科出卖地的原因为"使用无钱";在《道光十年(1930)三月初七日苏源隆卖田契》中,苏源隆卖田的原因是"因为叔翁身故,无钱使用"(《贺博整理本》第09050号);在《民国二十七年(1930)四月初二日毛建魁卖田契》中,毛建魁卖田的原因是"缺少丧费,无处出取"(《贺博整理本》第11420号)。这些不同民族的田地买卖交易都有一定的客观原因,基本上都是为了解决家庭的实际困难而出卖田地等不动产。

由于田地出卖交易的主要原因为经济问题,导致双方在签订田地买

---

① 张湖东:《传统社会土地交易"找价"新探——实证与功能分析》,《学术月刊》2013年第7期。

卖契约时，出卖人常常处于弱势地位，并由出卖人签订和书写，由经济上强势的买方收执。契中的内容主要是卖主在接受交易主体商定的价格的前提下，把标的物的权利转移给买方①，并对标的物的合法性以及违约时承担的责任义务进行保证。契约书写之后，出卖方及亲人等相关人员还要签字画押，而买方并不会在交易契约中签署画押，只负责付清价钱并收存契约，保障自己的利益。可见，在传统社会的田地等不动产买卖交易中，买卖双方的权利与义务是不对等的。在广西东部地区的田地等不动产买卖交易中，我们也发现了交易双方权利与义务的不对等现象。例如明代万历二十五年（1597）四月初六日，唐氏"因粮饥，无银使用"，于是将先年自己买到的"清人山广头田一丘"出卖给任希文，得"田价银壹两捌钱正"。契中约定："其田卖后，任从买主子孙耕管，不许唐氏子孙言及又言。卖后不许幡（翻）悔，如有幡（翻）悔，执出契书赴官千理，工（公）罚白米三石入官公用。"在《光绪六年（1880）二月二十二日钟绍福卖田契》中，买卖双方约定："其田自卖之后，任从买主耕种管业，卖主内外兄弟人等不容增税抽赎异言。如有异言，系是卖主一并承当，不干买主之事"（《贺博整理本》第11176号）。在《民国三十五年（1946）正月二十日廖端兴杜卖田契》中，出卖田人廖端兴在无中人说合的情况下，自己上门到亲房兄弟廖天桂家，把"土名教梨圩田乙丘"出卖给廖天桂，获得"谷子六百市斤"，并约定该田"自永（卖）之后，任从买主耕种管业。日后子孙不得幡（翻）悔异言。如有异言，卖主一并承当"（《贺博整理本》第11619号）。

从上引的案例中，不管是明代和清代，还是民国时期的田地等不动产买卖交易，买卖主体的违约等权利义务主要针对的是卖方，基本上看不到买方的违约责任。这也是受广西东部地区田地买卖交易主要是普遍使用单方契约的影响。单契是出卖人签订，买方保存，从整理的田地交易契约看，广西东部地区乡村社会都使用单契交易。例如2022年7月23日，课题组在富川瑶族自治县白沙镇井下村和黑山村两村搜集到的

---

① ［日］滋贺秀三等：《明清时期的民事审判与民间契约》，王亚新、梁治平编，王亚新、范愉、陈少峰译，法律出版社1998年版，第282页。

13 份田地交易契约都是单契，2018 年 7 月 28 日搜集于富川瑶族自治县白沙镇客牛路村的 19 份田地交易契约也全部为单契交易，2020 年 12 月 4 日搜集于八步区桂岭镇竹园村的 165 份田地等不动产契约文书中，除了 3 份分关书以外，其他契约也全部为单契交易。这些契约的主要内容是标的物的方位数量面积税收与合法来源、双方协商的价格，以及卖方承担的责任与义务，而买方的责任与义务几乎看不到。

第三节　广西东部山林交易

位于南岭走廊中段的广西东部地区属于山地丘陵地貌，有着山地多平地少的地形特点。由于地处亚热带季风气候区，雨水充沛，土壤肥沃，光照充足，这一地区适宜于多种林木的生长。因而，当地人们除了耕种农田外，也充分利用所在自然环境的条件，开山造林，大量种植杉、松、竹、油茶、油桐和其他杂木。

一　人工林的发展

广西东部位于南岭走廊中段，有着适宜于杉树、松树等植物生长的自然环境，南宋地理学家周去非在《岭外代答·卷八·花木门》中就有杉木的记载："沙木与杉同类，尤高大，叶尖成丛，穗小，与杉异。猺峒中尤多。劈作大板，背负以出，与省民博易。舟下广东，得息倍称。"[①] 可见，在宋代时，南岭走廊山地的瑶族就把当地生长的优质杉木作为商品卖到了广东。

杉树属杉科，常绿针叶乔木，高可达 30 米左右，胸径可达 2.5—3.0 米，树干端直，树形整齐，为我国特有的用材林树种，分布于亚热带地区，南岭山地为中心产区。[②] 杉树为浅根性植物，其生长环境要求是温暖的气温和降水丰富而均匀，广西东部的自然环境非常适宜杉树的

[①]（宋）周去非：《岭外代答校注》，杨武泉校注，中华书局 1999 年版，第 291 页。
[②] 吴中伦主编：《杉木》，中国林业出版社 1984 年版，第 55、70 页。

生长。民国《广西年鉴》就对广西杉木有专门的记载:"本省木材以杉、松为主,椿、樟、枫、榕次之。杉木质密干直,适于建筑及制造器材之用,栽培以北部及东部山地为最盛。"① 民国《昭平县志》也对当地的杉木有记载:"杉树杆耸直,异于他木。凡营造宫室,多用之做梁柱,称为良材,大而连抱者作棺料尤佳。"昭平也有可以用于造船的巨樟,民国《昭平县志》记载:"此树两广最多,材可造船,制他器具亦多适用。邑境一向不乏连抱者。二三十年来,商人籍以居奇,与杉同运贩外埠。"② 松树作为松科植物,是一种高大乔木,有"百木之长"的称呼。松树还是一种耐贫瘠的植物,繁殖能力强,喜欢酸性土壤,有耐阴和抗旱能力,一般生长在山岭、丘陵和岩石等自然环境中。广西东部的自然环境适宜松树的生长,而且质量较好,当地人们早就有种植。民国《昭平县志》就有明确的记载,松树"邑中山岗多有,水浸年久不朽。造船多以为底板。生长甚易,人咸植之,以供樵薪"③。

随着时代的变迁和经济的发展,到明清时期,大量的人口迁徙到广西定居后,大量的土地被开发用于种植作物,因而大量的天然森林被砍伐,到清康熙年间时,广西的森林面积仅占土地总面积的 39.1%。自然生长的杉树不能满足人们的日常需要,于是当地人们在山间地头人工种植杉树。为了保护森林,清代时还将广西东部、西部的几大林区划为重点保护林区。同时,大量的过山瑶人迁入林区租佃林地种植林木。到清嘉庆年间,桂西和桂东北有了大量的私有人工林。④ 杉、松、油茶、油桐等在地经济的发展和人们生产生活中占有重要的地位,特别是生产生活在山地的瑶苗族人们对经济的发展和生态环境的维护起了重要的作用。⑤

到民国时期,为了加强造林和绿化建设,解决用材问题,广西省政府设立了林业管理机构,专门管理和指导林业建设,解决全省造林技

---

① 《广西年鉴》第三回,广西省政府统计室 1948 年版,第 498 页。
② 民国《昭平县志》卷 6《物产部·植物》,第 28 页 a。
③ 民国《昭平县志》卷 6《物产部·植物》,第 27 页 b。
④ 阳雄飞主编:《广西林业史》,广西人民出版社 1997 年版,第 11—12 页。
⑤ 吴声军:《过山瑶人工营林生计的水土保持研究——基于富川瑶族自治县 F 瑶寨的田野调查》,《广西民族研究》2016 年第 6 期。

术、苗木和教育等问题。民国六年（1917）和民国十年（1921），广西首先在田南、南宁等地建立苗圃和林场。民国十四年（1925），为了促进林业发展，由省政府统一兴办林业科技教育，设立农林实验场。广西东部地区的富川、钟山、贺州等县也积极响应，建立了苗圃，大力发展林业。例如民国十五年（1926），富川县制订的《富川县县立苗圃设施计划》得到广西省政府的批准①，民国二十三年（1934），昭平县制定了《昭平县限令各张乡（镇）村（街）造林办法》②，大力鼓励本县人民植树造林。

民国二十年（1931），广西省政府为了发展全省林业，采取了推广公私林，增加油茶和油桐的种植，并实施了在河流沿岸和公路两旁植树的措施。③ 广西东部地区积极响应，如贺县县长黄绍耿发动群众在贺步公路种植了油桐树 8000 余株，在五甲村开荒种植了油桐树和油茶树 100000 余株，竹数 1000 余株，柚树 300 余株。④

在民国时期，桐油和茶油是重要的出口物资，广西省政府非常重视这两种经济林的种植，于是专门制定《广西厉行植桐办法》，要求各村充分利用荒地种植油桐树。⑤ 后来，政府又发布《广西各县植桐推广办法》，大力发展油桐树的种植。⑥

随着相关政策的推动和实施，广西东部地区人工林得到了快速的发展。据民国年间的《广西各县概况》记载，1932 年贺县有人造林面积 36600 余亩，其中"八步、芳林、桂岭、南乡等处之松林，河田之杉林出产颇多，每年出口价值二三十万"；富川县有天然林面积 18 万方里，人工林面积 300 余方里，种杉、松、桐、茶等树约 940 万株，年产桐茶油 380 余万斤，竹林面积 20 余方里，产竹 20 余万株；钟山县的人造林面积 160 万余方里，所植之木以桐茶杉松等为多。信都县有天然林 200 余方里，人造林面积 1000 余方里，以松木、杉木、桐木、桂树等为主，

---

① 《富川县县立苗圃设施计划》，《广西省政府公报》1936 年第 112 期。
② 《昭平县限令各张乡（镇）村（街）造林办法》，《广西省政府公报》1934 年第 44 期。
③ 阳雄飞主编：《广西林业史》，广西人民出版社 1997 年版，第 14 页。
④ 民国《贺县志》卷 4《经济部》，第 6 页 b。
⑤ 《广西厉行植桐办法》，《广西建设月刊》1929 年第 1 期。
⑥ 《广西各县植桐推广办法》，《广西省政府公报》1937 年第 164 期。

竹林多年产100000余万株。① 新中国成立后，这一地区的森林资源仍然丰富，如贺县在解放前的森林面积为153.34万亩，其中杉木7.48万亩，松木36.11万亩，竹子1.66万亩。② 可以看到，广西东部地区的乡村社会有大量的以杉、松为主的用材林和以油茶和油桐为主的经济林。

在整理的民间契约文书中，我们发现作为乡民私有财产的山林可自由地交易和买卖。例如：乾隆二年（1737）九月十四日，虞光先"因竖造，无钱使用"，于是将自家"更头神面竹山一块"出卖给唐忠继，获得纹银一两三钱；嘉庆二年（1797）四月十八日，盘印德因无钱使用，于是将自家"土名大山背松木树一所"出卖给钟万深，在中人赵宗赞的说合下，获得"价钱壹千玖百文整"（《贺博整理本》第09041号）；光绪二十二年（1896）二月初三日，廖吉昌因无钱使用，于是将自家一处杉树地出卖给廖吉富等人，得"杉树地土价壹千壹百文正"。

二 用材林及林地交易

从整理的林地买卖交易契约文书看，广西东部地区的用材林及林地交易主要有买卖、典当、租佃等多种形式。

（一）买卖

与田地房产买卖交易一样，广西东部地区用材林地的买卖也分为断卖和活卖。在用材林断卖契中，契首一般都标注"断卖""永卖""休卖"等字样。从内容可看到，用材林断卖主要有两种形式，第一种为卖木不卖地，第二种为卖木又卖地。

在"卖木不卖地"的断卖形式中，卖主只卖林木给买主，林地的所有权仍归卖主。买主砍伐林木后，林地必需退还给卖主。例如2018年6月25日搜集于平桂区鹅塘镇山岛村的一份卖杉木契：

> 立写断卖杉木苗人龚桂祥，为因缺粮食用。夫妻商议，愿将手

---

① 李咏河、农日生等编：《民国二十一年度广西各县概况》，广西民政厅秘书处1933年版，第156、380、316、497页。

② 贺州市地方志编纂委员会编：《贺州市志》（上），广西人民出版社2001年版，第252—253页。

植，土名龙相打杉木苗乙处出卖。自托中人吴述廷问到山岛村周寿远君处说合，愿意承受。即日当中三面看明界趾：东由过路大桥直至桂华屋前，小路横过晒场地为界；右以大桥冲流水至大江为界；南以晒地直下与龚木成苗至大江为界；西以大江流水为界。言明时值国币壹万玖千元。自立约后，其币交与卖主亲手领足。其木苗任从受主长管拾五年，砍伐净木还山。该木苗在生长期间无地租，由卖主代为看管。倘有来历不清，概系卖主、中人乙力担当，受主无涉。恐（空）口无凭，立写断卖杉木帖乙纸交受主周寿远收执为凭。

中人：吴述廷　正心押　伍千元
同领木价人：龚桂祥　左中指摩
龚桂华　左中指摩
天理良心
中华民国三十五年五月十七日钟学期代笔

约尾批明：龚桂华另卖屋前杉木苗伍拾根，时值国币伍佰元，长管期间如左约内。

从上契内容来看，这是一份签订于民国三十五年（1946）五月十七日的卖杉木契，契中所出卖的杉树刚种植不久，是还没有成林的杉苗。契中卖主龚桂祥"为因缺粮食用"，于是将自己种植的一块林地的杉木苗出卖给周寿远，获得"国币壹万玖千元"，但是买主在15年内将杉木砍伐之后，林地必须退还给卖主。契中双方还约定，卖主出卖杉树后，仍"由卖主代为看管"。这种"卖木不卖地"现象与清水江流域苗族侗族地区的青山买卖相似。由于杉树从种植到成材是一个长周期的过程，清水江流域的林农在栽杉造林之后，一旦遇到经济问题，他们就可以出卖未成材的林木，买主在林木成林后砍伐，林地则退还给卖主。①

在林木出卖之后，买主也有自己直接管理的情况。例如《民国元年

---

① 罗康隆：《侗族传统人工营林业的青山买卖》，《贵州民族学院学报》（哲学社会科学版）2006年第6期。

(1912)二月二十三日李大昌卖杉树契》中,李大昌"因家中缺少钱文,用度无出",于是将自己种植的一块杉树出卖给熊有远,获"价银伍拾文钱"。双方约定"树卖后任从买主造起管业,修理禁长,不期远近,砍树退蔸","砍树退蔸"即买主砍伐林木后,林地退回给卖主。

"卖木又卖地"是林木和林地一起出卖的断卖形式。这种形式的断卖在广西东部的契约文书中,一般契首有"立断卖杉山""立断卖松山""立卖松树并地"等字样。例如《光绪二十八年(1902)八月二十七日叶兴登断卖杉木松木山场地契》:

> 立写断卖杉木松木山场地契人族兄叶兴登,今因家中少银支用,无路出处。父子商议,情愿将自己份下种有杉木松木山场一所,土名坐落马鞍凹,要行出卖。自请中人问到本寨族弟叶三妹处允肯出首承买。即日同中临山踏看,上至大路为界,下至小路为界,左至分路为界,右至坑为界,四至分明。回家立契,当中三面言定时值断卖杉木松木山场价银陆圆贰毫正。即日契成银足,两相交讫,并无短少分毫。其银系卖人亲手接足回家支用。其杉木松木山场此卖之后,任从受主斩砍管业。卖人父子兄弟叔侄不敢异言生端反悔等情,如有反悔生端等情之事,卖人同中在场一力担当。此系二比甘愿,并无迫押。口恐无凭,一卖千休,永无补赎。立写杉木松木山场一纸付与受主收执为据。
>
> 中人:家水
> 在场:弟比养
> 代笔:族叔裔信
> 光绪二十八年八月二十七日

这份卖山契搜集于昭平县樟木林镇的叶姓客家人。从契中可以看到,出卖人叶兴登在契首中注明了出卖的是"杉木松木山场地",包括林地和出卖人种植的杉木和松木。因而,这是一份林木和林地一起断卖的契约。再如《民国二年(1913)四月二十日谢安恩断卖杉山契》,"立休契卖断杉山人谢安恩,系同里大冲村住。情因正用不足,合家商议愿将父遗下杉山，土名天了冲路背杉山一幅"出卖，"时值价银三百八十毫"（《贺博整理本》第 06520 号）。《光绪二十八年（1902）四月十一日元善卖松山契》，"立休割卖松山契人堂伯元善，系同里同村住。情因妻辞世，在堂无钱使用。父子商议，愿将先祖遗下分落己份山场地坪，土名坐落昌永屋地坪背松山一幅"出卖（《贺博整理本》第 06519 号）。《民国二十九年（1940）五月初十日盘玉赐、玉珖杜卖松树木园契》中的"立永远杜卖森林松树木园契人盘玉赐、玉珖"（《贺博整理本》第 07145 号）。这些契约都是林地和林木一起出卖的契约。

杉松竹等用材林木作为不动产，当人们遇到特殊情况时，像田地房产一样也可活卖。从发现的契约文书看，用材林的活卖首契中并没有统一要求标注"活卖"等字样，我们可根据契约内容识别。例如《乾隆丙辰年（1736）十月二十八日盘端海卖竹山契》：

> 立卖竹山契人盘端海，今因无银使用，自将分下祖领土名落斋公塘面丘山壹边，将来出卖，先尽房内，后问四邻，无人承买。托请胞弟盘端湖问到盘仕珍家劝合承买，当中三面言定竹山银贰两南钱伍分整，就日契银两交，亲手接受回家使用。其竹山卖后，任从耕锄管业，抚众，日后二家不得异言。今恐人心不古，立写卖契一纸付与买主存照。
>
> 胞弟盘海湖　三分
> 乾隆丙辰年十月二十八日立卖竹山契人盘端海家
> 盘正学、盘正祥、盘正求、盘正现、盘正福、盘正玉、盘正康、盘正孔、盘正魁、盘盛太、盘正辉叔侄等公共归赎人。
> 中华民国四年乙卯岁四月初二日砖屋里房叔归赎始祖卖出之契

这份卖竹山契签订于乾隆丙辰年（1736）十月二十八日，卖主盘端海因无钱使用，将自家祖遗下来的竹山出卖给盘仕珍。从契尾的标注看，过了 179 年之后，即民国四年（1915）农历四月初二日，卖主盘端海的后裔盘正学、盘正祥、盘正求等 11 人又把该竹山的所有权赎回。

（二）典当

从整理的用材林典当契可以看到，按典当用材林的处理方式来分，广西东部用材林典当契主要分为两种类型：

第一类为承当人自己经营典当物。例如《道光二十一年（1841）十二月十八日唐门刘氏当竹木山契》中，唐门刘氏将自家竹木山一块出当给侄孙唐玉堂，获得当价1200文，双方约定竹木任由承当人砍伐经营，当期为两年。在这种类型的典当行为中，出当人将林木的使用权交给承当人，承当人投资的回报主要是靠林地林木的收益。这对当主来说没有风险，对承当人则有一定的风险，并且还需要投入一定的劳动力，才能得到回报。

第二类是承当人将典当物出租给出当人经营，典当物的经营权仍然在林木的原主人手上，承当人只是每年获得一定的投资利息作为回报。例如在《光绪十九年（1893）十一月二十五日何志仁出当杉山契》中，平桂区水口镇高林村何志仁"因要钱使用"，于是将自家杉山一块以2000文的价格出当给张金堂，双方约定"其钱对年加叁行息""如有本息不清，杉山任从钱主管业"。可见，在这份典当杉山中，出当人在把杉山当给承当人后，标的物的杉山仍由出当人管理经营。可以说这是承当人佃给出当人经营，承当人每年获得三分息的货币利息回报。这种类型的典当是按当地的借贷规则进行的不动产典当行为，对承当人来说，没有承担任何风险，而当主得投入一定的劳动力，并承担一定的风险。

此外，在有些契约文书中，交易双方约定出当人在典当之后，再回佃林地，并每年主动向承当人交纳一定数量的实物作为投资的回报。例如《光绪六年（1880）二月初二日李有祯典松山契》，出典人李有祯因无钱使用，于是将自家种植的一块松山出典给周福贵，获得"洋银伍两贰钱捌分正"，双方约定"自典之后，递年纳干净谷壹担正"。在这份典山契中，出典人李有祯虽然典出的是松树山，但双方约定的是出典人每年得交纳"干净谷壹担正"的利息给承典人周福贵作为投资的回报。

（三）租佃

杨国桢先生在研究明清时期的土地契约文书时，认为明清时期的土地租佃契约的格式一般分为地主使用的招佃契式和佃户使用的承佃契式。地主使用的招佃契式可分为田批式和园批式。佃户使用的承佃契式可分为佃田批式、承佃田批式、认佃式、佃帖式和租批式。[①] 目前，广西东部地区用材林及其林地的租佃形式的契约文书中，也发现有佃户的承佃式文书和地主的招批式文书。

在广西东部佃户的承批式契约中，佃户在契中一般会把承佃原因、标的物四至方位、中人、地租、责任等要素书写到契约中。例如《光绪三十四年（1908）二月二十五日陆静春、梁肇昌等批山场契》：

> 立承批人陆静春、梁肇昌、梁彩开、明旭永，情因无地所种，托中问到张学林母子同愿将父遗下山场地，坐落群峰里小九甲六那冲，小土名六京冲，坐南朝北上至故路为界，下至冲水为界，冲口总路为界，冲尾陈关地所为界，说合允应承批。就日同中踏看，经点，界趾分明，回家三面言定批头银贰拾毫正，当中交足，并无少欠分文。每年额山租银壹毫正。当中三面议约定批，此地四拾年为期。又专批四拾年批头银贰拾大元正。山租照上日，余有一切任由承批锄挖造居阴阳二宅，耕种茶杉竹木禄业等物，长管成林。收造蓝矼悲坎，财发万金，不关山主之事。此系二家甘心情愿，并无逼勒。恐口无凭，立承批一张交与山主手执为据。
>
> 中人：关远兴
> 在场：陶志光
> 代笔：陈镜初
> 光绪三十四年二月二十五日立承批山客陆静春

这是一份陆静春、梁肇昌、梁彩开、明旭永等承租人签订的一份承批契。契中注明了承批人"因无地所种"的承批原因、山场四至方位、中人、40年租期、每年山租额"银壹毫正"、"批头银贰拾毫正"、"专批四拾年批头银贰拾大元正"，以及"造居阴阳二宅，耕种茶杉竹

[①] 杨国桢：《明清土地契约文书研究》，中国人民大学出版社2009年版，第29—32页。

木"等信息。

在地主的招批式文书中,地主一般把林地的来源、位置以及租佃人责任和林地收益的分成等书写在文书中。例如《民国乙丑年(1925)三月郭守英、郭福田、乃承发批山场合同》:

> 立发批山场合同人郭守志、守英、乃承,思有祖父遗下山场,土名三步洞,小吘土名罗虎山牛山场壹山,上至牛景斤覃舒贤地止,下至标裔地止,左至埇止,右至堐止,四至分明,自愿发批广宁江予语、予盛、予连、予华兄弟等承种杉苗。其山合面言定订定买杉秧,修理火路,杉木工本食用,俱系承人自理,不干山主之事。杉木成林长大批砍之日,均同山主、种工二家议价,不得私砍私批。批得银两一百两,四六均分,山主得四拾两,种工得陆拾两,以资工食。倘承人日食不足,欲将杉木出卖,先向山主,不卖者各说无银而后转卖他人。其山限五年之内种满,以后不种,任由山主种植,承人竭力具系**充**山承种成林长大,山主不得敢思。立批之日,其山即交承人任由竭力种植,务宜小心修理,不致被人盗砍等弊。其山限以任由番斥复种。恐后无凭,写立承发批合同二纸,各执一纸有凭,日后为据。
>
> 民国乙丑年三月立发山场人郭守英、郭福田、乃承

这份文书来源于广东省怀集县中洲镇三步村,该县在1952年3月之前属于广西管辖,位于广西东部地区。从合同的内容上看,郭守志、郭守英、郭乃承三人将他们祖父遗留下来的"土名罗虎山牛山场"租给来自广东省广宁县的江予语、江予盛、江予连、江予华四兄弟栽杉造林。契中双方约定,承批人不是按年给付山主租金,而是实行分成租制,五年内必须把山种满杉树,然后在杉木砍伐后山主和承租人按"四六均分"的原则,即山主"四分",承租人"六分"分配山场杉木的收益。这种形式的山场收益分配原则与清水江流域侗苗族的人工营林中的租山分配有所区别,清水江流域的人工营林租佃山林的分成中,山主与佃户

之间的分成比例一般是 3∶2。①

栽杉造林不像其他一年一熟或一年多熟的产业，它是一个长期性的产业，一般需要 20 年左右作为一个生长周期。在一个生长周期中，种杉人除了前期投入大量物力人力进行的开山栽杉外，中后期也还需要一定的人力进行管理，具有一定的风险性，如人为的破坏，家畜和野生动物的破坏，以及自然火灾等破坏，都可以给人工林业造成严重的影响。因而，在林地租佃文书中，主佃双方实行分成租时，往往会注明五年之内林地必得成林，否则取消承佃人租佃的权利，山主另招他人耕种等内容。在清水江流域苗侗地区林地的租佃活动中，当租佃人把林地栽杉成林后，主佃双方往往会另外书写一份林地收益分成文书，如《嘉庆二十三年（1818）三月初六日姜绍韬等分山合同》就是锦屏县文斗村姜绍韬、姜通义等人将一块山场租佃给天柱县岩寨龙绍远、龙光华栽种杉树成林后，双方于嘉庆二十三年（1818）三月初六日签订的一份林木收益分成合同。② 在广西东部地区的林地契约文书中，虽然没有发现林地成林后主佃双方签订的分成合同，但我们发现了一份承佃人在林地成林后签订的一份分成合同，现将此合同誊录如下：

> 立同种山场合同人何沛英、邓榕玲、江予灼、江予华、秀玲，情予丙子年合志承到陈奇烈，土名三步深大山岭壹全山，四至界止：上至岭顶止，下至屋止，左至亚埔火路止，右至圆仔面火路止，四至界止明白。山内该拾份之山，何沛英占参股，邓榕玲占贰股，秀玲占壹股，江予灼占贰股，予华占贰股，共拾股，种松杉准木成林，至前承到山主陈奇烈合同壹纸在何沛英家收执。写立合同仔五纸，各执壹纸，日后为据。
>
> 民国叁拾二年同种合同人何沛英

---

① 洪名勇：《清水江流域林地产权流转制度研究——基于清水江林业契约的分析》，《林业经济问题》2012 年第 1 期。
② 张应强、王宗勋主编：《清水江文书（第一辑）》第 12 册，广西师范大学出版社 2007 年版，第 64 页。

这份合同也来源于广东省怀集县中洲镇三步村。我们从合同内容可以看到，何沛英、邓榕玲、江予灼、江予华、秀玲五人在丙子年（1936）租佃了陈奇烈的"三步深大山岭"种植杉树和松树。民国三十二年（1943），他们在租佃的山场"种松杉准木成林"，于是对林地租佃的股份进行了分配，"何沛英占叁股，邓榕玲占贰股，秀玲占壹股，江予灼占贰股，予华占贰股，共拾股"。这也是承佃人合伙租佃他人林地造杉成林后，根据各人在租佃山场造林过程中的投入资本与投入劳动力的情况而分配和确认收益股份。

在整理契约文书的过程中，我们也发现了用材林地租佃权买卖转让的契约，如《道光二十四年（1844）正月二十二日袁臣贵、叶旺发、黄培祯等退山场字》：

> 立出顶山场生熟土屋宇字人袁臣贵、叶旺发、黄培祯等先年顶有山场一处，坐落土名冷水冲三叉顶，上至大花水为界，下至小河水口合水为界，左至古姓屋背倒水为界，右至小冲为界，生熟土以及桐、茶、松、杉、竹木并含茶杂木等项。今因三姓移居，三人商议此山场下退与人，即请中人黄仲谦送至刘朝海、刘亚洪、刘龙飞三人出面承顶。凭中三面言定价铜钱肆拾伍千文正，即日立顶约，钱约两交清楚，并无短少分文。此顶山价钱文交与袁、叶、黄三人亲手接足回家应用。此山场顶退以后，任从承顶主三人管业耕种。山林竹木等项系有老墓，离开三丈不得耕锄。此山场流木，准此上顶下退。每年实纳额税铜钱伍百伍拾文正，此山税钱交与莫姓管收。此山场退出以后，袁、黄、叶三姓叔侄人等不得另生枝节，持强霸占等情，如有此情系退主同中人一力抵当（挡）。此系二家允愿，两无押迫。口恐无凭，立退山场字约一纸付与承顶人收执，永远为据。
>
>   纸尾批明每年山税收足，山主不得霸占耕锄。
>   老约尾批明三份均分
>   刘息香、刘龙飞共一份
>   道光贰十四年正月二十二日袁、黄、叶三人在位笔立退约

这份契约搜集于贺州市平桂区沙田镇狮中村的客家村落。契中袁臣贵、叶旺发、黄培祯等共同顶有冷水冲三叉顶一处山场，该山场与沙田镇的土瑶族地界相邻。双方约定佃户每年向莫姓交纳伍百伍拾文铜钱。因袁、黄、叶三姓迁徙他处，于是三人又将此山场顶退给刘朝海、刘亚洪、刘龙飞三人。

三 经济林交易

由于有着适宜油茶和油桐生长的自然条件，广西是全国油茶和油桐的主要产区之一。自宋代以来，广西就广泛种植油茶和油桐，其中以桂东北及中部为最盛，桂西北及西部次之。① 广西东部地区地处湘、桂、粤三省区交界之处，这里有着连绵起伏的丘陵和山地，丰富的红壤土质，以及适宜的气温与降水，非常适合油茶与油桐等经济林木的生长。当地人除了采摘自然生长的油茶油桐等外，还大量种植油茶林和油桐林。

（一）油茶林的开发

油茶是我国重要的木本油料树种，是我国四大木本油料之一。油茶树是一种喜光、喜温、怕寒的木本油料植物，第一年种植之后可以多年连续收获。油茶种植在中国已有上千年的历史，特别适合在我国南方亚热带高山丘陵地区多年生长。油茶籽经过压榨后所获得的茶油品质优良，含有大量的不饱和脂肪酸，且易于储存。② 广西东部地区的丘陵地区生长着天然的油茶，为当地人提供了天然高级绿色油料，特别是居住在山地的乡民，油茶树是他们重要的食用油来源。茶油除了食用之外，还用于点灯，解决照明问题。油茶籽榨油后剩下的茶麸，除了作为肥料之外，可以提取天然清洁剂，也可以制作杀虫剂，具有很好的杀虫作用。由于油茶的品质特殊，一些种植油茶较少的村落甚至把茶油当成珍宝，平时舍不得吃茶油，而是在家中有人生病时专门只给病人吃。③

---

① 阳雄飞主编：《广西林业史》，广西人民出版社1997年版，第11页。
② 刘跃进、欧日明、陈永忠：《我国油茶产业发展现状与对策》，《林业科技开发》2007年第4期。
③ 资料来源于2019年3月21日笔者在昭平县樟木林镇樟林村对叶 RY 的访问。

随着林木的砍伐和人口的增多，天然生长的油茶不能满足人们日益增长的需求，于是当地人通过人工种植，发展油茶产业。人们通过开山挖地，培育和移栽当地野生的油茶树，成片地种植油茶进行管理，于是这些人工种植的油茶林成为他们的不动产，当他们遇到急需之时，便可以通过交易油茶林而解决困难。从广西东部民间乡村发现的契约文书等民间文献来看，油茶在契约文书中也称为"油树""茶子树""茶树""油茶树""茶油木""茶木"等，当地乡民在清乾隆年间就出现大量出卖交易油茶林，并留下大量的交易契约文书，如乾隆十一年（1746）十一月初四日，杨耀启、杨耀肇兄弟等请托沈士选作为中人，将祖遗下来的一块油茶树园出卖给奉先凤承买，获得价银三两二钱（《贺博整理本》第00101号）。可见，在清代乾隆年间，广西东部地区油茶林的人工种植已经非常普遍，油茶已经成为当地乡村重要的产业，在人们生产生活中占有重要的地位，特别是广西"东部之贺县、富川，为栽培最盛之区"[①]。

民国时期，广西省政府大力推进林业建设，增加油茶林的种植面积成为造林绿化和林业建设的重要内容。随着广西东部地区村落社会大量油茶林的开发和种植，村民生产的油茶除了自己家庭使用之外，大量的油茶通过航运至珠江三角洲和东南亚出售。民国《贺县志》就记载："茶子，可制油，为出口大宗。"[②] 民国时期，在贺县八步经营茶油、花生油的商号就有兴栈、惠丰、叶记、公诚、和益等十一家。为了增加生产，改善农村生活，民国二十年（1931）至民国二十一年（1932）在贺县县长黄绍耿的提倡下，当地村民充分利用当地有利于油茶种植的自然生态条件，大力地进行开荒拓地种植油茶林，其中贺县五甲村荒山种植的茶桐树就有十万余株。[③] 民国《昭平县志》亦记载："茶油、花生油、桐油，邑境各区皆有榨具，最为大宗出产，商人以此发达不少。"[④] 思勤江流域作为昭平县主要的油茶产区，当地村村都建造有油榨坊，其中

---

① 《广西年鉴》第三回，广西省政府统计室1948年版，第498页。
② 民国《贺县志》卷4《经济部》，第46页a。
③ 民国《贺县志》卷4《经济部》，第6页b。
④ 民国《昭平县志》卷6《物产部》，第51页a。

1949年昭平县庇江乡黄胆村就有16台榨油机，若遇油茶子丰年期，油榨坊整年都会不停地工作。

到民国二十二年（1933）时，随着油茶种植面积的增长，广西的茶油产量也获得丰收，总数达到173943市担，其中广西东部地区的富川县9044市担，贺县8213市担，钟山县1744市担，恭城县5702市担，蒙山县7060市担，平乐县5698市担，昭平县15280市担，苍梧县1680市担，占全省总数的30.3%。① 大量的茶油沿江而下运输到广东等地，到民国二十三年（1934），贺县、昭平等县的茶油就成为大宗货物出口到广东等地，如表4-3所示：

表4-3　　　　　　　1934年贺县等县茶油外销概况表

县别	外销地	产地价格（元）	数量（担）	货值（元）
贺县	都城	20	200	4000
恭城	广州	27	500	13500
平乐	广东	20	1000	20000
昭平	广东	16	15000	24000

资料来源：《广西省各县出入境大宗货物概况》，广西统计局1934年版，第24—36页。

表4-3中的数字仅是各县政府和商会上报的数据，而且经过统计和征税。在实际的茶油交易中，肯定会出现不少客商自带茶油出售到外地，出现偷税漏税的现象，因而实际的茶油外销肯定多于这个数据。

民国二十六年（1937）"七七事变"后，日本帝国主义发动了全面的侵华战争，抗日战争全面爆发，我国正处在全民族抗日战争中，但后方人们在积极支援抗战的同时，广西东部地区的乡村也在种植油茶，如民国二十七年（1938），富川县种植了1357市亩，38500株油茶树；贺县种植了2007市亩，337800株油茶树；钟山县种植了1415市亩，153200株油茶树，三个县种植油茶树的亩数和株数分别占全省94个县的17%和7.6%。② 广西全省茶油产量约200000担，除了给当地人们消

---

① 《广西年鉴》第二回，广西统计局1935年版，第338—340页。
② 《广西年鉴》第三回，广西省政府统计室1948年版，第485—487页。

费外，每年均有大量茶油出口，自民国二十一年（1932）至民国二十七年（1938），平均每年出口60000担。这些茶油主要集中在长安、柳州、平乐等地，然后汇聚梧州，再转香港，远销日本、英国、美国等国家。民国二十八年（1939）以后，由于战争问题，柴油进口比较困难，于是茶油成为人们日常生活中重要的灯用油，外销减至3000余担。①

在广西东部的贺县、富川县、昭平县，由于具备了油茶生长的有利的自然生态条件，再加上当时政府的鼓励政策，民国期间广西东部地区的油茶产业得到较快的发展。1937年到1940年，中国抗日战争正处在最激烈的时期，但广西东部的油茶产量仍然没有较大的减少。根据民国《广西年鉴》记载，现贺州境内民国时期的贺县、富川、昭平三个县的油茶产量在1937—1940年广西全省的94个县中处于前列，具体概况如表4-4所示：

表4-4　　　　1937—1940年贺县、富川县、昭平县茶油产量表　　单位：市担

时间	富川县	昭平县	贺县	广西省	广西县均
1937年	9032	6000	38625	229469	2942
1938年	3012	5000	20318	155532	1994
1939年	6100	4924	22491	232493	2980
1940年	6800	5100	17935	192188	2464

资料来源：《广西年鉴》（第三回），广西省政府统计室1948年版，第502页。

从表4-4中，我们可以看到从1937年到1940年富川、贺县和昭平三个县每年的茶油产量都高于广西省各县的平均产量，即使产量最少的1938年，富川县茶油产量仍有3012市担，是广西省县平均产量的1.5倍。茶油产量最多的是1937年，贺县的茶油产量达到了38625市担，是当年广西省县平均产量的13.1倍，位于全省各县之首，占当年广西全省茶油总产量的16.83%。

（二）油桐林的开发

油桐是大戟科，属落叶乔木，喜温暖湿润气候，怕严寒，通常栽培

---

① 《广西年鉴》第三回，广西省政府统计室1948年版，第498页。

于海拔 1000 米以下的丘陵山地。广西山多地少，山地丘陵占总面积的 69.8%，加上温和的气候，特别适宜油桐树的生长，因而广西是我国油桐的主要产区之一。宋代以来，广西人民就广泛种植油桐树，其中以广西东北部及中部种植最多，西北部及西部次之。① 清嘉庆《广西通志》记载："桐油子，树类梧桐而不甚高大。三月开花，色白，瓣上界一红丝。子如核桃，七八月取。其子作油，为用甚广。"② 在民国时期，广西油桐树种类有千年桐、三年桐、对岁桐和绉面桐等多个品种，其中千年桐和三年桐的品质较佳，因而种植也较多。在民国二十一年（1932），广西全省桐油产量不少于 100000 担，为林副产品之大宗。③

由于桐油是一种优良带干性植物油，具有干燥快、比重轻、光泽度好、附着力强、耐热、耐酸、耐碱、防腐、防锈、不导电等特性，人们多用于房屋、器具的涂料，以及作为点灯的照明材料。随着工业的发展，以桐油为原料制作的油漆被广泛用于机械、兵器、车船、电器的防水、防腐、防锈涂料，并可制作油布、油纸、肥皂、农药和医药用呕吐剂、杀虫剂等。20 世纪初期，帝国主义为了备战，桐油成为重要的军用物资，被广泛用于军舰、枪炮、潜艇等武器的防水防腐原料。因而，桐油在国际市场上的需求日益增加，中国的桐油大量出口到西方国家。自民国二十年（1931）后，广西政府倡导全省大量种植油桐树，因而桐油的出口量与年俱增。民国二十一年（1932）桐油出口占广西全省出口总值的 8.56%，民国二十五年（1936）桐油出口增至 16.36%，民国二十六年（1937）再增至 23.58%，跃居广西全省出口物资的第一位。④

在广西东部地区，由于有着油桐生长的优良自然条件，加上当地政府积极倡导人们种植油桐树，桐油产业得到快速发展。根据当时广西统计部门的统计，在民国二十七年（1938），广西全省种植油桐 20162 市亩，共 700250 株，其中广西东部地区的富川县种植油桐 4301 市亩，共

---

① 阳雄飞主编：《广西林业史》，广西人民出版社 1997 年版，第 11 页。
② 嘉庆《广西通志》第五册，广西师范大学历史系、中国历史文献研究室点校，广西人民出版社 1988 年版，第 2841 页。
③ 《广西年鉴》第一回，广西省政府统计室 1933 年版，第 429 页。
④ 《广西年鉴》第三回，广西省政府统计室 1948 年版，第 498 页。

377944株;贺县种植油桐220市亩,共4000株;钟山县种植油桐8064市亩,共795271株;怀集县种植油桐1138市亩,共46495株;苍梧县种植油桐5257市亩,共116165株;信都县种植油桐539市亩,共29900株;荔浦县种植油桐11832市亩,共343790株。[1] 在1937—1940年的全面抗战时期,贺县、富川等8县桐油产量仍保持一定的发展状态,如表4-5所示:

表4-5　　　　1937—1940年贺县、富川等县桐油产量表　　　　单位:市担

县别	1937年	1938年	1939年	1940年
富川	14750	7470	3590	3400
贺县	52609	39073	42067	33655
昭平	5716	5491	5514	5800
蒙山	2455	1906	2156	2145
钟山	1158	612	811	1000
荔浦	6000	4100	7800	6453
恭城	2980	3000	3250	3100
苍梧	809	976	2280	1752
全省总计	359614	295199	388093	338671

资料来源:《广西年鉴》第三回,广西省政府统计室1948年版,第500页。

从表4-5中可以看到,在抗战期间的1937—1940年,贺县的桐油产量一直保持在30000市担以上,每年桐油的产量都居广西全省第一位,每年分别占全省的15%、13.45%、10.8%和10%。其他7县桐油的产量虽然比贺县的少,但仍然保持在稳定的状态,其中苍梧县、恭城县和荔浦县的产量还在上升。

(三)经济林地产权流转

油茶林和油桐林等经济林地作为广西东部地区人们重要的不动产,与其他不动产一样,当家庭遇到经济问题时,也可以自由买卖和交易。从搜集整理的契约文书看,广西东部经济林地产权流转主要有买卖、典

---

[1] 《广西年鉴》第三回,广西省政府统计室1948年版,第485—487页。

当、分家等多种形式。

在经济林买卖方面，从整理的广西东部契约文书看，经济林地契约的交易主要为断卖，即把油茶树、油桐树等经济林木以及土地的所有权一起出卖给他人，标的物出卖后，承买人有着自主经营经济林地的权利。断卖契首中一般标注"立写断卖""立写永远杜卖"等字样，如《光绪二十四年（1898）三月十八日陈启求卖断桐油木株林地约》，"立写卖断桐油木林约人陈启求，今因家下春上无钱使用，无路出办，自将土名由和冲冲桐油木林连地，将来出卖，先问房亲四邻，无钱承应，自请中人陈胜科上门到龚庆赐允从承买"（《贺博整理本》第00028号）。《民国二十六年（1937）十二月二十八日龚开龙卖茶木契》，"立写断地茶木约人龚开龙，今因家下无银使用，夫妻商议将自己分占地土名梅子陇圫大小三丘茶木林，将来出卖，先问亲邻，无银承断，自请中人陈积昌上门到堂弟龚□□允承。……其地茶木明断明买，任从买主耕种管业"（《贺博整理本》第00249号）。

在经济林典当方面，传统的乡村社会由于没有相应的金融机构，当人们遇到紧急情况，急需经费时，不动产的典当成为人们解决资金的重要方式之一。经济林地作为人们重要不动产的典当物，往往也成为人们解决资金需求的手段。根据利息的支付情况，广西东部地区的经济林地典当主要有两种形式：一是承当人自己管理经济林地，以林地收获作为典当利息。例如2022年11月21日搜集于富川瑶族自治县麦岭镇的《民国六年（1917）闰二月十二日黄中连当木园油树地契》，"立写当木园油树地契人婆塘村黄中连，今因无钱使用，自将先年买受之木园油树地乙园，坐落土名塘凼祖背后，情愿甘心出当与人。先问房亲，本村无人承当，自请中人黄中华引至上门问到林溪村下房黄超志家出钱承当。二家对中言定，时值当木园油树地价叁拾毛正，即日立契交足，并无欠少分文，系是（黄）中连亲手接收回家应用。其木园油树地明当，任从钱主逐年摘油子为利，限期五年春社归赎。逐年摘油子为利，当主无得生端异言幡（翻）悔阻滞，如有此情，自干沼（遭）罪。今人难信，立当木园油子树地契纸一张付与钱主收执为凭"。在此契中，双方明确地约定承当人黄超志"逐年摘油子为利，限期五年春社归赎"。二是出当人管理林地，每年向承当人支付一定数额的利息，如《民国七年（1918）二月十七日黄启祥当木园锄口契》，"立写当木园锄口契人黄启祥，今因无钱使用，自将坐落土名隧湾山面木园桐子树园上下二园水曹地，将来出当，自己亲身上门问到买主黄现赐承当，言定时值价银肆拾毫，每年行利三分，限制隆冬，填还不上，任由当主耕种管业。日后不得异言幡（翻）悔。今恐为凭，所立乙纸付与当主收执为照是实"（《贺博整理本》第13363号）。在这份油桐林典当契中，承当人黄现赐并没有自己管理林地，而是由出当人黄启祥耕种管业，每年向承当人黄现赐支付3分利息。

分家是我国传承了几千年的传统风俗。在分家的过程中，父母在主持人的见证下将财产传递给下一代，让下一代建立独立的新家庭。油茶、油桐等经济林地作为家庭重要的不动产，在分家时必定成为财产分割的重要内容。通过分家后，经济林及其林地分割到不同的新家庭之后，其产权也随之发生了转移。例如下引的一份2020年1月1日搜集于富川瑶族自治县莲山镇茶树林分关合同：

> 立写议分合人陈继松、陈继枝兄弟二人，和气致祥，树大分枝，各管茶树林地等。立议分关合同人陈永胜所生二子，次子继枝凹头茶树林地乙丘为定，各管修整，日后不得悔言。兄弟二人共议立茶树林地乙丘合同之后，弟不争占兄，兄不争占弟，各管各茶树林地凹头管业修整。兄弟所立合同二纸一样二纸，各收一纸，永远契收存照。
>
> 李先华代笔
> 咸丰五年十月十二日立人陈继松、陈继枝、陈永胜

在这份立于咸丰五年（1855）十月十二日的油茶林分关契中，陈永胜将家中的油树林的所有权分给陈继松和陈继枝两个儿子，实现了经济林产权的转移。

四 广西东部林木种植的传统知识

传统知识是人们在长期的日常生活生产中形成的地方性知识，也是

民族传统文化的重要组成部分。这种知识是当地人们在特定的自然环境和社会环境中积累并传承下来的，具有一定的地域性和不可替代性。①随着经济林的开发和发展，油茶和油桐等经济林成了广西东部地区人们日常生活中重要的生活资料。为了当地经济林木产业的正常发展，人们非常重视油茶、油桐等产业的管理与经营，于是形成了一套经济林管理制度与种植技术的地方性传统知识。在管理制度方面，广西东部地区乡村社会在经营经济林的过程中，自发地形成了一套民间习惯法，规范着人们的日常行为，保护了经济林产业的正常经营，同时官方也制定了相关措施保护经济林的发展。在经济林种植的技术方面，明清以来，广西东部地区经济林的种植以多种经济林木复合种植的方式为主，维护了生物的多样性，实现了多种效益的兼顾。

（一）林木种植的传统制度

在广西东部以小农经济为基础的传统农耕社会中，除了农田的耕作之外，林地的经营也是当地人们的一种重要的日常生活资源，特别是居住在山地丘陵地区的人们，由于他们农田较少，其衣食住行的日常生活资源主要来源于山林。因而，他们在日常的生产生活中形成了爱护山林的传统制度和行为规范。在这种地方制度的规约下，人们在山地种植的油茶、油桐、杉树、松树等林木，以及乡村聚落附近的果木、风水林都得到了很好的保护。

从课题组搜集整理的民间文献看，广西东部地区的乡村社会林木种植与经营的制度性传统知识，主要有刻在石头上的碑刻。例如，富川瑶族自治县朝东镇东山村文昌阁内的《东山何氏族源禁约碑记》，该碑刻立于乾隆二十八年（1763）七月，碑中有五条禁约，其中"本族后龙山不许砍伐树木，如违，公罚银五钱"和"木园树木、果园瓜果，一切生理，不许穷取，如违，公罚银三钱"②的两个条款涉及了林木的保护。富川瑶族自治县朝东镇秀水村毛氏家族也于清乾隆三十四年（1769）二

---

① 杨庭硕：《论地方性知识的生态价值》，《吉首大学学报》（社会科学版）2004年第3期。

② 该碑现立于富川瑶族自治县朝东镇东山村文昌阁内，碑高137厘米，宽79.5厘米，碑石保存完好，字迹清晰。

月刻立了《秀水传芳堂族规条例》碑，该碑立于毛氏宗祠大门口左侧，其碑文就有"茶杉松等树木不许窃伐及纵火焚燎，犯者罚银六两；樵采许取枯干朽坏自生之类，如有犯及树艺之木者，罚银三钱"的条款。可见，该村以规约形式禁止当地族人盗伐和放火焚烧茶杉等林木的行为。另外，碑文还特别对油茶子的捡拾做了严格规定，"油子自寒露十日以后方许捡取其遗，如在十日中取者，罚银叁钱"①。道光五年（1825）昭平县走马镇森冲村《禁约碑》的条款也规定："盗伐各人掌山树木、杉木、茶树、杂木，众议罚银一两二钱，另按木大小赔银。"②

此外，广西东部地区也有书写在纸张上的合同、禁约等契约文书，如光绪□年三月十四日，富川瑶族自治县莲山镇陈氏家族三房人制定的《公议章程》中就约定："有横行无忌，不顾伦常，或有蔬菜桐茶树木猪牛百物等，暗行盗取者……无论在家在外，一经查出，轻则罚钱贰掛，酒壹缸入公，重则革逐往外。"民国二十七年（1938）富川瑶族自治县新华乡坪源村栎脚寨通过公众会议，签订合同，"严禁后龙山竹木，不许乱砍，如违者，公罚银拾元八角，捉手一半"。民国二十二年（1933）二月十六日，富川瑶族自治县新华乡下大村邓、任二姓的合村公议，对破坏林木的行为进行严厉的处罚，"议森林砍枝剥皮，见人拿获，公罚小洋贰拾肆毫，赏手一半。议后龙强倒树木，如违，公罚小洋拾贰元，赏手一半"。这些通过乡村会议签订的文书，规范了乡民的日常行为，使众人的林木得到了很好的保护，也有效地促进了当地林木经济的发展。

中华人民共和国成立后，广西东部地区乡村也通过制定乡规民约，使经济林木得到了很好的保护。例如昭平县北陀乡就规定："凡偷砍集体、个人和风景林木者，偷砍一棵罚款五十至一百元。"③ 一九八四年农历二月初七日，贺州市平桂区沙田镇新民村马窝北都自然村召开家长会议，对村内出现砍伐他人一市尺至一尺五寸的杉木者，每株处罚5元；

---

① 该碑现立于富川瑶族自治县朝东镇秀水村毛氏宗祠大门左侧墙壁上，碑高145厘米，宽74.5厘米，厚13厘米，碑石保存完好，字迹清晰。
② 昭平县志编纂委员会编：《昭平县志》，广西人民出版社1992年版，第579页。
③ 昭平县志编纂委员会编：《昭平县志》，广西人民出版社1992年版，第581页。

一尺六至一尺九者，每株处罚 10 元。另外，对偷砍者罚酒肉供大家享食，其中酒按村户数每人壹市斤，肉半斤，青菜、豆腐、饭不计算，煮够吃为准。不准在植树季节进入他人林地挖杉苗，不准进入他人竹山偷笋、砍竹，违者也按偷砍杉木者标准，罚酒肉供村民享食。不准乱入他人茶地、菜地偷木、偷柴，违者罚款 15 元。钟山县清塘镇丰目村于 1984 年 11 月制定的村规民约，规定："对盗窃他人或集体财物（瓜菜、果类、农作物、竹木、鸡鸭鹅、猪狗牛羊等），按当时市场物价赔偿一至三倍以上的罚款，屡教不改者送交公安机关处理。对偷砍或乱伐长山柴一百斤罚款 5 元，偷砍长山用材林木 100 斤罚 20 元，偷砍各种经济林木树枝（松、茶、桐、杉、樟、枫、果）100 斤罚款 10 元。盗窃一根杉树或松树、枫树、樟树、合木树者，按当时的市场价罚款 1—3 倍。"①

民间规约作为民间习惯法，由于在乡村社会中执行力度大、公信力强，对广西东部地区乡民的行为起到规范和约束的作用，因而对当地林木的保护起到了重要作用。虽然民间规约在乡村社会日常生活秩序的维护上发挥了重要作用，但出现民间习惯法解决不了的问题时，往往会转移到官府，通过国家法律去解决。如清代钟山县三联村的《奉县立碑》、钟山镇龟石村的《奉县立碑》和富川县福利镇的《永乘万古碑》等都是因民间习惯法解决不了，转由官府通过国家法判决的山林纠纷碑刻。②

为了维护村民林木种植的利益，提高他们发展林业的积极性，官方也制定了相应政策，如民国期间贺县政府就多次发布公告，对盗伐树木、盗采林果、放火烧山等行为采取了严厉的措施予以打击。③ 由于国家法与民间习惯法的相互配合，广西东部地区林业有了制度性保障。这也是自清代以来广西东部地区林业得到发展的重要原因。④

（二）林木种植的传统技术

广西东部地区林木种植产业的发展，除了传统的制度性保障外，民

---

① 钟山县志编纂委员会编：《钟山县志》，广西人民出版社 1995 年版，第 783—784 页。
② 此三份碑刻拓片均保藏于贺州民族文化博物馆。
③ 民国《贺县志》卷 4《经济部》，第 17—18 页 ab。
④ 吴声军、叶景青：《清代以降贺州油茶种植的地方性知识与产业振兴》，《贺州学院学报》2022 年第 1 期。

间林木种植的地方性技术技能也是一项重要保障措施。从新发现的民间文献来看，清代以降广西东部地区民间林木的种植模式以复合种植为主。乡民的林木种植中，除了主种的树木外，还有其他伴生乔木。如下引的一份林木买卖文书（《贺博整理本》第07073号）：

> 立断卖茶杉地契人李孔勋，今因冬月无钱使用，自将分下茶杉树地一园，坐落土名前面岗茶杉树一园，将来出卖。自己上门问到房侄李光征奉价承买，今当二面言定时值断卖茶杉树地价钱壹千玖百文正。即日立契交足，毫文不欠，是李孔勋亲接收回家正用，其茶杉地明卖明买，任从买主摘茶管业。立契之后，不得卖主兄弟需索，如有此情，今立有凭。立写断卖乙氏付与买主光征收执存照。
>
> 光绪八年十一月十一日立契人李孔勋亲笔押

这份卖林地契搜集于富川瑶族自治县新华乡瑶族村民的契约，从内容可以看到，光绪八年（1882）十一月十一日，李孔勋"因冬月无钱使用"，于是将自家茶杉地断卖给房侄李光征，获得"断卖茶杉树地价钱壹千玖百文正"。契中明确注明出卖的标的物的林地，不仅种植有杉树，还种植有经济林木油茶树，可见该林地为茶树和杉树复合林。

这种多种林木复合种植的模式，在广西东部地区非常普遍。从整理的明清以来的民间契约文书看，仅从油茶林地买卖契约文书就可以证明。在富川瑶族自治县福利镇豹洞、务溪等平地瑶自然村发现的40余份油茶林买卖契约文书中，契中交易的标的物标注有油茶杉树、桐树、松树、竹子等林木的就有20余份，占总数的50%。现摘录如下四份契约文书：

> 立永远杜卖茶油、杉树地契人盘明汉，今因无钱使用，自将先年祖父杜买土名坐落桑母塘岗茶油树乙块，将来出卖，自请中人沈文芳上门说合沈先达家了买，当中三面言定茶树地价钱贰百二十文正，即日立契交足，是盘汉明亲接回家正用。其地杜卖，任从买主修理耕种管业，日后卖主不得异言，若有异言，卖主一并承当。今

立卖茶油杉树地契乙纸付与买主收执为凭。

代笔中人：沈文芳　钱二十四文

咸丰壬子年六月二十七日立卖茶油杉对地契人盘明汉

（《贺博整理本》第01158号）

立写断卖山面平地茶子木、水竹契人张先佑，今因家下无钱使用，无路出办，自将买受分下土名猴子山同壹处，税钱十二文，先问房亲，后问四邻，无人承买，自请中人陈求赐上门问到聂启胜出价承买，当中三面言定山面平地价钱捌百文正，就日立契交足，是先佑亲手接受回家正用。其地明卖明断，东至倒水为界，南至以路为界，西至小曹为界，北至山顶为界，阴阳二造耕种管业。日后不得异言，如有异言，执出契纸，自干其罪。今恐人心难信，立卖断契一纸付与买主收执为据是实。

中人：陈求赐　押

光绪戊寅年九月十二日立卖断契人张先佑亲笔押

（《贺博整理本》第01307号）

立写永远断卖茶油、杉树、松园人沈金亮，今因无钱使用，自将分下坐落土名觸脚山脚山地一块，将来出卖，自请中人沈金书引至上门问到聂启胜家承断。当中三面言定，时值断卖地价钱叁千贰百文正。就日立契交足，产手接收回家正用。其地断卖后，任由买主管业。日后不得异言，恐有人心不古，今立断契乙纸付与买主收执存照是实。

弟中：沈金书　钱乙百六十文

光绪二十七年二月二十三日立写断契人沈金亮亲笔

（《贺博整理本》第01300号）

立写卖断茶木、桐木约人陈怀寿，今因无银使用，无路出办，母子商议，自将分占业坐落土名有合冲茶子树乙林，东边冲连为界，西边开隆为界，北边神林为界，四至分明，将来出卖，先问房亲，后问四邻，无银承应。自托中人陈怀廷上门问到同村同户龚吉祥允从承买，先去看过茶树、杉树、桐树，地界分明，回家当中三面言定时值茶木价银贰拾伍毫子正，就日立约交足，是怀寿亲手接受为家正用。其茶树明卖明断，不得异言生端。今恐人心难信，立写乙纸付与买主修整管业，永远收执为照。

代笔、中人：怀廷　押
民国戊辰年五月初一日立约人陈怀寿押
（《贺博整理本》第 00042 号）

在上引的四份契约文书中，卖主都是断卖林木及林地。从交易的标的物的林木来看，在第一份契约中，咸丰壬子年（1852）六月二十七日，盘明汉因无钱使用，将自家一块油茶、杉树地断卖给堂兄沈先达家，获得 220 文；在第二份契约中，光绪戊寅年（1878）九月十二日，张先佑将一处茶子木和水竹地断卖给聂启胜，获得 800 文；在第三份契约中，光绪二十七年（1901）二月二十三日，沈金亮将一块油茶树、杉树、松树林断卖给聂启胜，获得 3200 文；在第四份契约中，民国十七年（1928）五月初一日，陈怀寿将自家一块油茶树、杉树、油桐树地断卖给龚吉祥，获得价银 25 毫。可见，这些出卖的林地都是多种林木复合种植的林地，我们也可以看到当地的经济林都是实行复合种植的模式。

在这四份林木和林地断卖契约中，虽然买卖的标的物主要是油茶林和土地，但在契约中林地中混合种植的其他经济林木也一同出卖。油茶林复合种植模式在其他文献资料中也有记载，如民国期间的《广西年鉴》就记载："油茶在本省分布最广，北部之三江、融县、龙胜，中部之榴江、荔浦、阳朔，东部之贺县、富川，为栽培最盛之区。种植与他种树木混植，东南部混植松树，中北部混植油桐，北部高山地带亦多有单纯种植经营茶林者。"①

根据实地田野调查，在广西东部山地瑶族地区的林木种植中，当地

---

① 《广西年鉴》第三回，广西省政府统计室 1948 年版，第 498 页。

乡民一直实行复合种植模式。例如在富川瑶族自治县朝东镇高宅村的过山瑶的杉木营林中,当地村民在种植杉木苗时,并不是全部在林地种植杉木,他们会根据林地情况适当地选择其他经济树种进行复合林经营。例如油桐、黄柏、厚朴等本地生长的经济林木,但这些柏科、樟科、木兰科等植物物种在以杉树为主的复合林中所占的比例并不高,只占林地树种的30%以下。① 同时,当地一些村民在植杉造林时,使用的是砍山烧畬的办法,先是把林地的杂草杂树砍倒,但一些像松树等高大的乔木则适当地保留。然后,村民在几个月后把砍倒的草木焚烧后再栽杉树,其他树木则不移栽,而利用林地留下的松树飞播种子,让种子在焚烧的林地自然发芽生长。由于焚烧过的林地里有大量的草木灰,加上其他杂草杂树被清除,松树种子飞播到林地后就能直接落到有草木灰的土壤里发芽生根。由于处于有利的生态位,松树种子飞播到焚烧过后的新造林地里出芽率非常高,特别是在半坡山岭长得非常茂盛。但村民主要种植的树种是杉树,因松树又是耐贫瘠的植物,松苗在山洼山冲里生长不是很理想,而在山岭陡坡土层较浅的地段却长得较好,因此村民会拔掉山冲和山洼里的松树苗,而在山岭上均匀地留下30%以下的松苗。由于山岭土层贫瘠、阳光较强,松树的长势比杉树快,使林地形成了两层林木,松树可以给杉树防风和遮阴,当松树过于密集阻挡杉树适宜的阳光时,村民则会把松树间伐或给松树适度地打枝,促进杉树的生长。

广西东部地区的林木种植,除了杉桐松等林木复合种植之外,也有复合种植短期能收获的芋头、旱稻、玉米、粟（小米）、土豆、油麻、木薯、荞麦、芝麻、赤豆、高粱、土烟等粮食作物。这种林粮间作模式在搜集的契约文书中也可以找到证据,如《民国二十六年（1937）十二月十六日皮孝轩请耕山土字》:

> 立字请耕山土人皮孝轩,今请到刘觊节九爷名下分受地名雷雾

---

① 吴声军:《过山瑶人工营林生计的水土保持研究——基于富川瑶族自治县F瑶寨的田野调查》,《广西民族研究》2016年第6期。

冲老岩横土嶂，言定每年当纳土租苞谷贰斗。又旱烟壹斤，晒燥交过主东，斗斤不得短少托欠。又桐子照分，如一年土租不楚，任凭主东抽耕，另表请者，不得异言。恐口无凭，立请字一纸为据。其土言定请耕五年为度，年限已满，任凭另请另表。

山内各色树株竹子只许长禁，不得砍伐。

自请刘宾筵代书
民国二十六年十二月十六日请耕人皮孝轩

从这份山地租佃契约文书中可以看到，皮孝轩在租佃刘觊节的林地时，双方"言定每年当纳土租苞谷贰斗。又旱烟壹斤，晒燥交过主东，斗斤不得短少托欠。又桐子照分""山内各色树株竹子只许长禁，不得砍伐"。可见，该林地种植有苞谷、旱烟、油桐、竹子等多种作物，是一块林木和杂粮等多种经济作物复合经营的林地。

广西东部地区的人们，特别是居住在山地的瑶族人民，他们的林地种植一般都实行林木复合种植的模式，这也是他们在长期的营林实践中形成的地方性知识。这种知识有利于林木的生长，首先，多种林木复合种植的林地，由于不同林木的长势不同，林木生长过程中形成参差不齐的林层结构，有利于林木的光合作用，从而促进林木的快速生长。例如杉树林中混种的油桐，大部分是光桐（三年桐），生长速度比杉苗快，三年后就可挂果，既增加了村民的收入，又在林地形成了高低不同的林层结构，有益于光合作用。三至五年之后，杉树的长势超过了油桐树，于是村民只对那些影响杉树生长的油桐树进行间伐，使林地空气通透，达到促进杉树生长的目的。

其次，不同林木复合种植，可以有效地利用林木间相生相克的化感作用。相关专家的实践研究表明：杉树和油桐复合种植，可以提高杉木造林保存率和成活率，促使杉木幼林生长。[1] 杉树和山苍子等樟科植物混合在一起种植后，林地土壤的物理性能得到改善，使杉木幼

---

[1] 蔡丽平、谢锦升、陈光水、杨玉盛：《杉木、油桐、仙人草复合经营模式营养元素分配》，《东北林业大学学报》2001年第1期。

林生长较快。① 杉树林伴生毛竹、苦槠时，在不同程度上促进杉树的生长。②

最后，林地中种植芋头、玉米、小米、土豆等短周期生长的杂粮作物，也有利于林木的生长。例如小米的种植是广西东部地区瑶族村民植树造林中常用的方法。小米在富川等地称为黄粟，当地瑶族村民常常在杉树林里套种，小米的种植不需要锄地，只需要在新垦的林地里撒播，而且还不需要施肥。由于新垦焚烧过的林里有大量的草木灰，撒播的小米种子就能生根发芽，而且长得非常茂盛，村民只需要用手除去杂草就能有收获，从而既增加人们的口粮，又能促进杉苗快速地生长。这种做法的主要原因有三：其一，人为地给杉苗生长创造了一种微气候，由于杉树是一种喜阴生物，杉苗的生长需要一定的温度和湿度，刚刚移栽的杉苗生长速度比间作的小米慢，因而在炎热的天气中，小米可以给杉苗遮挡强光，从而降低光照强度和地表的温度，并保持一定的湿度，这样就为杉苗的生长提供了阴湿的自然环境。其二，人为地控制了其他杂草杂木的生长，由于撒播的小米占据了林地一定的生态位，抑制了其他杂草的生长空间，加上村民的除草行为，除了对其他杂草杂木进行除掉之外，还对撒播不匀生长较密的小米苗进行拔除，这样就增加了微环境的通透性。此外，小米成熟被收割之后，村民并没有对其连根拔除，而是让小米枝秆在林地里自然腐烂，这种做法既增加了林地的自然肥料，又使林地土壤不产生板结。其三，在林地里种植小米后，可以吸引鸟类进入林地寻觅食物。鸟类虽然对林地的杂粮作物的产量有一定的影响，但鸟类也消灭了不少的害虫，对林木的生长有一定的益处。

可见，广西东部地区人们的林木复合种植模式是他们在长期的生产过程中积累并形成的一种地方性知识，也是当地人们在所处的自然环境下的生计活动中的技术技能和生态智慧的体现。这一套地方性生态知识

---

① 杨玉盛、林先富、邹双全、俞新妥：《杉木—山苍子套种模式土壤物理性质和短期收益的研究》，《福建林学院学报》1991年第3期。

② 王宏志主编，林祥钦、许绍远、徐英宝副主编：《中国南方混交林研究》，中国林业出版社1993年版，第163页。

可以实现长短收益的兼顾，既获得了生态效益，又维护了当地生物的多样性。

小　结

在人类社会历史发展的进程中，经济活动是人类赖以存在和发展的基础，与人们的社会生产和生活息息相关。契约文书作为人们日常生产生活与交往过程中遗留下来的原始凭据，生动地再现了历史时期区域社会生活的全貌。广西东部地区的契约文书为我们了解明清以来当地经济生活提供了鲜活的资料。大量的民间房产、田地、山林交易和借贷文书是广西东部区域社会经济生活的真实记录。从这些契约文书中可以发现，明清以来广西东部地区传统社会的田地、房产、山林等不动产地权交易形式多样，与当地人们的日常经济活动息息相关。这些也无不体现了明清到民国时期，广西东部乡村社会交易的频繁和商品经济的繁荣。

为了满足人们日常经济的诉求，广西东部地区乡村社会的日常交易都以契约文书作为凭证，约定了交易双方的权利与义务，从而保证了双方利益的实现。不动产交易的断卖、活卖、租佃、典当、交换等多种方式，体现了乡村社会产权流动的多样性和经济生活的丰富性，促进了资源与资本有效地配置与融合，同时也维系了乡村秩序的稳定，使广西东部地区乡村社会经济得到有序的发展，进而推动了当地传统乡村社会的演变。

另外，在广西东部地区的契约文书中，我们可以看到其区域性特征和特殊的地方性知识。由于广西东部是多民族多族群杂居的区域社会，不同的人群在相应的自然生态环境中进行生计劳动，对生态环境都有自己特殊的认识。例如富川瑶族自治县新华、福利、葛坡等一带的乡民在劳动生产中，对田地面积的计量就有着"䅯""塸""穊""灰"等多种特殊的计量单位，以及林木种植的传统技术等地方性知识。这些地方性知识是当地人们在长期日常生产实践中的朴素认知和经验积累，也是他们的生态知识、生存智慧与生态智慧的体现。

第五章　广西东部的民间借贷

民间借贷是社会经济的一个重要组成部分，不仅维系着社会经济的运转，同时其关联的社会内容也非常丰富。[①] 对历史时期的民间借贷文献进行整理和借贷关系进行研究，有助于我们对当时的社会经济和政治状况进行深入的了解。明清以来，随着社会经济的发展，广西东部地区民间借贷也得到了一定的发展。根据借贷文书的整理情况，从借贷标的物的内容来分，广西东部地区民间借贷可分为实物借贷和货币借贷两种形式。

第一节　实物借贷

实物借贷主要是借贷人向他人借实物。稻谷是广西东部地区人们的主要粮食，从整理的契约文书看，广西东部地区的传统社会中的实物借贷大部分为稻谷的借贷。现整理的16份民国时期的借谷契约文书情况如表5-1所示。

从表5-1中可以看到，在16份借谷契中，除了5份没有借谷的原因外，其他11份借谷契中的借谷原因基本上都是缺少粮食。借谷范围是亲族人或村落内部的有9份。例如《民国二十六年（1937）十月初六日蒋宗尧借谷字》（《贺博整理本》第12021号）：

[①] 俞如先：《清至民国闽西乡村民间借贷研究》，博士学位论文，厦门大学，2009年，第2页。

表5-1　民国时期借谷统计表

时间	借主	谷主	原因	抵押	数量	利率
民国三年（1914）十二月二十日	远凤	小清会		田一丘	1石	5%
民国四年（1915）十二月十六日	马门邹氏	福明会		田一丘	2石	5%
民国五年（1916）八月二十八日	陈永兆	陈毓喜	欠谷应用		300斤	20%
民国五年（1916）十月十七日	远辉	永议		田一丘	2石	5%
民国十六年（1927）二月二十日	陈永坤	陈毓起	欠银运用	备地尾地	450斤	60%
民国二十二年（1933）十二月二十三日	陈毓异	陈毓起	欠银支用	地一块	100斤	50%
民国二十五年（1936）三月十四日	世腾	全公会	要谷吃	田一丘	5斗5升	5%
民国二十五年（1936）十二月初四日	罗运喜	陈毓谨	口粮不足		300斤	10%
民国二十六年（1937）十月初六日	蒋宗尧	蒋士奇	要谷应用	田一丘	2石	50%
民国二十七年（1938）二月初十日	马永财	康庆		耕牛	2石	5%
民国二十八年（1939）八月二十六日	廖理斌	李有凤	缺少食用	田一丘	340斤	3%
民国二十九年（1940）四月初八日	杨序枝	杨先道	缺少口粮	猪	5斗	5%
民国三十二年（1943）五月初八日	陈永号	陈毓起	食用不敷	房屋一间	170斤	无
民国三十三年（1944）九月二十六日	马忠其	人丁会		田一丘	5斗	50%
民国三十五年（1946）十二月二十七日	吴龙甫	何科卿	缺少粮食	棉花地一块	6斗	6%
民国三十六年（1947）十二月二十五日	李道求	盘神福	缺乏粮食	田二丘	180斤	无

资料来源：以上文书均藏于贺州民族文化博物馆。

立借谷字人蒋宗尧，今因家下要谷应用，亲自前来借到堂兄士奇名上，实借谷贰石本，言定每年每石行息谷伍拾斤，秋收车晒，过称交扶，不少斤两。其谷自愿将名乐铺门首田壹丘，谷地拾贰石作抵。如有本息不楚，任从管业无阻。今欲有凭，立借谷字为据。

天理人心

凭证人：士杰
面请昌麟代笔
民国丁丑十月初六宗尧亲借

此契中蒋宗尧因家中无稻谷食用，于是向其堂兄蒋士奇借谷2石，双方约定每年每石谷行息谷50斤，年利率50%，并在秋收时送交，同时借主以田作抵押。在一些借贷契中，如果借主不按时还谷，则会被加息，如《民国五年（1916）八月二十八日陈永兆借谷字》：

立写借谷据人陈永兆，今因家中欠谷应用，愿将沙手大畲一块，将来作当，先后相召，无人承就，自请中人向问到族侄毓喜兄弟处允从承借，即时借出本谷叁百斤。当中三面言定本年每百斤息谷贰拾斤。如有本年不清，至明年冬月每百斤另加息谷伍拾斤。如有本息不清，所当之畲，任从谷主耕种管业，借人不得异言生端阻抗等情。今恐无凭，立写借谷文字为据。

中人：陈永导
民国五年丙辰八月二十八日立人笔

在这份借谷字据中，民国五年（1916）八月二十八日陈永兆因家中无谷食用，以一块畲地作为抵押，向族侄陈毓喜兄弟借谷300斤，双方约定本年底时每百斤谷交息谷20斤，年利率20%。如果本年不还谷，到民国六年（1917）冬月时则每百斤谷另加息谷50斤，利率达到70%。

此外，广西东部民间借谷范围也有家族的人丁会、福明会等民间组织。在广西东部地区的村落社会中，因一些公共事业、节日庆典和家族祭祀等活动的需要，一个村落或者家族通常会自发组建一些民间组织，如人丁会、清明会、观音会、八月会和塞坝会等，这些民间家族或村落的民间组织机构都有公共的山林、田地、房屋等不动产，以及稻谷、生产生活工具、资金等公共财产。民间组织为了增加资产，以及发挥救助等社会功能，民间组织的公共资产也常常被用于借贷活动中。例如，民国三十三年（1944）九月二十六日，马忠其以自家一丘农田作为抵押，向人丁会借到5斗稻谷，双方约定每年行息2.5斗（《贺博整理本》第10512号）。民国二十五年（1936）三月十四日，世腾因"家下要谷吃"，于是将自家四方田一丘作为抵押，向全公会借到5斗5升稻谷，双方约定"行谷息对年加五"（《贺博整理本》第10799号）。

从借贷的抵押物来看，在这些借谷文书中的抵押物大多是田地、房屋等不动产，但也有耕牛和猪等其他财产，如民国二十七年（1938）二月初十日，马永财将自家的耕牛作为抵押，向康庆借到2石稻谷，年息为5%（《贺博整理本》第11671号）。民国二十九年（1940）四月初八日，杨序枝因缺少口粮，于是以自家的猪作为抵押，向杨先道借得5斗稻谷，双方约定行利5%，"秋收后本利付还"（《贺博整理本》第01618号）。

从借谷利率看，最高年利率为60%的仅1份，占6.25%；年利率50%的有3份，占18.75%；年利率10%和20%的各有1份，占13%；年利率为3%的1份；年利率5%的有6份，年利率6%的有1份，共占43.75%。但也有2份无息的借谷文书，第一份为民国三十六年（1947）十二月二十五日，李道求因缺乏粮食，于是以自家二丘田为抵押，向盘神福借得"司马秤大禾180斤正"，双方约定"限明年秋收后八月内照原数额归还"，没有约定利息。第二份为民国三十二年（1943）五月初八日，陈永导"因家下食用不敷"，于是以自家房屋一间作抵，在陈毓起兄弟处借得170斤稻谷，双方约定本年十一月中旬归还，并无利息。虽然课题组整理的借谷文书仅16份，不能代表整个广西东部地区民国期间当地村落借谷的全部概况，但我们可以窥见当地民间有利率高达60%的借谷高利贷现象，大部分的借谷利率保持在3%—6%，同时也有无利息的稻谷借贷行为。

除了借谷文书之外，广西东部地区还发现一份借豆文书。豆类作为杂粮，也是人们重要的生活资料，也可以作为借贷对象，如民国二十年（1931）十一月十九日，□□师借到王引弟名下小黑豆二十斗五升，双方约定明年秋季付还，借据中没有利息的约定（《贺博整理本》第09728号）。

阴地坟墓是人生最后的终点。在我国传统社会中有落土为安的传统丧葬习俗，但逝者家属有时往往找不到合适的阴地，于是借阴地安葬逝者也成为常见的现象。例如《光绪二十三年（1897）四月十六日蔡丁科借阴地字》：

立借阴地字人蔡丁科，今借到金姓东主之业，芋麻垅岭阴地壹穴安葬舅母袁门蒋氏。自借之后，任从葬坟挂扫，不许添葬，日后不得混争山主之业。恐口无凭，立此借阴地岭字，永远为据。

从场：蒋启发、金元昆
依口代笔：袁魁文　押
光绪二十三年四月十六日丁科亲立

在此份借阴地字据中，借主蔡丁科的舅母袁门蒋氏去世后，因无地安葬，于是向金姓借到阴地一穴安葬。从借主、阴地主和逝者的关系看，逝者为借主的舅母，外甥作为逝者的丧葬主持人，向金姓借阴地安葬舅母，而金姓作为与借主和逝者无关系的第三方同意将自家阴地借给借主安葬逝者，体现了广西东部地区传统的落土为安的观念。

总之，在广西东部地区民间的实物借贷文书中以借贷稻谷为主，同时也有借豆和借地等其他实物。在稻谷借贷中，借贷原因以食用为主，抵押物主要是田地和房屋，借贷数量并不多，在500斤以下。借贷利率大多为5%，但也有高达60%的高利率，以及体现人文关怀的无利息实物借贷。从借贷文书中，我们也可看到广西东部区域社会的经济文化现状。

第二节 货币借贷

通过梳理搜集的契约文书，广西东部地区民间的货币借贷主要有以钱付息、以实物付息和无息三种形式。

（一）货币借贷概况

相比实物借贷，广西东部地区的货币借贷是当地民间借贷的主要方式。为了便于分析广西东部地区民间货币借贷的情况，课题组整理了82份货币借贷文书，具体情况如表5-2所示。

在表5-2整理的82份货币借贷文书中，时间从乾隆到宣统年的有24份，民国期间的货币借贷有57份。从借贷原因上看，除了10份没有注明借钱原因外，其他的72份借贷文书中都注明了原因，大部分的原因仅是"无钱正用""无银使用""缺少正用""正用不敷"等缺少具体的事由。但也有10余份有结婚、修桥、养殖等具体事由的文书，如民国三十二年（1943）二月十六日，富川县黄灵枧村黄佛福因"娶妻无钱"，向潘廷喜和陈景新各借法币1000元。民国二十年（1931）十一月二十九日，李泰春、俸昌文等众人因"修建会龙桥，经济不敷"，于是将众人的会田为押，向罗春镜借得东洋900毫（《贺博整理本》第10865号）。光绪二十三年（1897）正月二十九日，富川县秀水村毛毓珍、毛毓玉兄弟因"养棚鸭，无钱用度，无处出取"，于是以房屋作抵押，向毛蕃珠借钱17000文。从借贷抵押物看，这些货币借贷文书中有66份的抵押物为不动产田地，占81%，以房屋作为抵押的借贷有8份，占7.3%，没有抵押物的借贷有4份，占4.9%。另外，借贷中也有以牛、社儿会、观音会、塞坝会、池塘等作为抵押物的。例如光绪二十八年（1902）二月初七日，富川县秀水村毛毓珍因"缺少正用，无从出备"，于是将自家"塞坝会"产业股份作为抵押，向毛蕃珠借得14000文钱。民国七年（1918）四月二十三日，贺县桂岭镇竹园村陈永洲因"欠银支用，自思无路"，于是将自己的一份"社儿会"作为抵押，向陈毓起借得银钱40毫。

表 5-2　清代至民国借钱统计表

时间	借主	钱主	原因	抵押物	数量	利息
乾隆五十二年（1787）六月初二日	何朝光	绍万	婆价无银	田一丘	银二两	年谷100斤
嘉庆二十四年（1819）二月二十七日	冯顺则	张凤文	无钱使用	地一段	10000文	无息
道光二十一年（1841）闰三月二十五日	毛殿栋	邓		园土	10两	月2分
同治元年（1862）十二月二十二日	钟振汗	林士峻	无钱使用	田一丘	20000文	年谷25斤
同治三年（1864）七月十八日	郭半孩	田富楼	自因不便	房屋	2000文	月2.5分
同治六年（1867）十月初七日	潘永龙	徐停折	家有美事	田五丘	10600文	年每千35斤谷
同治八年（1869）二月初四日	何安朔	何启建	年节难过	田一丘	3300文	年1980文
咸丰二年（1852）十月二十日	杨秀山	杨秀文	无钱使用	牛	2两3分	年3分
光绪十七年（1891）三月二十八日	李荣彦	开俊		田一丘	10000文	年3分
光绪十八年（1892）十二月三十日	曹德位	廖维金		田一丘	1900文	年2分
光绪十九年（1893）二月二十九日	何经教	周兆福	正用无钱	田一丘	8000文	年3分
光绪二十年（1894）二月二十四日	周光隆	周兆福	无钱使用	田五丘	20000文	年3分
光绪二十年（1894）二月初九日	蒋先魁	周土相	家中无钱	田一丘	10000文	年3分
光绪二十年（1894）三月初九日	何其升	周土相	无钱正用	田一丘	16000文	年3分
光绪二十年（1894）三月初九日	何其升	周土相	无钱正用	田一丘	6000文	年3分
光绪二十一年（1895）闰五月十一日	杨知修	杨春	无钱正用	麦地一丘	2200文	年30%
光绪二十三年（1897）正月二十九日	毛毓参	毛蕃珠	养鸭无钱	屋半	17000文	年3分
光绪二十六年（1900）三月十四日	韦国深	万有文	缺少使用	田	花银6元	年谷6桶

176

续表

时间	借主	钱主	原因	抵押物	数量	利息
光绪二十六年（1900）	韦六生	阳启章	缺少使用	田二丘	花银15元	月3分
光绪二十八年（1902）二月初七日	毛毓珍	毛蕃珠	缺少正用	窑坝会	14000文	年3分
光绪二十八年（1902）四月十一日	任国洽	刘文魁			9000文	无息
光绪三十一年（1905）十月初三日	陈佑启	兄甲兴		房屋	花银10元	年谷30斗
光绪三十四年（1908）三月二十一日	周泽相	周源怀	缺少钱文	地一处	3000文	年谷50斤
宣统元年（1909）六月二十八日	盘神清	杨先春	无银使用	田五丘	325毫	无息
民国元年（1912）三月二十三日	沈洪经	沈士奇	家下缺钱	田六分	8000文	年谷100斤
民国二年（1913）二月二十三日	何志仕	何王怀	正用无钱	牛一只	花银15两	月2分
民国二年（1913）四月十五日	张德蠓	张世标	缺少使用	田一丘	50毫	年谷100斤
民国四年（1915）二月二十日	沈洪经	沈洪考	家下缺用	田一处	15000文	年谷150斤
民国四年（1915）十二月二十日	潘贤照	青松	支用不敷	田二丘	200毫	年谷200斤
民国五年（1916）七月	沈洪经	沈洪吉	家下缺用	田二处	12000文	年谷120斤
民国五年（1916）十二月二十五日	邱贺氏	智汉	要钱急用	房屋	12000文	年3分
民国六年（1917）五月二十日	毛兴兮	毛蕃珠	缺少正用	田五丘	80毫	年3分
民国七年（1918）四月二十三日	陈承洲	陈毓起	久用无银	社儿会	40毫	月3分
民国九年（1920）	邱永元	邱学贤	正用无银	田四丘	法币167元	年谷253斤
民国十年（1921）七月二十五日	唐宏良	朱丙昌	家中缺银	田一丘	100毫	月3分
民国十年（1921）十月初三日	周正良	韦家隆	缺少使用	田二丘	100毫	年谷1桶

续表

时间	借主	钱主	原因	抵押物	数量	利息
民国十年（1921）十二月二十七日	陈永盛	陈善齐	家中欠银	房屋	70毫	年3分
民国十一年（1922）十月二十二日	陈永献	陈善齐	家中正用	观音会	19毫	8毫
民国十一年（1922）腊月十四日	信庚	王法姑	要钱使用	土一块	6000文	年3分
民国十二年（1923）八月初六日	义门朱氏	朱德甫	夫亡故	田一丘	100毫	月3分
民国十二年（1923）八月初五日	盘神福	毛明德	无银正用	田一丘	100毫	月3分
民国十三年（1924）三月初三日	王江泉	祖宗会		楼房	8000文	各2斗
民国十三年（1924）三月初十日	何子恩	莫顺浩	缺少费用	地一处	10000文	72斤
民国十三年（1924）三月十一日	沈生光	沈文祥	家下缺用	田一处	120元	年谷50斤
民国十三年（1924）八月十八日	虞鸿枢	钟详甫	要银正用	田一丘	100元	月2分
民国十三年（1924）十一月初一日	何善博	何昌为	缺钱正用	田一丘	8000文	年3分
民国十三年（1924）十二月初一日	罗恩普	侯恩赐	无银正用	田一丘	26毫	年谷四斗
民国十四年（1925）三月二十四日	张达堂	何和章	急用地银	田一丘	80元	年谷200斤
民国十四年（1925）十二月二十三日	唐运周	唐正远	缺用彩礼	田一丘	480毫	无息
民国十四年（1925）十二月初八日	何伯贵	何昌维	缺少正用	地二块	10000文	年谷二桶
民国十五年（1926）五月初十日	马鼎昌	永议		田	66串	各2石
民国十五年（1926）五月二十五日	远辉	永仪	欠合应用	田一处	16000文	年3分
民国十五年（1926）十二月二十日	何子恩	唐贞恩	缺少费用	田一丘	11000文	55斤
民国十六年（1927）十二月二十日	毛兴鸿	毛藩秀	缺少钱用	田二丘	90000文	无息

续表

时间	借主	钱主	原因	抵押物	数量	利息
民国十六年（1927）十二月二十九日	毛兴鸿	毛福龙	缺少正用	田二丘	200毫	年3分
民国十八年（1929）十二月三十日	白神庆	聂先茂	无钱使用	地一块	100毫	年3分
民国十九年（1930）十二月十一日	唐杏荣	唐克绳	因无钱用	田一丘	200毫	月3分
民国二十年（1931）四月十四日	陈贤绅	陈益泰	欠钱支用		500毫	息谷400斤
民国二十年（1931）十一月二十三日	黄白福	李子宝	无钱正用	田一丘	20元	年各120斤
民国二十年（1931）十一月二十九日	李泰春	罗春镜	修建桥	田一丘	900毫	年各1125斤
民国二十二年（1933）闰五月二十五日	光根	族弟光声	家下要钱	园地一节	40串	年2分
民国二十二年（1933）六月十九日	王江泉	丁木高			10串	年3分
民国二十三年（1934）正月十一日	张四维	何克明	因买牲口	地七亩	30元	月3分
民国二十四年（1935）九月初五日	毛兴鸿	八月会	正用不敷	田一丘	300毫	年3分
民国二十四年（1935）十二月二十九日	黄佛求	陈胜托	年荒无钱	田一丘	13元	年3分
民国二十七年（1938）六月十日	毛兴鸿	毛永翔	缺少正用	田五丘	150元（600毫）	年3分
民国二十八年（1939）七月初七日	陈永胡	陈天照	家中欠银	铺一间	600毫	年3分
民国二十八年（1939）十一月十五日	邱刘氏	胞兄光声	无银正用	田二丘	通洋8元	月3分
民国二十九年（1940）二月十三日	岑佛呈	李桂林			1000文	月3分
民国二十九年（1940）八月初一日	钟泛舟	学校基金会		田二丘	法币40元	月2分
民国二十九年（1940）八月初一日	廖祥登	廖利昌	支用不敷	田一丘	桂钞100元	年20元
民国三十年（1941）十一月	任朝福	唐学山			300元	年2分

续表

时间	借主	钱主	原因	抵押物	数量	利息
民国三十一年（1942）九月初三日	杨先成	杨宗明	要银使用	田四丘	100元	年5分
民国三十二年（1943）	杨序	杨先道	无银使用	田一丘	800元	年5分
民国三十二年（1943）二月十六日	黄佛福	潘廷喜	娶妻无钱	田四丘	法币1000元	年谷250斤
民国三十二年（1943）二月十六日	黄佛福	陈景新	娶妻正用	田一丘	法币1000元	年谷250斤
民国三十二年（1943）十二月初六日	陈茂恩	陈茂薛	无银正用	田一丘	12000元	无息
民国三十三年（1944）正月初二日	李廷现	李崇杰	无钱正用	田一丘	3000元	年谷600斤
民国三十三年（1944）元月二十一日	彭挽荀	彭正赐	正用无钱	地一块	法币1千元	年谷100斤
民国三十六年（1947）四月十三日	黄彩昆	黄彩兴	缺少资本	房屋	法币50万	年法币50万

资料来源：以上文书均藏于贺州民族文化博物馆。

(二) 利息付与方式

1. 以钱付息

以钱付息即借贷人借到债权人的货币时，要付给债权人一定数额的钱币作为利息。这种情况在广西东部地区的民间借贷中非常普遍，在表5-2的82份货币借贷文书中有44份，占总数的53.7%。例如《光绪十九年（1893）二月二十九日何经教借钱约》：

> 立借钱人福溪村何经教，今因家中正用，钱文不周，无处出备。自托中人何逢喜上门问到邑塘村周兆福家承借出实本钱捌千文正，每年行息加叁。期明年二月社送至上门不误，将分请业田坐落石墙门田壹丘叁工为抵。今人难信，所立纸乙张为凭。
>
> 经教亲笔
> 光绪十九年二月二十九日立

在这份借钱约中，光绪十九年（1893）二月二十九日，富川县福溪村何经教"因家中正用，钱文不周，无处出备"，于是以自家"石墙门田壹丘叁工为抵"，在12千米之外的麦岭镇邑塘村（今月塘村）周兆福家借到8000文钱，双方约定"每年行息加叁"，即年利率3%，并在"明年二月社送至上门"。

有清一代，国家对借贷利率有严格的法律规定，《大清律例·户律·钱债》就规定："凡私放钱债及典当财物，每月取利并不得过三分，年月虽多，不过一本一利。"① 可见，清代国家对民间社会的借贷利率规定月利不得超过3分，即3%，年利率不得超过36%，即使时间再长，也只能一本一利，即利息不能超过本钱。

在表5-2中统计清代货币的15份借钱还钱息的借贷文书中，有9份中的年利率为3%，年利率为2分（2%）的有2份，月利率为3分（3%）、2.5分（2.5%）、2分（2%）的借钱文书各有1份。可见，以上13份清代借贷年利率都在36%以下，占总数的87%，当地民间借贷

---

① 《大清律例》，田涛、郑秦点校，法律出版社1999年版，第263页。

利率都没有违反国家法的规定。例如咸丰二年（1852）十月二十日，杨承山因无钱使用，于是以自家一头耕牛作为抵押，向杨秀文借银 2 两 3 分，双方约定年利率为 3 分（3%）。光绪二十年（1894）三月初九日，何其升因"家中无钱正用"，以自家一丘田作抵押，向周士相借得 6000 文，年利率为 3%。

其他两份借贷文书中，年利率超过了国家规定的 36%。这两份借贷文书都来自富川瑶族自治县，第一份为《同治己巳年（1869）二月初四日立人何安弼借钱约》：

> 立写借人叔何安弼，今因年节难过，自将土名樟木脚余田乙丘，秧三崩，税三分，来押当与人取借。自请何绍恩为中上门问到房侄何启建承借本钱叁千叁百文正，每千文行息六百文。即日立帖交足，系是弼父子亲接回家应用。其钱明借明取，自借之后限至庚午年春社前日复还，不得少欠，如有少欠，任从借主启建亲耕作息。立借是实。
>
> 中人：绍恩
> 同治己巳年二月初四日立人何安弼亲笔

这份借贷文书来自富川瑶族自治县莲山镇大莲塘村。从其内容可以看到，同治八年（1869）二月初四日，何安弼因"年节难过"，于是请何绍恩作为中人，"自将土名樟木脚余田乙丘，秧三崩，税三分，来押当与人取借"，向房侄何启建借到本钱 3300 文，并约定每千文行息 600 文，即何安弼在 1870 年春社前应当还本钱 3300 文和利息 1980 文，年利率达到了 60%，这就超过了清代国家规定的年利率 36% 的标准。第二份为光绪二十一年（1895）闰五月十一日，杨知修因"无钱正用"，于是以自家一丘麦地作为抵押，向杨春家借到本钱 2200 文，并约定在 6 个月内本利还 2800 文，月利率 4.5%，年利率为 54%，也超过了清代国家规定的借贷年利率标准。

在表 5-2 中统计民国期间的以钱付息的 31 份文书中，年利率为 24% 的有 3 份，年利率为 36% 的有 9 份，年利率为 2% 的有 2 份，年利率为 3% 的有 11 份，年利率为 5% 的有 2 份，年利率为 20% 的有 1 份，年利率为 42% 的有 1 份，年利率为 100% 的有 1 份。例如民国十六年（1927）十二月二十九日，富川县秀水村毛兴鸿"因家中缺少正用，无从出备，夫妻商议"，将自家两丘农田作为抵押，自己上门向毛福龙借得小洋银 200 毫，双方"言定每年行息加叁，限其明年十二月复还"。民国二十四年（1935）十二月二十九日，富川县莲山镇黄灵枧村黄佛求"因年荒无银支数，无路出处"，于是母子商议将自家一丘秧田作为抵押，委托中人廷喜上门到大莲塘村陈胜托家借得本银 13 元，同时约定"每年行利息银叁分正"。民国三十一年（1942）九月初三日，杨先成因"要银使用，无处得出"，于是将自家四丘田作抵押，向杨宗明借得"洋壹百元正"，双方约定"每年加五行息"，即年利率 5%（《贺博整理本》第 06624 号）。民国三十六年（1947）四月十三日，黄彩昆"因贸易缺少资本"，于是夫妻商议，以自家房屋作为抵押，邀请盘显盛作为中人，向堂弟黄彩兴借得"本银法币伍拾万元正"，"三面言定利息每满年息本壹百万元，限期满年复还"（《贺博整理本》第 13795 号），年利率已经达到了 100%。

根据《中华民国民法》第 203 条规定："应付利息之债务，其利率未经约定，亦无法律可依者，周年利率为百分之五。"第 204 条规定："约定利率逾周年百分之十二者，经一年后，债务人得随时清偿原本。但须于一个月前预告债权人。前项清偿之权利，不得以契约除去或限制之。"第 205 条规定："约定利率超过周年百分之二十者，债权人对于超过部分之利息无请求权。"[①] 从整理的广西东部借贷文书看，这些有利率的货币借贷都是双方在签订借约时就约定了利率，而且有一半以上的借贷利率超过了 20%，对超过 20% 的部分利息，债权人是否有无请求权，还有待进一步调查与研究。

2. 以谷付息

除以钱付息外，广西东部地区的民间货币借贷还有以稻谷作为利息的付息方式。这种付息方式在广西东部的民间借贷中比较普遍，在上文

---

① 徐百齐编辑：《中华民国法规大全（第 1 册）》，商务印书馆 1937 年版，第 45 页。

统计的借贷文书中，清代的有 6 份，占清代的 25%。例如乾隆五十二年（1787）六月初二日，贺县招贤里车儿村何朝光"因凑价，无银使用"，于是夫妻商议，以长洞田一丘作为抵押，请中人张应通问到龙源村绍万家借出本银 2 两，并"三面言定，其银每年十月收成之日，称租利禾壹百斤正"。在同治年间也有两份以谷付息的借贷文书，年谷息相差 10 斤，第一份为同治元年（1862）十二月二十二日，钟振汗向林士峻借得 20000 文钱，双方约定每年每千文交谷息 25 斤（《贺博整理本》第 11172 号）。第二份为同治六年（1867）十月初七日，潘永龙因"家有美事"，以自家五丘农田作为抵押，向徐停祈借得 10600 文钱，并约定每年每千文交 35 斤谷息（《贺博整理本》第 11174 号）。清代光绪年间也有以谷付息的借贷，如光绪三十四年（1908）三月二十一日，周泽相因"家下缺少钱文"，于是以自家一块地作为抵押，向周源怀借得 3000 文钱，双方"言定每年行息谷子 50 斤"（《贺博整理本》第 07638 号），每千文约有 17 斤谷息。

民国时期的货币借贷中有 21 份以谷付息文书，占民国期间借贷文书的 36%。例如民国元年（1912）三月二十三日，沈洪经困"家下运用缺乏"，于是以自家农田作为抵押，向沈士奇公后裔遇学、兆秋等处借得 8000 文钱，"三面言定长年行息谷油称壹百斤"（《贺博整理本》第 07647 号）。民国二十年（1931）四月十四日，陈贤绅因"家中欠银支用，自思无路出处"，于是以一丘农田作为抵押，委托中人陈永宽向族叔陈益泰借得银 500 毫，并约定在七个月内归还，并交息谷 400 斤。民国三十三年（1944）元月二十一日，彭挽苟"情因正用无钱，夫妻商议"，以一块地作为抵押，邀请彭玉光作为中人，向彭正赐借得 1000 元法币，"三面言定本银每百元称息谷壹拾斤"（《贺博整理本》第 06624 号）。

以谷付息作为一种民间借贷的付息方式，体现了广西东部地区传统农耕社会的现状。银钱比价随着社会经济状况而产生波动，会影响到货币的购买力，而稻谷实物的数量则始终是稳定不变的，这对传统农耕社会的人们来说，他们选择以谷付息的方式可以说是一种非常适用和明智的做法。

3. 无息借贷

在广西东部地区民间货币借贷中，发现一种债务人向债权人借贷货币时，只归还借贷的货币，而无须支付利息的借贷文书。在上文统计的82份货币借贷文书中，有6份为无息货币借贷，清代和民国时期各3份。从借贷的具体内容看，无息借贷主要分为两种类型，第一种为借贷文书中明确注明无息，第二种为债权人自己经营抵押物为息。

在第一种借贷文书中，借钱无息明确地标注在文书内，如《光绪二十八年（1902）四月十一日任国治借钱约》，"立借钱约人任国治，今借到刘文魁名下本钱玖千文。又同中言明借到异日清还，无利钱"（《贺博整理本》第09090号）。民国十四年（1925）十月二十三日，唐运周"情因小儿成婚，缺少彩礼，无处出备"，于是以自家二丘田作抵押，向唐正远借银480毫。双方约定三个月后复还，不收取利息。以上两份无利息借贷文书均来自广西东部的瑶族地区，这种无利息的借贷主要是亲邻好友之间的借贷，体现了当地村落社会的一种互相帮助的精神。

由于生活在交通较为偏僻的山区，人们在长期的生产生活中，形成了如贺州里松镇新华村和沙田镇狮东村瑶族的相互帮助的"换工"和"打会"等习俗。"换工"是在春耕、秋收及平日农忙时的互助行为，户与户之间实行一工换一工，一般多为同村的亲朋好友之间进行，主家不给工资，只提供饭食。"打会"是一种集体的帮助活动，即当一家劳动力不足，不能进行下种、收割等农活时，于是就委托一人到本村或者邻村邀约众人去帮忙，主人只在做工前请一餐便饭后，众人就开工，做工时众人自备工具和午饭。农活结束，到丰收时节，为了感谢众人的帮助，主人会准备好丰盛的酒肉宴以示款待。① 贺州的土瑶地区，在物资匮乏的时代，当地人们举行红白等重要事件时，主人往往会向亲邻借钱物。土瑶村民红白喜事所借的钱没有归还期限，一般是有钱就随时可以归还，而借的酒肉等食物一般是在他人举办红白喜事时才归还，所借的钱物都没有利息。例如1965年正月初九日邓TB结婚时，他就收到了往

---

① 中国科学院民族研究所、广西少数民族社会历史调查组：《广西僮族自治区贺县新华、狮狭乡瑶族社会历史调查》，1964年版，第10、62页。

日他借给别人的119斤猪肉、120.2斤酒和20斤干木薯。1983年11月22日，邓TB做房屋时，向盘谷村一位壮族朋友借得18元钱，向十位本村族人借得238元钱、4只鸡、4斤猪肉和43斤大米。① 可以看出，瑶族人在日常生产生活中的借贷行为体现了他们的团结互助和人文关怀的精神。

在第二种类型的无息借贷中，债务人借钱时把抵押物的经营权移交给债权人，债务人无须付给债权人利息，而债权人则以经营抵押物的收益为利息。这种借贷行为的抵押物一般为田地，债权人通过自己或者出租给他人劳动而获得利息。例如民国十六年（1927）十二月二十日，富川县秀水村毛兴鸿"因家中缺少正用，无处出取，将祖遗业田坐落土名大鸟田三丘六工为抵"，托中人毛蕃增到毛蕃秀家借到"铜仙90000枚正"，并约定"钱主管业耕种，收谷为利钱，不起息，税不帮补"。民国三十二年（1943）十二月初六日，陈茂恩因"无银正用，母子商议，自将己业坐落土名瘦骨母尖嘴田壹丘，将来作抵"，向陈茂薛借得国币12000元。双方约定抵押的农田由债权人陈茂薛耕种并交纳田税，借钱人陈茂恩不需要另付利息（《贺博整理本》第05770号）。

在我国传统社会的日常生产生活中，借钱是一种普遍的现象，田地房屋等不动产在民间借贷中发挥了非常重要的作用。在清代至民国时期的广西东部地区的民间借贷中，乡民经常以田地房屋等不动产，以及耕牛等其他财产作为抵押物向债权人借钱，因为对当时的乡民来说，没有比这些更值钱的东西了。因而，乡民在还钱时，除了能以货币支付借贷利息外，通常还以稳定的稻谷等实物支付利息，也有债务人把抵押的田地移交给债权人耕种作为利息。此外，广西东部地区的一些乡村也有体现人文关怀精神的无利息的借贷行为。

民间借贷是广西东部地区民间社会资金融通的重要途径。在民间借贷的过程中，通过民间借贷的资金调节，不仅促进了当地乡村社会的日常生产活动，还维系了人们的日常生活需求，对当地人民在遇到青黄不

---

① 资料于2012年4月22日笔者搜集于贺州市平桂区鹅塘镇明梅村邓TB家。

接或者各种灾难的时候起到了重要的接济作用，解决了他们的燃眉之急。虽然广西东部地区的民间社会有少数为富不仁的富农地主勾结官吏土豪放高利贷、剥削农民的现象①，甚至还使一些农民破产，但总体上民间借贷加速了地方社会的资金调节，促进了社会经济的发展。

---

① 中国科学院民族研究所、广西少数民族社会历史调查组：《广西僮族自治区贺县新华、狮狭乡瑶族社会历史调查》，1964年版，第27页。

第六章　契约文书与广西东部婚姻家庭

第一节　广西东部瑶族的婚姻文化

一　平地瑶的婚姻文化

瑶族作为南岭走廊一个主要的少数民族,他们曾"生深山重溪中,椎髻跣足,不供征役,各以其远近为伍"①,并以"耕山为生,以粟、豆、芋魁充粮,其稻田无几"②,过着"食一山尽,复往一山"的居无定所的游耕生活③。男女婚姻自由,各自配合,在每年农历十月一日祭都贝大王时,"男女各成列,连袂相携而舞,谓之踏瑶。意相得,则男咿呜跃之女群,负所爱去,遂为夫妇,不由父母。其无配者,来岁再会"④。随着王朝国家在南岭地区推行积极的民族政策以来,很多瑶族定居下来,成为编户齐民,不再过游耕生活。⑤ 特别是明洪武三年(1370),朱元璋实行"籍天下户口,置户贴户籍"的政策以来⑥,大量

---

①　(宋)范成大:《桂海虞衡志校注》,严沛校注,广西人民出版社1986年版,第116页。
②　(宋)周去非:《岭外代答校注》,杨武泉校注,中华书局1999年版,第119页。
③　(明)叶权、王临亨、李中馥:《元明史料笔记丛刊:贤博编·粤剑编·原李耳载》,凌毅点校,中华书局1987年版,第76页。
④　(宋)范成大:《桂海虞衡志辑佚校注》,胡起望、覃光广校注,四川民族出版社1986年版,第185页。
⑤　袁丽红:《平地瑶与汉族的交往交流交融——南岭走廊民族关系研究之一》,《广西民族研究》2018年第4期。
⑥　(清)张廷玉等撰:《明史》卷2,中华书局1974年版,第24页。

的瑶族走出高山，来到丘陵平地，过着耕田地、纳课税的定居生活，因而被称为平地瑶。

在不断内地化的过程中，王朝力量的进入和"文明"的渗透，对南岭走廊平地瑶社会文化的变迁产生了深远的影响，就其婚姻而言，在清代时平地瑶的"嫁娶悉与民同"①。从新发现的契约文书等民间文献可以看到，广西东部地区的平地瑶的婚姻受到汉文化的影响，由过去"不由父母"的自由婚配逐渐过渡到由父母作主的婚书为凭。② 然而，囿于史料限制，学界对瑶族婚姻的研究一般都运用官方历史文献和实地的田野调查材料进行探讨，缺乏多种民间文献新史料的发现与运用，如张应强以实地考察材料，对粤北瑶族"不招不嫁""全招""半招半嫁""全嫁"等原始婚姻形态的探讨。③ 陈伟明利用历史文献资料，对明清时期岭南瑶族婚俗文化的特色与发展规律进行了探讨。④ 邢莉利用田野访谈材料，探讨了广西东山瑶招赘婚和"两头扯"婚姻形态的异同及存在的原因。⑤ 本节主要以广西东部地区平地瑶新发现的民间契约文书为中心，着重对广西东部地区平地瑶陪田嫁女、招郎入赘、嫁卖生妻、离婚与退婚、寡妇改嫁等婚俗进行探讨，旨在对清末民国时期南岭走廊平地瑶的婚姻习俗有一个更为清晰的了解。

(一) 陪田嫁女

谚语云"儿受家产，女受柜"，在中国传统社会里，女儿不能与儿子一样享有继承家庭财产的权利，仅是在成长时得到抚养和出嫁时会获得一份嫁妆⑥，而田土之类的不动产继承权是很难获得的。然而，这种观点受到质疑，有学者以民间文献作为证据，发现在清水江流域的"姑

---

① （清）汪森编辑：《粤西丛载校注》，黄振中、吴中任、梁超然校注，广西民族出版社2007年版，第1024页。

② 吴声军：《从贺江文书看清代以降南岭走廊妇女的权利——兼与清水江文书的比较》，《广西社会科学》2016年第6期。

③ 张应强：《试析粤北瑶族原始婚姻形态残余》，《中南民族学院学报》（人文社会科学版）1992年第3期。

④ 陈伟明：《明清时期岭南少数民族的婚俗文化》，《中国史研究》2000年第4期。

⑤ 邢莉：《广西东山瑶族的婚姻形态探析》，《广西民族大学学报》（哲学社会科学版）2009年第5期。

⑥ 白凯：《中国的妇女与财产：960—1949年》，上海书店出版社2003年版，第9页。

娘田"制度中，当地未婚的苗族和侗族女性也享有家庭财产的继承权，并可以带田出嫁和自由转让。① 在最近发现的南岭走廊贺州市境内平地瑶的契约文书中，我们也可以看到当地瑶族女儿出嫁时，可以嫁妆的形式获得娘家财产的继承权，并以契纸为凭。如下引的一份随嫁田地木园契：

> 付立随嫁田地木园帖契人沈先祉，育生一女，适配豹洞盘盛宏之子为妻。姻缘配合，夫明子秀，百年佳偶，拣择良期，星宿俱美，融合正当。于归之日盈门喜，三星之在户，宜室宜家，付将随嫁田地木园，坐落土名大井田二丘，秧三崩，税乙分。又蒲竹脚田二丘，秧二崩，税六厘六毫，叶母山脚木园一边，将来付婿永远耕种管业，逐年了纳税粮。立付之业不得复回岳翁之家。日后恐有吹毛籍计生端而获占，执出嫁奁契（为）凭，则自干其罪戾。配合龙门双喜之事，育女齐眉而举案，承欢菽水，守四德与三从。一轮妆奁，清风碓驾，如琴如瑟，调和万载，螽斯蛰蛰，瓜瓞绵绵，永世流芳。
>
> 替笔人：沈宗杰
> 道光三十年十一月十三日立付妆奁人沈先祉押

在这份广西富川瑶族自治区福利镇的随嫁不动产契约中，我们可以明确地看到富川瑶族自治县平地瑶村民沈先祉在女儿出嫁到今福利镇豹洞村时，把"田地四丘"和"木园一边"的财产权作为嫁妆给女婿"永远耕种管业"，并让女婿"逐年了纳税粮"，同时，契中也约定了"立付之业不得复回岳翁之家"。可见，当地平地瑶父母赠送的陪嫁田地是女儿出嫁时继承的不动产，虽然契约中注明"将来付女婿永远耕种"，其实这也是平地瑶女儿享有家庭财产继承权和夫妻一体的具体表现。当女儿婚后家庭遇到困难时，以嫁妆形式继承的不动产随时可以自主处

---

① 吴才茂：《从契约文书看清代以来清水江下游苗、侗族妇女的权利地位》，《西南大学学报》（社会科学版）2013 年第 4 期。

理。如下引的一份陪嫁田典卖契：

> 立卖地契人邓裕荣，今因无银使用，今将先年随嫁地上下贰块，坐落土名潮湖井山脚地贰块将来出卖。自请中人邓裕龙为中，上门问到猫獐坭村李翰处家承买。当中三面言定时值地价钱叁仟陆百文正，就日交契两交，系是邓裕荣亲手接受回家应用。其地卖后任从买主耕种管业，卖主不得异言。期号四年归赎。两家天理良心，恐后日久人心意变，立写卖契乙纸付与买主收执为凭。
>
> 中人：邓裕龙，钱伍十文　押
> 替笔人：李崇积，钱伍十文　押
> 光绪十一年乙酉岁十二月十二日立卖地人邓裕荣　押

在此契中，邓裕荣将结婚时获得的不动产"随嫁地上下贰块"，以"叁仟陆百文"的价格典卖给富川新华乡猫獐坭村李翰处，并约定"四年归赎"，解决了自己当前"无银使用"的窘境。在上契中，我们并没有在文本中看到随嫁地妇女的信息，只因在中国传统社会里，随嫁地是夫妻一体的财产，通常情况下随嫁财产的处分是得到妻子的同意而由丈夫来实施的。① 因而，邓裕荣出卖随嫁地的交易行为肯定是得到了他妻子的许可。但是在丈夫去世之后，妻子可以全权代表家庭处理陪嫁的不动产，如下引的一份杜卖田契（《贺博整理本》第01433号）：

> 立写杜卖田契人唐秀娣，今因夫故，无钱出办使用。嫁奁田土名坐落马脚下田乙丘，该秧乙崩半，税七厘五，将来杜卖。自己向问外门弟唐秀登家承买，当面言定田价钱捌仟文正。即日立契交足，亲手接受回家正用。其田卖后任从买主永远管业，日后不得弟妹异言。今恐人心不古，立契乙纸付与买主收执为据。
>
> 光绪十三年丁亥岁五月初六日立

---

① ［日］滋贺秀三：《中国家族法原理》，张建国、李力译，法律出版社2003年版，第522页。

在这份杜卖田契中，唐秀媂出卖陪嫁不动产"马脚下田乙丘"的原因就是"因夫故，无钱出办使用"，而且无中人作证，自己就直接上门出卖给外门弟唐秀登。

在我国传统的农耕社会中，田地山林等不动产作为家庭重要的生产生活资源，虽然女儿也是父母的心头肉，那些贫雇农家庭女儿出嫁时是不会把自己养家糊口的田地山林陪嫁给女儿的，只有家境较为殷实的地主和富农才会把这些不动产陪嫁给女儿。在中华人民共和国成立前的富川县平地瑶洋冲屯就有地主6户、富农4户，他们10户就有875亩农田，占整个村屯的69%，而其他的115贫雇户仅占31%[1]，因而，这些地主和富农有足够的田地可以作为女儿出嫁的嫁妆。

从新发现的广西东部地区平地瑶陪嫁不动产契约文书来看，当地陪嫁不动产的家庭一般都是较为富有的瑶族家庭，如同治七年（1868）十一月二十二日，富川县新华村唐绍裘、妻沈氏、妾包氏在第三女出嫁时，将一丘水口田作为嫁妆给女儿陪嫁。原契文如下：

> 立拨嫁田帖父唐绍裘、母沈氏、妾包氏，因为三女嫁配盘士荣，鸾凤和鸣，天长地久。今我三老愿将田业拨为嫁奁，伏冀夫妇，恊天唱随，偕绵燕翼。恐口无凭，立此拨帖一张付与婿士荣为据，照帖管业，依纳税收。有土名田价税粮开列于后：
> 一土名大耳洞水口田壹丘，该税粮四合，田价钱陆仟文正。
>
> 代笔人：唐绍林
同治七年己巳岁十一月二十二日
父唐绍裘，母沈氏、包氏立帖

在传统社会中，一般的普通家庭都是实行一夫一妻制，而富有家庭的男子才会有更多的条件娶妻纳妾。上契中唐绍裘除了有妻沈氏外，还有一妾包氏，可见其家庭并非普通家庭，而是富有家庭。因而，他在嫁

---

[1] 中国科学院民族研究所、广西少数民族社会历史调查组编：《广西富川县红旗人民公社（富阳区）瑶族社会历史调查》，1963年版，第4页。

女儿时，将"土名大耳洞水口田壹丘"的所有权陪嫁给女儿。

从其他契约文书也可以看到，一些父母虽然爱女心切，在女儿出嫁时陪嫁了田地，但只是把田地的经营权和收益权交给女儿，而田地的所有权还是在娘家手中，这种做法只是提供出嫁女儿在夫家生活上的保障，陪嫁田地的经营收益权最终是要归还娘家的，如下引的一份契约：

> 立付田顾养字人陈胜春，情因育生子女多众，惟长女求花自幼许配下洞村黄△△之子为妻，迄今长大成人，现值于归之日，将手置土名大路脚田大小五丘，沙井田贰丘，共七丘，该秧七崩，民米二升六合正，作谷租计每年完纳粮钱三毫正，付与我女求花耕管，以尽为父视子女无厚薄之心。日后我求花年老之后，概由外甥奉养，而此田照丘数秧崩退回我为父耕管，以便顾养伊诸幼弟。为父之心不过如是而已。今恐口说无凭，立付田顾养一字付与我女求花收执为凭。
>
> 民国十一年阴历十二月初二日陈胜春亲笔

从上引的陪嫁文书中可以看到，陈胜春付给长女陈求花出嫁时的七丘陪嫁田，在"日后我女求花年老之后，概由外甥奉养，而此田照丘数秧崩退回我为父耕管，以便顾养伊诸幼弟"。换言之，陈胜春的女儿只是从父亲那里获得了陪嫁田一定期限内的使用权和收益权，而田产的所有权仍然掌握在父亲手中。从"情因育生子女多众"和"为父之心不过如是而已"的措词中，我们可以推测到陈胜春家并不是当地殷富之家。由于子女众多，陈胜春给女儿的陪嫁田只是保障女儿生下外甥之前正常的日常生活所需，不能把陪嫁田的产权送给长女，最终陈胜春还是会要回陪嫁田作为抚养年幼儿子的不动产。这也体现了他心中疼爱自己长女，但事实上又无奈的心情。另外，民国三年（1914）富川县七都东山五源平地瑶为了改良旧风陋俗，五源瑶的乡绅、团首聚议款规，并勒石为记，其中第一条就规定"嫁女衾被多准一十二床为准，妆奁银多止一百陆十毫，各从俭朴，不得奢华"①。在上契中，陈胜春没有把陪嫁田作为长女永久的不动产，可能与民国初期富川县平地瑶这次风俗改良有关。

总之，虽然我国传统社会中的陪送土地嫁女属于"非习惯性"或"非礼"行为②，但自南岭走廊平地瑶族走出高山、定居平地以来，在内地化的过程中，一直到奢靡之风盛行的清代，平地瑶田地产较多的家庭也陪田嫁女，出嫁的女儿也能获得娘家不动产的继承权，并以契约为凭，明确了奁田的产权属性，避免日后纠纷的产生。到民国时，随着风俗的改革，平地瑶陪田嫁女现象逐渐式微，这也是南岭平地瑶在与汉等其他民族交往的过程中，婚嫁习俗受到汉文化影响的结果。

(二) 招郎入赘

招郎入赘是指男子被妻子家招上门为赘婿的婚姻，相对于我国自父系氏族以来就形成的男子娶妻入门的传统婚俗，招郎入赘是一种非主流的婚姻形式。招郎入赘从妻居的婚姻作为母权时代的产物③，是瑶族社会很普遍的一种婚姻制度，特别是生活在广西东部地区高山的过山瑶，其招赘婚有卖断、卖一半、两头顶和招郎转等多种形式。例如民国时贺县新华乡一带过山瑶的招赘婚中，卖断就是女方以24元的聘礼把男子卖断，男子要改名换姓，夫妻所生子女全部跟随女方姓；卖一半即女方以12元的聘礼买男方一半，男方要取一个女方姓氏的名字与原有姓名同时使用，婚后所生的儿子留一个随男方姓，继承男方宗祧；两头顶则女方不用聘礼给男方，男方也使用原来的姓名，只是婚后所生的儿子留一个随父姓；招郎转即女方家庭儿子较小时，先招一个无聘礼的女婿到家生活劳动一定时间，待儿子长大成为劳动力之后，女婿再带妻子儿女回家。④过山瑶招赘范围不仅包括族内和同姓，还包括族外和异姓。根据民间文献和田野调查资料，平地瑶定居平地之后，招郎上门的习俗仍

---

① 富川瑶族自治县志编纂委员会编：《富川瑶族自治县志》，广西人民出版社1993年版，第660页。
② 毛立平：《论清代"奁田"》，《中国社会经济史研究》2007年第2期。
③ 陈鹏：《中国婚姻史稿》，中华书局2005年版，第743页。
④ 中国科学院民族研究所、广西少数民族社会历史调查组：《广西僮族自治区贺县新华、狮狭乡瑶族社会历史调查》，1964年版，第54页。

然存在，但并没有像过山瑶那样形式多样，一般是由媒人说合，男子备酒席到女方家写立婚书，脱离原有家庭，并继承女方家财产和宗祧，为女方父母养老送终。如下引一份出赘婚书：

　　立允出赘字人榜下村盘孔积，因次子名章见，年二十四岁，尚未婚配。今有上坝村黄仁发妻刘氏特生一女，名现英，年十八岁，不料本年媒人作伐黄仁发。夫妻商议，情出不已，将次子出赘黄门承祧，凭媒言定酒席银之数毫正。即日登黄门设席迎集族戚与英配为夫妻，琴瑟调和，顾养二老生事葬祭概应仔户当。九亲六眷房族人等，仁发将分下田塘屋宇山场地段概归赘所管。自入黄门之后，宜勤俭克敦，日后不得异言。今恐无凭，幡（翻）悔之事，所立赘字付与仁发为据。

　　　　　　　　　　　　　　　　　　　　蒋炳云笔
　　　　　　　　　　　　　　　　民国乙卯年十月十四日立

　　从这份以男方为立契人的入赘婚书中可以看到，富川县平地瑶上坝村黄仁发招到榜下村盘孔积次子盘章见入赘，其原因主要是他们夫妻俩没有儿子，且只生育一个独女黄现英，因而在招赘时，在媒人和房族的见证下，立下契约文书，"将分下田塘屋宇山场地段概归赘所管"，其目的就是让众人监督赘婿和女儿"顾养二老生事葬祭"，承接黄门宗祧。同时，他们也让族人承认和接纳赘婿，防止日后被排挤。对出赘的男子而言，盘章见二十四岁时尚未婚配，其父母是"情出不已"，出酒席银到女方设席，将他"出赘黄门承祧"，可见他的家庭并不是富有之家。从发现的招赘婚书可以看到，平地瑶招赘形式就像过山瑶招赘的"卖断"，不同之处在于平地瑶男子入赘时没有从女方家得到卖身礼，还要出结婚时办酒席的费用。一般情况下，男方入赘后可以不改名换姓，婚后夫妻所生的孩子全为女方姓，但有些平地瑶男子入赘时要改名换姓，如下引的一份平地瑶招赘文书：

　　立写赘婿字人王光乾，情因先年完娶周氏，所生一女，名唤秋娥，年方乙十六岁。年迈无子，父女商量，托请媒人黎开明、黎神旺作伐，司至了髻山宋连庆，劝合二家，任由上门王姓，待老亲父光乾，即时改名姓，听父指教，承接王氏宗枝，当媒三面言定，日后成室所生后代，不许思逃归宗，如有思逃，空手出门，洗手回家，王氏秋娥不得随，另招别人。二家不得憣（翻）悔，如有等情，自甘其罪。恐口无凭，人心难见，立字赘字乙纸付与亲父王光乾永远收执为据。

媒 人：黎开明、黎神旺
在场人：宋全庆、宋科、宋胜先
民国五年四月初二日立

在上契中，王光乾因年迈无子，将宋连庆招赘到家与年仅十六岁的女儿秋娥成婚，并约定赘婿"即时改名姓，听父指教，承接王氏宗枝"。

从新发现的招赘文书看，广西东部地区的平地瑶招赘上门一般是家庭中没有儿子，招赘的目的主要是继承宗祧和老有所养。出赘男子家庭中一般有多个儿子，且家庭比较贫困，但广西东部地区平地瑶的富有家庭，即使自己有儿子，在家庭人口较少的情况下，家中也可以招赘上门，如下一份出赘婚书：

立允出字人周台坝村周求春，奈因家寒，尚未婚配。今有栎冈村任绍盛妻唐氏只生一子二女，自思子孙廖落，恐难以续其后，夫妻商议将大妹名唤崇聪招赘成婚。凭媒说合，自愿入赘凭门承招宗祧，凭媒言定叔侄酒席壹百毫正，以支叔侄酒水。自赘以后，顾养二老生事葬祭概应仔肩当，叔侄人等而任绍盛名下田地屋宇一切产业照子均分。自入任门之后，宜勤俭克敦，勿得好闲赌博，任意私逃。如有私逃，空手回家，任氏不得跟随，另招配别人，二比不得异言憣（翻）悔。恐口无凭，立写赘字乙纸付与亲老绍盛收执为据。

在场媒人：黄元吉
胞 兄：周求赐
中华民国十三年十二月二十七日立

从这份出赘婚书可以看到，富川瑶族自治县新华乡栎冈村任绍盛夫妻生育有一子二女，但"自思子孙廖落，恐难以续其后"，于是将周台坝村周求春招赘上门与长女成婚。契中对赘婿进门后享受的权利与承担的义务做了详细的约定：周求春入赘后继承任门宗祧，"顾养二老生事葬祭"，与岳父亲生儿子均分家业，不得私逃回家。

总之，从新发现的招赘婚书和田野调查资料中可以看到，广西东部地区的平地瑶定居平地之后，受汉文化的影响，他们的招赘婚与仍然居住在高山的过山瑶有着很大的差异，不再有卖断、卖一半、两头顶和招郎转等多种招赘形式。平地瑶招赘婚经双方父母的同意，在双方家人、媒人与亲属的见证下，通过契约文书的签订，明确了入赘男子的权利与义务，由男方出资在女方家举办婚礼。男子入赘后继承女方家财产和宗祧，且永不得归宗，这一点与过山瑶的"卖断"大致相同，但过山瑶的卖断是女方给男方家一定数量的买身价（彩礼），而平地瑶入赘男方不会得到女方的买身价（彩礼），而是要出钱到女方家举办婚礼。

(三) 嫁卖生妻

嫁卖生妻是指丈夫尚存，又没有正式履行离异手续的情况下，丈夫嫁卖妻子的行为。① 这种现象在汉代时就已经存在，到南北朝时又出现了典妻雇妻等现象，王朝国家对这些现象一直采取放任的态度，在元代时法律才明令禁止②，清代《大清律例·户律·婚姻》对典雇妻妾现象也有明令禁止③。虽然有王朝法律的明令禁止，卖妻典妻等非主流婚姻现象从明清到民国时期仍然在浙江、台湾等地区普遍存在。④ 可见，卖妻典妻的风俗虽然与传统礼法及王朝律法相悖，但由于家庭贫困和我国传统宗法制影响下传宗接代的需要等多种原因⑤，导致这种风俗到民国

---

① 郭松义、定宜庄：《清代民间婚书研究》，人民出版社2005年版，第225页。

② 《元典章》第3册，陈高华、张帆、刘晓、党宝海点校，中华书局2011年版，第1889—1990页。

③ 马建石、杨育裳主编：《大清律例通考校注》，中国政法大学出版社1992年版，第443页。

④ ［日］岸本美绪：《妻可卖否？——明清时代的卖妻、典妻习俗》，李季桦译，陈秋坤、洪丽完主编：《契约文书与社会生活（1600—1900）》，"中央研究院"台湾史研究所筹备处2001年版，第225页。

⑤ 张美玲、骆一峰：《礼法冲突下的清代妇女婚姻生活》，《海峡教育研究》2016年第4期。

时期仍然存在。在新发现的契约文书中可以看到，广西东部地区的平地瑶社会也有这种卖妻现象，如下引的一份卖妻书：

> 立写卖妻书主婚受礼人横山脚姚敬伦，配合吕氏妻，父子叔侄商议，年岁饥荒，性命难以过日，自愿将吕氏浴昌，年方二十二岁，自愿改嫁别人，度出性命。自请媒妁刘谨金、陈肇日付托至羊狮塘陈引先承接为室，当媒人言定身价彩礼钱二十二千文正，一并在内，人财两交，并无异言。又，其房郎叔伯姑嬸姐妹外家在内，不得阻阮。自愿甘心立写卖书一纸付与求亲人为凭。
>
> 自愿甘心（右手掌印）
□□年八月十八日敬伦亲笔立

这份文书虽然纸张残破，具体的年代已无法辨识，但其他字迹基本上能够辨识，是一份嫁卖生妻文书。从文书主要内容上看，首先，这份文书具备了卖契的要素：一是该文书主体身份明晰，卖妻人为富川县横山脚姚敬伦，被卖人为姚敬伦二十二岁的妻子吕氏浴昌，买妻人为富川县羊狮塘村的陈引先，媒妁为刘谨金和陈肇日。二是卖妻的原因为"年岁饥荒，性命难以过日"。三是身价彩礼钱为22000文。四是双方权利与义务明确。五是有具体的签约时间。其次，该卖妻文书中只有卖妻人姚敬伦的右手掌印为押，并没有被卖人、知见人、媒妁等其他人的画押。最后，这份文书中没有出现被卖妻子娘家人的信息，并不像在清代巴县丈夫嫁卖生妻时必须与岳父商量，获得同意后才请媒妁说合嫁卖妻子。[①] 可见，在广西东部地区平地瑶社会中，家庭在面对无法解决的日常生计问题时，丈夫可以随意嫁卖生妻，妻子为生活所迫也"自愿改嫁别人，度出性命"。郭松义在运用102份个案分析清代嫁卖生妻的原因时，其中因家庭贫困无法生活而卖妻子的就占52.94%[②]，从新发现的南岭走廊平地瑶婚姻文书来看，嫁卖生妻的原因主要是家庭的贫困问题。

---

① 梁勇：《妻可卖否？——以几份卖妻文书为中心的考察》，《寻根》2006年第5期。
② 郭松义、定宜庄：《清代民间婚书研究》，人民出版社2005年版，第231页。

第六章
契约文书与广西东部婚姻家庭

广西东部地区平地瑶下山定居平地以来，主要依靠传统的农耕为生，他们一旦遇到灾荒或其他经济问题而度日艰难时，导致嫁卖生妻的现象层出不穷，例如：清光绪甲申年（1884）八月十日，麦月启因"难以过日"，请黎得胜为媒将妻子罗氏嫁卖给陈日先为妻，获钱46000文。民国十二年（1923）正月十九日，王求章因"无能顾养"，自请媒人唐万福将妻子嫁卖到新华乡上坝村黄福祥为妻，获钱720毫；民国十七年（1928）四月二十五日，盘九崽"因家贫，难以恩养，夫妻不合"，于是将妻子盘氏三妹嫁卖给盘老秀，得到礼钱270000文。

从发现的契约文书中还可看到，一些家庭因贫困，甚至还会嫁卖未成年的童养媳。例如：

> 立定甘心彩礼婚书自卖离妻人，居住龙窝刘家村奉荣锡有一妻盘氏，名叫明，英年方十二岁。今因口食不周，难以度日，情因自愿将妻度卖，开笼放鸟，托请红媒人盘得贵四围听问访知，今有七都白竹塘长山村廖发赐之子相求，夫妻成配。即日二家当媒二头言定彩礼钱二十三千文正，以及外门男家村规媒人杂项酒席一概在内。如有开支不明，不关娶妻人之事，媒人一并承当。自立婚书之后，任从廖姓选择吉日过门成婚。彩礼两交，乾坤相配，百年夫妻，从于为婚。日后成人长大，亦不许悄连勾引回家，偷带过东往西，另卖远处。如有此情，所问外门媒人寻要。今恐人心难古，立写婚书乙纸付与廖姓收执为凭。
>
> 代笔人：奉加后
> 光绪年乙酉岁二月初六日立写婚书人奉荣锡

在这份文书中，奉荣锡嫁卖妻子的主要原因就是"口食不周，难以度日"。按照广西东部地区平地瑶"二八姣娥女，三七才郎君"的婚姻习俗，通常是女子到16岁，男子在21岁左右时才结婚。[①] 从上契中女

---

① 中国科学院民族研究所、广西少数民族社会历史调查组：《广西僮族自治区贺县新华、狮狭乡瑶族社会历史调查》，1964年版，第59页。

方的年龄看，盘氏叫明年仅十二岁，是奉家未成年的童养媳，其未来的丈夫把她以妻子的名义嫁卖到富川县白竹塘长山村廖发赐家，并得到23000文彩礼钱用来解决生活穷困问题。因嫁卖的妻子还未成年，于是契中注明了嫁卖方有"日后成人长大，亦不许悄连勾引回家，偷带过东往西，另卖远处"的责任。

在广西东部地区的平地瑶社会，除了家庭生活困难嫁卖妻子外，还有因"星命不合"而嫁卖生妻。如《中华民国二十七年（1938）八月十二日奉老台嫁卖生妻书》：

> 立写绝退生离妻人，浮田井村狸猫湾屯奉老台，前因先年娶得江背屯奉欢芝女，名唤凤音，年方二十岁。情因二家星命不合，自愿立帖凭媒，奉台舍为媒，将妻改嫁。四方查访，今有任进洪介绍三礼南村光子树屯任老穿承娶为室。经当媒人三面言定彩礼身孕，价银壹仟毫正。即日所立婚书，人财婚书两交。倘售妻人楚收礼财之后，身怀有孕，生男是女任由承接任门宗枝，及生女随许娘许配，不与售妻人干涉。并无异论，如有幡（翻）悔异言，提出婚书，自干坐罪。迎亲酒礼大小一概在彩礼之内，不得阻滞。迎亲日期如有阻滞，惟媒人是问。恐口无凭，今当媒人及经浮田村村长所立婚书付与娶妻人任老穿收执为据是实。
>
> 　　　　　　　　　　　正媒：奉台舍　押
> 　　　　　　　　　引媒、介绍：任进洪　押
> 中华民国二十七年八月十二日立改婚书人奉老台亲笔

在我国传统社会中，男女婚配是要先合双方生辰八字的，有"惟合是从，惟克是禁"的习俗。[①] 在广西东部地区也有八字婚配的习俗，民国《贺县志》记载："婚姻礼用媒妁，取女子八字至男家与男子八字合用。"[②] 光绪《富川县志》亦记载当地的婚姻，"自幼女父母以片纸书庚帖为定"[③]。当地婚配一般在婚前，双方把生辰八字给算八字的先生进行

---

① 郑传寅、张健主编：《中国民俗辞典》，湖北辞书出版社1987年版，第395页。
② 民国《贺县志》卷2《社会部·风俗》，第7页b。
③ 光绪《富川县志》卷2《风土·风俗》，第2页a。

推算，看是否相合，如果男女两人八字相合，男方则会选取吉日良辰举行结婚仪式；如果男女双方的八字相克，则另觅他人。在瑶族地区，男女婚姻也注重五行八字命理，有合八字的习俗，特别是平桂的瑶族婚姻，当地师公用祖传下来的《合婚书》对男女进行合婚。如果男女五行八字相合，则可结婚，五行八字相克，则不成婚，但如果男女双方感情较深，不愿分手，双方也可以结婚，但结婚时新娘在去男方家的途中要抱一棵树，表示解除了双方五行八字相克的命理。

在上引的嫁卖生妻契中，民国二十七年（1938）八月十二日，富川福利浮田井村狸猫湾屯奉老台，请任进洪为媒，以价银1000毫，将怀有身孕的妻子嫁卖到光子树屯的平地瑶任老穿为妻，其嫁卖的原因不是传统的"七出"和家庭经济等问题，而是"星命不合"，在嫁卖过程中书写文书时，作为地方行政人员的浮田井村长也参与其中。以"星命不合"为理由，给双方在当地社会中留下面子，以便于双方在分开后能够重组家庭。再如下一份婚书：

> 立写鬻妻离书人沈现恩，自以先年娶到盘氏为妻，年二十岁，迄今夫妻反目，甘愿离异，两无怨言，愿将般氏凭媒沈梓文等将妻改嫁。今有伍人塘村任祖求中年失偶，凭媒说合，盘氏两相情愿，承娶为妻，当媒言定价银壹千零拾陆毫正。即日出妻，一并交足，系亲夫接受回家支用。凡离娘酒水、笔资、主婚、洗街、谢媒、花红百支等项一概在内。叔侄亲邻毋得阻滞，甘心拆凤，无得悔言，如有此情，自坐其罪。今欲有凭，立写鬻妻字据乙纸付与娶人收执为据。
>
> 在场媒人：奉宗富、盘仕龙、沈梓文替笔
> 宣统元年五月初二日立写售妻离书据人沈现恩

在这份卖妻文书中，宣统元年（1909）五月初二日，沈现恩将20岁的妻子嫁卖给伍人塘村任祖求为妻，得价银1016毫。从原因上看，沈现恩嫁卖生妻并非经济上的问题，也不是"星命不合"，而是"夫妻反目"，可以看到沈现恩嫁卖生妻的原因是夫妻双方关系不和睦，有难以调和的矛盾。

总之，从新发现的婚姻契约文书可看到，广西东部地区的平地瑶嫁

卖生妻有以下几个特点：一是有规范的婚姻文书程式，如参与文书签订的有双方当事人、媒妁、代笔等，以及"立写卖妻书主婚受礼人""托请红媒人""言定身价彩礼"等正式的婚书用语。二是嫁卖生妻文书中没有妻子娘家人信息，嫁卖生妻不需要征求妻子娘家的意见，主动权在夫家一方。三是丈夫嫁卖生妻的原因主要是家庭贫困，度日艰难，以及"星命不合"和感情不和等情况。这也体现了清至民国广西东部地区平地瑶社会的经济社会文化状况。

（四）休妻与退婚

男女离异解除夫妻关系是自古以来就存在的社会现象。在中国传统社会中，男女解除夫妻关系时不像现代社会要按照法律程序到民政部门办理离异手续，而是立下"休书""离书"等字据，对离异原因进行说明以及对各方权利义务进行重新分配。古代传统的"休"或"出"，主要是在儒家礼教影响下以男方占主导地位的"七出"，即"不顺父母去，无子去，淫去，妒去，有恶疾去，多言去，窃盗去"。对女方而言，"七出"的休妻之俗规是一种难以抬头的羞辱，于是这些"休书"等字据不会轻易示人。因而，在田野调查中对这些资料的搜集非常重要，是我们研究传统社会婚姻家庭生活重要的第一手文献资料。在广西东部地区平地瑶的婚姻家庭生活中，离异也是常见的现象，从我们在广西东部地区平地瑶村落搜集的婚书中可以看到，夫妻离异也要立下"休书""离婚书""退婚字"等字据为凭。例如《民国三十二年（1943）二月十六日李子年休书》：

立写永远休书人李子年，今因妻妾众多，刘氏四姨太好吃懒做，作风不良。经家里商议，决议将四姨太刘小兰休出家门。自请中人李志安引至上村问到黄村买主黄春表承置，就日立下壹份，当众三面言定银值价捌拾圆大洋正，即日交足，亲手接收回正用。李子年卖后，任从买主使唤，日后不得悭（翻）悔。立下休书一纸付与买主收为凭，存照是实定失。

中人：李志安请银捌毫

民国三十二年二月十六日永远甘心断卖契人

李子年亲临，黄春表亲临

从文书内容上看，这份休妻文书兼具嫁卖生妻的性质。首先，文书以"立写永远休书"开头，明显是一份休书。其次，李子年的四姨太刘氏被休出家门的原因是她"好吃懒做，作风不良"，违反了"七出"的规定。最后，李子年自请中人李志安以80块大洋的价格将刘氏嫁卖给黄春表。特别值得注意的是，李子年休刘氏只是"经家里商议"，没有见刘氏娘家人的信息，证人仅是中人李志安，这体现了男方休弃女方绝对的决定权。

另外，在富川瑶族自治县的平地瑶还发现了一份民国期间一位妇女被两任丈夫休卖的文书，原文如下：

> 立写休妻字人新华乡周莲村圮子下村周时甫，兹因凭媒所娶本乡白竹村老村岗屯李氏现凤为妻，虽配偶五秋，尚无子，仅育一女，取名周崇桂，仍在襁褓中，祇以星命不和，故而双方甘愿各走生路，以免两相遗误。今有同乡务溪村五人塘屯任启求承娶李氏现凤为妻配，经媒证周孝求、周光保说合，亲手接收彩礼银法币肆万柒千元正，以备将来娶之资。惟李氏现凤所生幼女崇桂任从李氏携带成人择配，决无异议。此系依据离婚结婚，绝对自由主张，第三人不得干涉。今恐无凭，特立休妻离婚书乙纸付与承娶人任启求收执存据。
>
> 亲笔休妻：周时甫　押
> 媒证人：周孝求　押　周光保　押
> 民国三十四年古历五月十六日立
> 兹收到圳边屯奉神武法币拾柒万伍千元正，
> 前夫任启求亲收字据　指摩
> 在场人：任世明　指摩
> 替笔人：任文甫押　指摩
> 民国三十五年十一月初二日立售婚书人任启求　指摩

从这份休妻书中可以看到，富川县新华乡周莲村圮子下村周时甫与本乡白竹村老村岗屯李氏现凤结婚5年以来，没有生育儿子，仅生育了一名不到1岁的女儿周崇桂，于是周时甫以"星命不和"的原因，于民国三十四年（1945）古历五月十六日，请媒证周孝求、周光保说合，将妻子嫁卖给同乡务溪村五人塘屯任启求为妻，并获得"彩礼银法币肆万柒千元正"。从休妻的原因看，周时甫的妻子李现凤在结婚5年内没有生下儿子，于是周时甫把原因归结于"星命不和"而休妻并嫁卖。民国三十五年（1946）十一月初二日，李现凤的第二任丈夫任启求又将她以"法币拾柒万伍千元正"的价格嫁卖给圳边屯奉神武为妻，并将嫁卖信息标注在原休书中。在两次休妻的过程中，没有出现妻子娘家人的信息，体现了在传统儒家礼教影响下以男方占主导地位的"七出"习俗，以及男方休弃女方绝对的决定权和妇女悲惨的命运。

除了休书外，广西东部地区平地瑶离异也常见有"离婚"字的文书，而且是纯粹的离婚书。如《民国三十八年（1949）古历冬月十七日王魁离婚书》：

立双方自愿离婚人王魁，因妻张氏身得病症一年于久，请医调治，用药无效，对于家庭不能经理劳作。有内兄见妹的病状不省人事，看形状病愈无期，在王家人多烦闷，不能修养，与妹夫王魁和睦商议，将妹领回家抚养。日后病好另选夫找主，身价钱多寡不与王某干涉。再者，小女一名久后长命百岁，嫁夫找主，不与王家关系，国家给各人土地六亩随本人领去，归张某与他妹妹经理耕种，不与王家关系，土地坐落家西面田段地。此系两家甘愿，各无返（反）悔。恐后无凭，立字为据。

张永神、吕锡山
屯长：吕国恩
代字人：毛有序
民国三十八年古历冬月十七日离婚人王魁具

从这份离婚书中，我们可以看到王魁与妻子张氏是自愿离婚的，其原因是张氏生病后，请医用药治疗无效，张氏兄长见自己妹妹在夫家不能得到很好的休养，于是双方家庭和睦地商议，将张氏接回家休养。同时，张氏与王魁脱离夫妻关系，并带走国家给予自己的土地，待病好之后再另行改嫁。值得注意的是，按照当地传统风俗，女方家提出解除婚姻关系，女方是要退回男方的聘金彩礼的，但丈夫王魁在文书中的措词非常友好，对妻子张氏病好之后再改嫁他人的"身价钱多寡，不与王某干涉"，同时他还祝福张氏"久后长命百岁"。另需要注意的是，作为地方基层社会的管理者，屯长吕国恩参与监督了这次离异事件。

招赘上门作为南岭平地瑶婚姻中非常普遍的现象，男子入赘女方家结婚后，如果出现关系不和睦或家庭变故等情况，哪怕是男子改名换姓了，夫妻也可以自由离异，解除夫妻关系。如下引的一份退婚字：

> 立写退婚甘心字人沙沟湾程恩福，于先年凭媒证人陈科廷说合，上门上坝村黄仁祥之女名唤现英招接为婿，配合现英良缘，另改唤姓承接黄姓香火。迄今无奈，大命不合，程恩福自愿退婚，任由现英另招另配，恩福另娶为妻。二比甘心，日后得不异言。今当在场黄国治、毛文广、李得祯劝了此事，程恩福愿收彩礼银肆百陆拾毫正。自愿甘心，程姓叔侄人等不得滞事异言，再不得另生枝节。若有此情，恩福自干其罪。今乃人心不古，所立退婚甘心字一纸付与母刘氏、现英收执为据。日后二比子孙兴盛，荣华富贵，世代荣昌。
>
> 　　　　　　　　　　　　在场：黄顺朝、黄国治、黄榜书
> 　　　　　　　　　　　　　　　　　　母舅：李得祯
> 　　　　　　　　　　　　　　　　　　原媒：陈科廷
> 　　　　　　　　　　　　　　　　　　代笔：文广
> 　　　　　　　　　　　民国四年三月十二日程恩福立

这是一份"立写退婚甘心字"开头的招赘婚夫妻离异文书。从内容可以看到，上门婿程恩福是今富川瑶族自治县古城镇沙沟湾村人，他改

名换姓上门到平地瑶新华乡上坝村与黄现英结婚。由于夫妻"大命不合",丈夫程恩福主动提出退婚,在"母舅李得祯"、黄顺朝等双方亲人的调解下,夫妻双方解除了婚姻关系,并"任由现英另招另配,恩福另娶为妻"。其中值得注意的是,由于平地瑶男子做上门女婿时应当出钱财到女方家举办酒席婚礼,因而程恩福获得了女方家退回的"彩礼银肆百陆拾毫正"。

从上述离异个案中可以看到,自广西东部地区的平地瑶定居平地以来,他们在与汉族等其他民族互动的过程中,他们的婚姻文化也受到了儒家思想和宗法制度的影响,夫妻离异主要以"七出"为标准,这与当地汉族、壮族等民族夫妻离异并无较大的差别。

在贺州的汉族和壮族等传统村落社会中,新娘离家时,娘家人会为她"封七步脚印",祝福新郎新娘白头到老,新娘永远脱离娘家"香火",但妻子被休出家门也是常有的现象。在贺州八步区南乡的壮族社会,夫妻因故离婚,女子被休出家门时,男方得出具休书。在当地社会女子被休出夫家是一件不光彩的事,于是写休书时不能在家里,而是要到野外的田间地头去写,写完后就将笔墨丢在野外,不能带回家再用,以免秽气跟随到家中。男方出具休书后,女子的陪嫁物品要从男方家抬出,并外寄他处,但决不能抬回娘家,因而陪嫁物品一般是暂时寄存在鳏寡孤独者家中,待女方再婚时才被允许抬到新的夫家。女子被休出夫家后,她不能再进入夫家大门。如果实在无处可去,被休女子可以暂时居住在娘家,但在大年三十、大年初一和七月十三日的这三天,被休女子必须得离开娘家,到破庙、圩场或鳏寡孤独者家中住宿,以免"弄衰"全村人。① 这种陋习现已经革除。

(五)寡妇再婚

在我国传统社会里,妇女处于卑下的地位,在家庭中必须服从于男人,没有婚姻的自由。在儒家思想的影响下,女子与丈夫结婚之后,应当从一而终,在先秦时妇女就"夫死不嫁",即妻子以诚信为道德标准

---

① 政协贺州市八步区委员会文史工作委员会编:《临贺民俗》,内部资料2016年版,第120页。

照顾丈夫和家人，即使丈夫亡故也不能改嫁。到汉代以后，受"三纲五常"等封建思想的影响，妇女没有婚姻自由。到明清两代时，受程朱理学思想的影响，封建思想更是达到了顶峰，"饿死事小，失节事大"的贞节观念得到强化，女子结婚后毫无自由。① 为了强化这种思想，明清两代在法律制度上都有严格的规定，万历《明会典》规定："凡民间寡妇，三十以前夫亡守制，五十以后不改节者，旌表门闾，除免本家差役。"《大清律例》规定："凡妇人夫亡之后，愿守节者，听。""其夫丧服满，（妻妾）果愿守志，而女之祖父母、父母及夫家之祖父母、父母强嫁之者，杖八十；期亲加一等，大功以下又加一等。妇人及娶者俱不坐。未成婚者，追归前夫之家，听从守志，追还彩礼。已成婚者，给与完聚，彩礼入官。"② 因而，明清时期，全国出现了大量受旌表的贞节烈妇。

但在底层的民间社会，妻子在失去丈夫后，面临的主要是自己的生存问题，如果日常生计都难以维持，寡妇是愿意改嫁的。寡妇再嫁涉及婆家和娘家等复杂问题，往往产生纠纷，于是《大清律例》对寡妇再嫁进行了规定："孀妇自愿改嫁，翁姑人等主婚受财，而母家统众强抢者，杖八十。其孀妇自愿守志，而母、夫家抢夺强嫁者，各按服制照律加三等治罪。其娶主不知情，不坐。知情同抢，照强娶律加三等。未成婚，妇女听回守志；已成婚而妇女不愿合者，听。"③ 从发现的婚姻文书看，在广西东部地区的平地瑶社会中，主要是由于生计问题，寡妇往往会选择再嫁，如表6-1所示。

在发现和整理的广西东部地区平地瑶寡妇再嫁的12份文书中，寡妇都是自愿再嫁，其原因明确注明为"难以度日""难以生活"等有关日常生计的有8份，约占67%，另外有3份中的寡妇因年轻不愿守寡而再嫁。从主婚人来看，在清代同治十年（1871）到民国三十一年（1942）

---

① 汪玢玲：《中国婚姻史》，上海人民出版社2001年版，第347页。
② 马建石、杨育棠主编：《大清律例通考校注》，中国政法大学出版社1992年版，第446页。
③ 马建石、杨育棠主编：《大清律例通考校注》，中国政法大学出版社1992年版，第446页。

表 6-1　清代民国寡妇再嫁统计表

时间	主婚人	寡妇	再婚原因	再婚形式	彩礼
同治十年（1871）二月三十日	李德魁	王氏	夫家无后代	招赘入门	无
咸丰七年（1857）二月十八日	徐世旺	黎氏	各自逃生	外嫁	24000 文
咸丰十年（1860）七月十三日	邓宏贞	陈氏	难以度日	外嫁	10000 文
光绪十九年（1893）九月初十日	何满元	萧氏	年少难以孀守	外嫁	银 46 元
光绪二十三年（1897）正月廿七日	白求大	唐氏	年轻不愿受寡	外嫁	86500 文
光绪三十一年（1905）六月初四日	任绍家	任氏	难以生活	外嫁	花银 80 元
民国五年（1916）七月初四日	陈门侯氏	程氏	难以管顾	外嫁	银 26 元
民国五年（1916）十二月二十日	刘李氏	秦氏	年少难以终身	外嫁	1100 毫
民国十三年（1924）十月初九日	陈善静	莫氏	难以生活	外嫁	830 毫
民国十九年（1930）十月十八日	赵进东	刘氏	难以度日	外嫁	612 毫
民国二十八年（1939）正月二十日	周玉南	刘氏	难以度日	外嫁	洋银 13 元
民国三十一年（1942）四月初二日	黄和成	黄氏	生活难维	外嫁	1000 元

的12份再嫁婚书中，主婚人都是婆家人，说明主婚权在婆家。如《民国五年（1916）七月初四日陈门侯氏立领彩礼主婚字》：

> 立领彩礼主婚字据人下井村陈门侯氏，情因陈长坤自幼凭媒聘定程氏，年庚三十余岁，于归数载，生育一女年幼，未幸本四月侄故，剩下程氏，难以管顾，程氏自愿改嫁与人，适到黑山村唐友达愿娶为室，在场媒人唐文庆劝合，彩礼身价银捌拾元正。即日立契，人财两交，自领彩礼后，任从唐友庆迎亲回家匹配，陈氏叔侄酒席百事在内，人等不得翻悔阻滞，照契理论，概许不得异言另生枝节，如有不明，不与求亲之事情，如有此情，有媒人主婚一力承当。今恐人心难信，立领主婚字据一纸付与唐友达百年偕老，世代瓜绵为凭。
>
> 民国五年七月初四日立婚人陈门侯氏押

这是一份由富川县下井村陈门侯氏主婚，改嫁陈长坤妻子程氏的婚书，陈长坤为主婚人陈门侯氏的侄儿，因为陈长坤在四月已经去世，"剩下程氏，难以管顾"，于是程氏自愿改嫁给黑山村唐友达为妻，彩礼身价银为80元。契中对程氏生下的幼女去向并没有注明，一般而言，寡妇改嫁时，年幼的子女会被带到新的婆家养育，待到一定年龄时再回到家中。如《咸丰十年（1860）七月十三日邓宏贞立婚书字》：

> 立写婚书字人邓宏贞，今因邓有桂所娶陈氏为室，所生一子，不幸已故，弃下陈氏母子二人，无人顾养，难以度日。陈氏难以招接郎，堂伯叔商议，托请邓有基、有功为媒，任凭媒人四方承娶，今有大田湾黄相龙年命相合，承娶为室，今当媒人言定，任代此子随母过继黄门抚养，八春原归邓姓。经媒人言定彩礼十千文正，以及地方出寨水源千长头户，姑丈姐妹画押酒礼一概在于彩礼之内支需，若有开支不清，不干娶亲人之事，系是媒人一力承当。乙笔言语尽乙纸付与娶亲人收执为据是实。
>
> 媒人：邓有基、邓有功
> 咸丰十年七月十三日立

在这份婚书中，邓有桂和陈氏结婚后，生有一儿子，但邓有桂不幸去世，"弃下陈氏母子二人，无人顾养，难以度日"。在广西东部地区的平地瑶社会，丈夫去世后，妻子可以在婆家招郎上门①，但"陈氏难以招接郎"，在媒人的介绍下，以彩礼10000文钱的身价，改嫁给大田湾村黄相龙为妻，她的儿子"随母过继黄门抚养，八春原归邓姓"。契中标注非常明晰，由于日常生活的问题，陈氏改嫁时，带着儿子过继给黄门抚养，8年后其儿子再回邓姓家族。

由于广西东部地区的瑶族一直存在招赘入门的婚姻习俗，因而在丈夫去世后，寡妇也可以招赘，如《同治十年（1871）二月三十日李德魁立付书贴》：

> 立写付书贴人李德魁，妻徐氏，为无后接烟续代，房族并无，仅留媳王氏克尽孝义，不忍出门改嫁，凭本村亲邻陈可满媒人作成黄坭枧村黄开业忠厚，予愿招赘入吾门为义子，配媳为义妻，共承拜李门烟祀，管守家业，经请二姓亲诣村邻尊长在场议，立写付书将帖李姓予田塘、房屋、山场地段照契管业，钱粮税户家物一切等项，一概付与开业承受，任从永远管守。日后业之子即为李门之后，承宗祀裔，永绍香烟，万代荣华，百世光昌。日后不得引带归家，好食浪费，如有等情，田塘产业一概作二姓蒸尝。如有外姓人争占，系媒人一并承当是问。今恐无凭，人心难信，立写付书一纸，付与开业永远收执为凭。
>
> 媒人：陈可满
> 叔侄在场人：陈可昌、陈可金
> 在场人：李先玉、何启族
> 同治十年辛未岁二月三十日　立人李德魁笔、李德荣

在这份付书帖中，李德魁和徐氏夫妻因儿子去世，儿子和儿媳王氏

---

① 吴声军：《从贺江文书看清代以降南岭走廊妇女的权利——兼与清水江文书的比较》，《广西社会科学》2016年第6期。

没有后代，王氏不愿意改嫁到外地，于是李德魁夫妇请陈可满为媒人，将黄圾枧村黄开业招上门与儿媳结婚。在亲邻的见证下，李德魁夫妇立下文书，把黄开业认为义子，儿媳王氏认为义子之妻，把自家田塘、房屋、山场等不动产交给黄开业夫妇管业，并为李家"承宗祀裔，永绍香烟"。由于是招赘上门，主婚人李德魁夫妇没有向黄开业收取彩礼。

总之，广西东部地区平地瑶社会的寡妇再婚中，妇女既可以外嫁于人，也可以在夫家招赘上门。如果外嫁，夫家直系亲属会收取一定的身价彩礼，招赘上门则不收取彩礼。寡妇与前夫所生育的小孩，往往是会带去抚养到一定年龄后再返回前夫家。可见，平地瑶寡妇再嫁的过程中，前夫家的直系亲属是最大的受益者，体现了平地瑶女性婚姻的特殊性，这也是瑶族文化受汉族文化影响的结果。

我国自古以来就是一个统一的多民族国家，历代政府在治理国家时，都是在"大一统"的思想下处理民族关系的，统一的国家为民族间交往交流交融提供了有利的社会环境，也为中华民族共同体的形成奠定了基础。[①] 元明以来，国家通过编户齐民等民族政策处理生活在南岭走廊瑶族的关系，于是部分瑶族走下高山，来到平地与汉族等其他民族杂居在一起，并从刀耕火种转向以传统的稻作农耕为生计。这些民族政策的实施不仅体现了瑶族人民在心理上对中华民族共同体的认同，还为瑶文化与汉文化的互动与交融提供了有利的社会环境。广西东部地区的平地瑶社会在不断内地化的过程中，平地瑶婚姻文化受到儒家思想的影响，接受了汉文化为主流文化的礼仪规制。广西东部地区平地瑶这些特殊形式的婚俗是平地瑶在应对王朝对少数民族实施儒化的过程中进行的文化调适，真实地反映了清到民国时期广西东部地区平地瑶社会的经济、社会和文化的现状，既呈现了瑶文化特征，又认同融合了汉文化，是瑶汉民族交流交往交融的结果。

二 广西东部平桂土瑶和过山瑶的婚姻形态

瑶族作为南岭走廊一个主要的山地民族，千百年来一直在南岭山地

---

① 巴玉玺：《中华民族共同体意识的核心是国家意识》，《中南民族大学学报》（人文社会科学版）2021年第6期。

过着以"食尽一山，则移一山"的刀耕火种为主的游耕生活，从而形成了一种特有的山地民族文化。自明代以后，随着朝廷的招抚，南岭瑶族逐渐定居下来，不再在高山密林中游耕。瑶族人民在与其他民族交往的过程中，瑶族文化受到外来文化与现代文明的影响，其婚姻形态虽然以男娶女嫁的从夫居为主，但仍然大量遗留了原始的从妻居招赘婚。

到目前为止，学界韩肇明①、龚佩华②、李筱文③、张应强④、邢莉⑤等学者对南岭走廊瑶族婚姻形态进行了相关的研究。虽然这些成果对南岭瑶族婚姻习俗进行了较为详细的阐述，但在研究资料的使用上，除了一些民间故事传说和历史文献记载之外，对南岭瑶族婚姻形态的研究一般都是运用共时态的田野调查资料，缺乏对遗存在南岭瑶族村落民间文献婚姻文书档案资料的发掘与运用。由于各种原因，散藏于瑶族村落的民间文献保存下来的极为有限，这对瑶族的婚姻研究来说是一个薄弱环节，因而成为本书深入探讨的问题。

广西贺州市平桂区的瑶族主要居住在南岭走廊中段大桂山深处的崇山峻岭之中，由于这一带山峦重叠，山谷纵横，山多地少，自然条件较差。自600年前瑶族村民陆续迁居大桂山以来，他们就在这里刀耕火种，以种植杂粮为生。平桂瑶族分为土瑶和过山瑶，现有1.5万余人，主要分布在沙田镇、鹅塘镇和大平瑶族乡的15个行政村。近年来，笔者所在科研团队在平桂瑶族村落进行田野调查时，发现了200余件记录当地瑶族日常生产生活的民间手抄文献，其中包括16份与婚姻相关的契约文书。本书拟以平桂区瑶族婚姻契约文书和其他民间历史文献的历时性资料为线索，并结合共时性的田野调查资料，对民国以来贺州平桂瑶族的婚姻习俗做进一步的分析与探讨。

---

① 韩肇明：《瑶族原始社会婚姻遗俗研究》，《贵州社会科学》1982年第1期。
② 龚佩华：《广西贺县土瑶的社会和文化》，《广西民族研究》1990年第3期。
③ 李筱文：《贺县土瑶与连南排瑶社会文化之比较》，《广西民族研究》1991年第1期。
④ 张应强：《试析粤北瑶族原始婚姻形态残余》，《中南民族学院学报》（哲学社会科学版）1992年第3期。
⑤ 邢莉：《广西东山瑶族的婚姻形态探析》，《广西民族大学学报》（哲学社会科学版）2009年第5期。

(一) 带子就夫婚

婚姻是男女两性的结合，也是社会发展史中人类自我生产和再生产的必经之途。在人类的婚姻史中，随着生产力的提高和社会的不断向前发展，人类的婚姻形态从杂交婚、血缘婚、多偶婚，发展到一夫一妻的单偶制婚姻形态。在中国传统一夫一妻的单偶制婚姻形态中，一般都是实行男娶女嫁的从夫居。贺州平桂瑶族地区的单偶制婚姻也是实行男娶女嫁的从夫居传统形式。当地瑶族青年男女双方通过对歌相识相恋之后，结婚也要经过说媒、订亲、配八字、彩礼、娶亲、婚礼等一系列过程，结婚之后女方实行从夫居，到男方定居后不改变原有的姓名，所生子女随夫姓，为夫家承宗接祖。同时，女方享有与丈夫一起继承夫家祖辈遗留下来财产的权利，妻子承担与丈夫一起抚育儿女、赡养夫家公公婆婆等长辈的责任与义务。但女方一般没有娘家财产的继承权，也没有承担赡养父母的义务。但按照平桂瑶族社会的习俗，当娘家过节和长辈生日时，女方要回娘家送礼物以表庆贺。

男娶女嫁作为我国一种主要的传统婚姻习俗，特别是广大农村社会的男娶女嫁，女儿出嫁之后就失去了娘家的家庭财产继承权，因而，在男娶女嫁的传统婚姻习俗中，双方一般很少写立婚姻合同。平桂瑶族男娶女嫁婚姻习俗也一样，双方家庭之间约定成俗，一般都不会写立婚姻文书。在平桂瑶族的男娶女嫁婚姻中，如果男女结婚后，双方在日常生活中出现性格不合，夫妻关系难以继续保持下去，或发生天灾人祸，家庭出现经济困难，导致难以生存下去时，夫妻双方都有提出离婚的权利。这种情况下夫妻离婚时，双方一般都要签订离婚文书，对年幼的子女抚养问题进行妥善处理，以便双方重组家庭。尤其是女方带子女改嫁他人时，则必写立婚姻契约合同，注明再嫁时所带子女与原夫及现夫的关系，如下引的一份婚姻契约：

> 立写自由连娘带子就夫文约人邓氏涂妹，缘因系湖南江华县岭东区管中段，住文林寨。
> 我前夫家贫饥饿，不顾不周，前夫甘心愿退之妻，退回邓姓任招任嫁，不关前夫之事。之妻往行来到寒竹村陶工度命，所生第贰

男无夫为顾。亲舅注章开出年庚八字，生于己亥年十一月初四申右建生，其子生于丁丑年十二月三十日辰已左建生。交如兴行媒托到寔竹寨赵金益自由匹配为妻，佳偶天成。当媒三面言定，连娘带子注价洋银柒两贰钱整，即日当媒立约完成，其银交亲支足。其妻若有前夫跟寻，有你注章行媒一力承当，不关受主取亲之事。其妻带仔永为赵邓二姓之人，以后伏事邓姓贰代，奉愿家先。其娘带子任由之夫教训。赵姓产业田土等物件，以后所生三男四女，照子均分，之子不得悞陑（忤逆）父母，殡葬划扫、清明挂扫、伏事赵姓宗祠，行移不得飘飘逃走。若有此情，任由之父招嫁。贰情甘心自愿，并无逼押，人心料自难信，当亲行媒写立文约壹纸交与之夫收据为存照，永远世代荣昌。

在场：

亲房人：赵元有
疏房人：赵金周
行媒人：邓官连
注亲人：邓福庆
邻近人：赵滕芳

民国贰拾捌年己卯岁十二月尾日写立　注亲人的笔

在上引的婚姻契约中，我们可看到湖南省江华县岭东区文林瑶寨的邓氏涂妹，因"家贫饥饿，不顾不周"，夫妻和子女难以继续共同生活，于是夫妻协议离婚，前夫甘愿退妻回邓姓老家，长子归丈夫抚育，次子归妻子抚育。邓氏涂妹为了谋生便来到相距120千米之外今广西平桂区大平瑶族乡实竹瑶寨"陶工度命"，但次子当时年仅2岁，无人照顾，于是由其舅托媒将其嫁给平桂区水口瑶族乡实竹瑶寨赵金益为妻，年幼的儿子也带到赵家与丈夫一起抚养，并被当作亲生儿子一样对待。长大之后，继子与其他子女均分赵家财产，不得忤逆父母，还得履行"殡葬划扫、清明挂扫、伏事赵姓宗祠"等义务。

一般而言，平桂瑶族地区的女方带子女出嫁到男方，所带子女都要改名换姓，并写立婚姻契约文书，约定由继父和母亲抚育其成人，同时继子女也享有与其他子女平分祖业、赡养老人和继承宗祧的权利和义务。虽然在上引的婚姻契约中没有特意注明改名换姓，但在平桂山区的瑶族社会里，这种现象直到现今仍然都是得到村民公认和默许的，如下引一份立于1964年的婚姻契约：

> 立写带崽过门书人系贺县龙槽乡仁喜坪住民赵文京同妻产生第二女赵妹客，因此前夫心意不伏和顺。经政府法令脱别夫妻关系，自转亲生姊妹家属合家商议，自产所有两子难为照顾成人，自愿过门。姊妹商议，同意携带子弟出门结婚，将及政府婚姻法令，自由自愿同意到昭平县瑶山乡京亮处住民李富益同妻产生第一男李桂县，双方同意为婚匹配。夫妻携带贰子同家生产为业，由李姓择日归堂，赵姓父母姊妹伴嫁为婚归堂。当场房族商议，将及贰子继断，以后永顶李姓烟祠，膳老贴父，孝敬之恩，两子任由贴父教训成人，改姓换名，承家落业。住居李姓拨给家产什物一概任由贴继贰子所有，言明以后赵妹客产生亲养三男二女照依贴继姊妹兄弟均分，贰子一切断继李姓之家。言明以后贰子赵姓亲房疏族姊妹不得根寻追究回宗，一言为齿，不得程公理论。以后赵姓房族寻根，李姓拿给结婚继子凭书为据处理。两家甘心意愿，两无迫压。当场李赵两姓亲疏房族写立结婚继子凭书贰纸，各收一纸永远为凭。
>
> 结婚继子在场人：
>
> 　　　　　　　　　李姓亲房：李富南，疏房：李富裕
> 　　　　　　　　　赵姓亲房：赵春安，疏房赵妹书
> 　　　　　　　　　见立人、介绍人：赵妹寮
> 　　　　　　　　　代笔人：李妹印
> 　　公元一九六四年甲辰岁十一月二十一日　　请笔亲押

从这份婚姻契约文书中可以看出，平桂区大平瑶族乡龙槽村仁喜坪瑶寨赵妹客与前夫离婚之后，所生的两个儿子由她抚养。因而，赵妹客再次出嫁时，两个儿子也一起随她到毗邻的昭平县富罗乡瑶山村新夫李桂县家，并继承新夫李家宗祧。同时，双方写立契约言定赵氏两子随娘

过继给李姓，"改姓换名，承家落业"后，本人及其亲房疏族等永不得"根寻追究回宗"。在瑶族这种带子就夫的男娶女嫁婚姻形态中，女方是因面对实际生活中的困难而选择离婚，并带子再嫁。一般而言，女方带子就夫解除了旧有的家庭关系而组成一个新的家庭，但也面临着一个复杂的家庭问题，因而必须在再婚时写立契约文书，把双方所要面临解决的问题及双方的权利与义务都写在契约文书中。由于婚姻事实是合法存在的，民间婚姻契约作为合法文书在出现纠纷时就成为合法的凭证，因而改名换姓的继子成年之后一般都不会寻根回宗。

（二）招赘婚

招赘也称"上门"，即男子到女方家做上门女婿。招赘婚作为瑶族原始婚姻形态的遗存，也是平桂瑶族地区主要的婚姻形态之一。在平桂瑶族社会中，只有女儿、没有男丁的瑶族家庭都会招赘上门，有儿子的家庭也可以招婿上门。尤其是家庭条件较好，有足够山场土地养活更多人的瑶族家庭，如果女儿不愿意出嫁外村，父母一般都会为她招赘上门，并不会强迫女儿外嫁。一般而言，平桂瑶族男子到女方家做上门女婿，双方都要征得长辈的同意，如果一方长辈不同意，男子就不能上门做赘婿。在结婚时必须在双方家长的主持下，经媒人及家族人的见证，写立婚姻契约文书，对上门入赘的男方的权利与义务以及婚后所生子女继嗣情况进行协商。同时，女方家庭会给男方家庭一定数量的彩礼，当地称为"身价钱"。在结婚办喜酒时，女方家要请当地的师公在家中设坛摆上祭品后，再烧香、烧纸钱和念经，把招赘的婚事告知家先，以获得先祖的同意。这种向诸神和家先"报户口"的仪式，明显是受到了瑶族信仰和传统习俗等因素的影响。①

根据入赘男子的身价钱多少，以及入赘后的权利与义务和婚后所生子女继嗣情况，平桂瑶族的招赘婚主要有"卖断""卖一半"和"两头顶"三种形式。②

---

① 徐祖祥：《试论瑶族传统婚姻的本质——以云南瑶族为例》，《西南民族大学学报》（人文社会科学版）2004年第9期。
② 中国科学院民族研究所、广西少数民族社会历史调查组：《广西僮族自治区贺县新华、狮狭乡瑶族社会历史调查》，1964年版，第80页。

1. 卖断婚

"卖断"即男子被招上门做女婿，男方家庭收取了女方家庭一定数量的身价彩礼之后，男子就与亲生父母脱离了关系，既没有赡养父母的义务，也没有继承父母财产的权利。男子上门后要改名换姓，夫妻所生子女全部随妻姓，继承女方宗嗣。可见，上门的男子被"卖断"之后，其社会身份和角色发生了转变，这对其出生的家庭而言，上门男子婚后完全脱离了社会意义上的关系，其身份与角色由主人转换成客人。对招赘家庭而言，上门男子通过改名换姓，他就像亲生的儿子一样，完全融入了女方家庭。这样一来，其社会身份与角色则由外人变成主人，女婿变成儿子，他需要参与处理女方家庭的各种事务，既有赡养岳父母的义务，也有继承岳父母家庭财产的权利，完成家庭再生产的任务，如下引一份立于民国时期的入赘婚书：

> 立写去姓赘门婚书人赵元贵，系贺县狮洞乡白虎村住瑶，缘因赵文旺亲生第叁男，年高长大，年岁青春，身边无偶，难得成人。父母亲口开出年庚，凭媒托到贺县暗冲垌，自愿将到凤土坤亲生育第壹女，名盘妹，红庚二命推算，合盘相对，六合相同，姻缘配合，佳偶天成，愿肯合意。当媒父母三面言定，身价洋银叁拾陆元正，父母亲手接足回家正用，并无少欠分厘，去门凤姓家下改名花火，承顶凤姓烟灯。日后所生男女亦不关赵姓之事，赘门千休，永无挂念，抛宗离祖所养岳父岳母送老归宗为顶，凤姓宗枝祖业山场照子均分。若不顶凤姓香灯，带妻返义回家，即取礼聘洋银叁拾陆元正，花红礼酒二席。若有返义归宗等情，将纸凭媒理论。恐凭人心难信，写立去姓赘门婚书一纸付与凤姓永远为凭，铁笔计长，永远为据。
>
> 在场人：亲房赵文养、凤木官、凤木庆
> 行媒人：邓花成
> 见立人：赵金保、赵朝贵、赵朝才
> 民国壹拾柒年丁卯岁十一月二十九日立押

从上引的贺州平桂土瑶招赘婚书中,我们可以看出这是一份卖断的招赘契约文书。土瑶村民赵元贵父母以36元洋银的身价钱卖断给暗冲凤家后,赵元贵改名凤花火,承顶凤姓宗祧。契约中特别写明夫妻"日后所生男女亦不关赵姓之事,赘门千休,永无挂念,抛宗离祖所养岳父岳母送老归宗为顶,凤姓宗枝祖业山场照子均分"。可见,赵元贵被招赘上门后承顶凤家烟灯,获得继承凤家产业的权利,但也承担了给岳父母养老送终,完成凤姓家庭再生产的义务与责任。在平桂土瑶社会,新中国成立之前男子招赘上门卖断身价一般在洋银30—60元之间,比贺州地区平地瑶的身价要低得多。这是与他们地处高山,与外界交流较少的土瑶村民所处的自然生态环境和经济状况有关。

2. 卖一半婚

"卖一半"即瑶族男子被招赘到女方家定居后,将来夫妻所生的儿子中必得有一个跟随男方原有家庭的姓氏,以承顶男方宗祧。如果只生一个儿子则取两个姓名,以继承两家宗祧。这种婚姻形式中,男子上门入赘后要改名换姓,但也保留原有姓名,两个姓名同时使用。在卖一半的招赘婚姻中,男子的身价由双方家庭协商。一般而言,其身价只有卖断婚的一半,因而也称"卖不断",如下引一份立于民国四年(1915)的招赘婚书:

> 立写赘门婚书约人邓连生,系贺县暗冲住瑶,缘因邓天旺亲生第贰男,年高长大,无妻婚配。父母开出年庚八字,生于丁亥岁十二月初九日子时,年二十八岁,凭媒托到贺县大冲赵元金妻盘氏亲生育第壹女,名八妹,年十七岁。红庚二命推算,二比六命相配,姻缘配合,佳偶天成。当媒父母三面言定,身价洋银贰拾元正,父母亲手接足回家正用,并无少欠分厘。当两姓亲疏,月老在场,写立入赘凭据字约,另改名换姓赵金庆,以后殡葬祖公,坟墓挂铲,清明祭祀,膳老父母,勤于耕种。赵家山场竹木桐茶等项产业物件,照姊妹均分,赵姓族内人等不得霸佔(占)。日后生子,留一子承嗣邓姓香烟,倘只生一男,平分承顶邓赵二姓香烟。若带妻返义回家归宗,不顶赵姓香烟,任由即取礼聘身价洋银肆拾陆元正。

若有赵姓滋事节外生枝，将纸据凭媒理论。恐凭人心不古，即日当场写立招赘字约贰纸为凭，各执壹纸永远为据。

在场见立人：赵元贵、赵元法、赵金进、邓连玉
行媒人：邓木旺
代笔人：邓火成
民国肆年甲寅岁十一月二十九日立押

从这份招赘婚约中可以看出，土瑶男子邓连生被招赘到赵家时，其父母收取的身价贰拾元仅是平桂土瑶地区卖断婚身价钱的一半。婚契中除了约定其另改名换姓，"殡葬祖公，坟墓挂铲，清明祭祀，膳老父母，勤于耕种"，与其他姊妹均分赵家财产外，更重要的是对子嗣的分配也作了强调，"日后生子，留一子承嗣邓姓香烟，倘只生一男，平分承顶邓赵二姓香烟"。这种卖一半的招赘婚姻形态在平桂的过山瑶和土瑶都普遍存在，如民国十六年（1927）十月，过山瑶男子邓明贵入赘冯成金家做上门女婿，婚契中也写明"日后添男，留一男传邓家，仅生一男，承嗣邓冯两姓"。在这种招赘婚姻形态中，入赘男子也像亲生儿子一样，只赡养女方家老人，继承女方家财产。与卖断婚的区别仅是保留一个男丁随入赘男原有姓氏，以承顶入赘方的宗祧。承顶入赘方的儿子一般都生活在父母身边，长大之后既可娶妻，也可入赘他乡。

3. "两头顶"婚

"两头顶"是平桂瑶族最为常见的招赘婚形式，即男子被招赘做上门女婿之后，可以不改名换姓，也可改名换姓后与原名同时使用，夫妻对岳父母和父母的产业都有继承权，但夫妻双方日后所生的儿子由两姓平分承继宗祧。一般而言，平桂瑶族两头顶夫妻的第一个小孩随母姓，第二个小孩随父姓，并以此类推。以当地瑶族村民的表达，即"一子两顶，二子平分"，试见下引的一份立于民国二十七年（1938）平桂过山瑶招赘婚姻契约文书：

> 立写招赘上门合同婚书人赵富庆，系湖南江华县大明万里寨住瑶。缘因并不配妻成家，难以成家为世，自愿将年庚八字开出，生于

己酉年五月初五日丑时建生，年三十岁。月老托到贺县黎头山平安埇威竹村赵金府妻赵氏所生第壹之女赵妹治，年十五岁，年延长大，开庚匹配，姻缘登对，佳偶自天成。就日仝媒三面定订，将身今世过房与后二宗，吉日迎驾送亲临门。即当二姓亲疏中间，月老在场，写立凭据字约，之子招赘为男，改名换姓赵富庆，以后承顶赵姓万代香烟，酬谢盘皇，殡葬祖公，坟墓挂铲，清明祭祀，膳老父母，奕世其昌。赵家祖公父产业，田地山场竹木桐茶家下等项物件，照姊妹均分，任由赵姓堂上族内人等不敢特强霸佔（占）欺弱。自后产中红鸾结子，一子两姓，三男四女平分承顶邓赵二姓香烟。并无取银两，切莫敢带妻转祖，返义归宗。此情任由岳父岳母即将为凭书付公究白，追跟之女银两，不敢诵言灵语。若有邓姓阔族节外生枝滋事，但系自干理值，不干赵家之事。一日为啮，恐后人心难信，即日当场写立招赘字为凭，字约贰纸，各收一纸存据。若螽斯之蛰蛰，如瓜瓞之绵绵。

在场人：
亲房：赵金连、赵金杵
疏房：赵金魁、邓涂妹
行媒人：邓官保
见立人：邓官连
民国贰拾柒年戊寅岁十一月廿八日代笔的押

在这份婚姻文书中，湖南省江华瑶族自治县大明万里寨瑶族邓姓男子招赘到今平桂区大平瑶族乡威竹村后，改名赵富庆，承顶赵家宗祧。但契约中约定夫妻日后"自后产中红鸾结子，一子两姓，三男四女平分承顶邓赵二姓香烟"，而且邓姓家庭并没有收取儿子的身价钱，但邓姓男子上门入赘后，他与妻子所生儿女必得一半承顶男方原有邓姓宗祧。

由于平桂瑶族主要以广种薄收的刀耕火种为生计，需要一定的劳动力，于是有些两头顶的婚姻契约中约定，招赘夫妻需照顾两边家庭的劳动生产。特别是双方父母年老时，入赘男子必须合理安排劳动时间，在做岳父母家的劳动时，必得安排好时间回老家干活，以赡养亲生父母，如下引一份立于民国八年（1919）十二月平桂土瑶招赘婚姻文书：

> 立写赘门合同书人邓正金，系贺县大冷水处住瑶，缘因赵金元亲生第壹男，得见年高长大，年岁青春身边无偶，心思要结朱尘。亲父自立章程，开出年庚八字，自请凭媒托到暗冲邓氏年生第一女名邓凤妹，红庚配合，良缘凤缔，佳偶天成。即日当媒三面言定，自愿承顶邓赵二姓烟灯，承宗接祖，尽改立名邓正金。日后有生育一子二分，二子平分，三男四女承顶邓赵二姓烟灯，二姓父母供孝膳老送终殡葬剗扫祖坟。当媒三面言定，来来往往，两边耕种，日后姊妹和训，家产什物、山场竹木、地基照子均分。日后任由岳父岳母教训，勤于耕种，不得依性游荡，带妻归宗，丢抛父母烟灯，亲疏房族不得余言抗拒等情。即系二家情愿，两无逼押。一日为啮，笔落为山。今欲有凭，立写赘门合同书二纸，各执一纸为据。
>
> 在场人：赵金保、邓火胜、邓火旺
媒证人：赵金得
见证人：赵金生、盘福贵、赵上惠
民国捌年戊午岁十二月二十一日立

从上引的平桂土瑶招赘婚姻契约文书来看，尽管男方邓正金入赘后改名换姓，但承顶了邓赵两姓宗祧，将来夫妻养子后达成了"一子两分，二子平分"的两头顶婚姻协议。这份婚姻文书也显示，女方家庭没有支付给男方家庭身价钱，男子上门后对两姓父母都有供孝养老送终以及挂扫祖坟的责任与义务。同时，婚约也规定男子必须在两个家庭之间"来来往往，两边耕种"，以保证两个家庭的劳动生产正常进行。

（三）多种婚姻形态的原因

1. 与生存的自然环境有关

平桂瑶族村民居住的大桂山腹地一带，层峦叠嶂，沟壑纵横，山高坡陡，地形复杂，自然生态环境恶劣。在进村公路没有修通和通信开通之前，瑶族地区交通不便，村民为了能买到日常生产生活物资，必须挑着山货翻山越岭，长途跋涉到市圩出售后再购买。由于离市圩较远，经

常是凌晨两三点就点着火把或打手电,挑着上百斤的山货下山赶圩,以便在天黑之前能赶回瑶寨,因而瑶族村民把下山赶圩称为"黜黑"。每家至少一个月得黜黑两次,才能维持正常生活。为了能顺利到达集市,瑶族青壮年男子常常在赶圩前一天把出售的物品装好,并多次试挑,以防在途中散落而耽误赶路时间。因而,瑶族家庭必得有壮实的男子作为主要劳动力。于是,绝大多数的无儿瑶族家庭就必须招赘上门或过继他人儿子,既作为家中主要劳动力,同时又继承宗祧。

生活在天然封闭生存空间的瑶族村民,与外界交流的机会较少,交际圈也非常狭窄,社会网络关系多在瑶族社区各村寨。为了保证本族群的繁衍,其通婚圈仅限于本族群之内,但禁止近亲结婚,同姓五代之外才允许通婚。特别是土瑶地区,改革开放政策实施之前,几乎没有人与山外人通婚。改革开放之后,一些土瑶女子冲破传统观念的束缚,嫁到山外生活条件较好的汉族地区,于是1983年召开土瑶四甲会议,专门商讨了禁止土瑶女子外嫁的问题,允许28岁之后仍未与同族男子结婚的女子,可以外嫁其他民族。①

2. 与刀耕火种的传统生计有关

平桂瑶族地区山多田少,如土瑶居住的二十四个山冲面积为408.05平方千米,约占平桂区鹅塘和沙田两镇总面积的61%,但水田仅有616亩。②村民主要在山地以刀耕火种的耕作方式为生计,据民国《贺县志》记载当地瑶族"居山冲,亦聚族成村,多盘姓,自称盘古后。椎髻,短衣,跣足,男女皆然。种禾、黍、粟、豆为食。能为材木器具及猎山兽,採山蔬市钱以供日用"③。为了满足一家人的生活需求,瑶族村民每年都需要投入大量的劳动力耕作旱地。村民投入劳动力的数量和效益,几乎是决定能否获得温饱的重要因素,劳动力较多的家庭往往比劳动力较少的家庭过得好。因而瑶族人民养成了早出晚归进山勤劳耕作的习惯。虽然瑶族村民辛勤劳动,但刀耕火种的原始粗放耕种方式广种薄收,村民种

---

① 袁同凯:《走进竹篱教室——土瑶学校教育的民族志研究》,天津人民出版社2004年版,第232页。
② 贺州市扶贫办:《贺州市土瑶扶贫报告》,2004年12月14日。
③ 民国《贺县志》卷2《社会部·风俗》,第14页b。

植的旱稻、玉米、小米产量很低，需要木薯、红薯等作为补充。因而，当地的瑶族村民经济状况较差，如 A 村有土瑶 320 户，共 1764 人，均为贫困人口，在 2011 年时人均纯收入只有 1180 元，每年都需要民政部门的救济。

虽然平桂瑶族地区的经济相对落后，村民收入微薄，但对作为人生大事的婚礼却非常隆重，婚宴极其铺张，结婚时的长桌宴和坐堂歌要三天三夜才结束，其经济开支要上万元。而且一对夫妻一定要举办一场婚宴，才能得到当地瑶族社会的认可，于是有些村民因一时无钱办婚宴，而先结婚后行礼，甚至出现了父子二代和祖孙三代同时举办婚宴的现象。因而，平桂家庭较为困难，兄弟较多的瑶族村民一般都愿意离家做上门女婿，家境较好的家庭，不管有无儿子都乐意招赘上门。这种婚姻形态对男女双方来说都有益处，对男方来说解决了无钱娶妻的问题，对无儿的女方来说不仅解决了以体力劳动为主的传统生计所需的主要劳动力问题，同时也解决了香火承嗣问题。可以说，这是平桂瑶族在自然环境因素的迫使下，他们面对婚姻问题时所作出的理智选择，而且往往与其地域空间中的生产方式和生计基础有着密切联系。①

3. 与男女平等的观念有关

在平桂瑶族社会的继承观念中，母系和父系都有着同样的权利。因而，平桂瑶族男子入赘到女方家后并没有受到歧视，而是被女方当亲生儿子一样对待，可以与妻子享有女方家财产继承权。招赘婚礼仪式如男娶女嫁一样，婚礼酒席由女方负责筹办，同时娶方一般都会给嫁方一定数量的"身价钱"。虽然入赘男子是从外村而来，但他在女方的村落社会中也不会被他人轻视，只要象征性地交纳一定的公共事业费用，便可享有与其他男子一样的地位与权利。在 20 世纪 80 年代初，平桂土瑶地区上门男子只要交纳 3.6 元到入赘所在的集体，就算取得了本村村民的资格，同时也获得了集体财产所有权的份额。

由此可见，在平桂瑶族地区，"女儿也是儿，赘婿也是崽"，家庭非

---

① 吴振南：《中越边境跨国婚姻人口流动的经济和生态因素分析——以麻栗坡县 A 瑶族村为例》，《西南民族大学学报》（人文社会科学版）2012 年第 1 期。

亲生成员都享有与亲生一样的权利与地位。村民没有重男轻女的观念，生儿生女都一样，都能够赡养老人、继承财产和传宗接代。据田野调查统计，贺州市平桂区沙田镇B土瑶村现有12位男子是从其他村落招来的上门女婿，占全村家庭总户的18.5%，另有3名男子被招赘到其他瑶族村落做入赘女婿。可见，这种男女平等的观念为平桂瑶族社会多种婚姻形态的存在提供了丰富的文化土壤。虽然社会在不断地发展和变迁，但在这种观念的影响下，平桂瑶族社会的多种婚姻形态一直延续至今。

综上所述，从新发现的平桂瑶族婚姻契约文书等民间文献和田野调查资料可以窥见，在特定的自然生存环境、生活方式、经济状况和历史文化传统观念等因素的影响下，平桂瑶族的婚姻形态广泛存在的带子就夫的男娶女嫁婚与卖断、卖一半、两头顶等招赘婚的多种婚姻形态，是当地瑶族人民在长期适应生态环境的过程中作出的策略性选择与文化调适，使不同的瑶族家庭在经济和劳动生产上达到一种互补，促进了当地瑶族社会内部均衡地发展，从而使平桂瑶族人民在大桂山深处得以长期地生息繁衍，社会得以长期稳定，民族文化得以持续传承。平桂瑶族的婚姻形态对当今社会普遍存在的独生子女家庭婚姻问题的解决有着积极的现实意义。

三 广西东部平桂过山瑶和土瑶的婚俗特点

婚姻是男女两性结合而繁衍人类自身的主要途径，也是民族文化的重要组成部分。瑶族作为我国南方的一个山地民族，千百年以来一直辗转在崇山峻岭中过着游耕生活，其婚姻形态受生产力和物质生活水平的制约，仍然遗留了原始形态的婚姻习俗。[①] 由于瑶族具体的婚俗资料在正史中记载较少，大多散存于契约文书等民间手抄文献中，而保存在村落的历时态民间婚姻文献少之又少。虽然学界对瑶族婚姻的研究成果较多，但他们对瑶族婚姻的研究都是基于民间传说等文献资料和共时态的

---

① 邢莉：《广西东山瑶族的婚姻形态探析》，《广西民族大学学报》（哲学社会科学版）2009年第5期。

田野调查材料进行探析,而以婚姻文书等民间文献为主的瑶族婚姻研究作品则寥寥无几。本书以近年来在平桂瑶族地区发掘的有关民间婚姻文献为中心的历时性资料,同时结合共时性的田野调查资料,对当地平桂瑶族的婚姻习俗特点进行探析。

(一)族群内婚

居住在平桂大桂山腹地的土瑶先于过山瑶来定居,据土瑶手抄文献《过山牒》记载,土瑶先祖居住在广东清州大巷口火后枧村,因巢贼作乱,土舍狼猺狼目盘管七、盘弟幼、盘弟护、盘弟八、赵贵一、李做三、邓宗华、王弟五、凤贵七等一千余人被招到梧州府东安上乡山口营屯立社。平叛成功后,洪参将盆总兵谕大人当官执赏给帖付与盘管七、赵贵一、李做三、邓宗华、盘宗满、盘宗弟、盘弟幼子孙为照,管来地方二十四山头。这一记载与土瑶现今居住在大桂山的二十四个山冲的地理位置基本一致,其后裔姓氏也与现今土瑶村民的姓氏一致。村民主要以种植小米、玉米、旱稻、土豆、红薯、芋头、木薯等为生。在交通条件没有改善之前,土瑶居住地山高岭峻,村民一出门不是爬山就是下山。居住地离圩镇最近有 20 多千米山路,最远有 60 多千米。村民外出赶圩,一般都要在当日凌晨出发,点着火把赶路,农产品外销或生产生活资料进山只能肩挑背驮,造成他们与外界的交流较少,外部信息闭塞。传统土瑶社会的交往以地缘和血缘关系为主,通婚圈仅限于他们居住的大桂山深处 24 个山冲的土瑶村落。

在平桂土瑶通婚制度中,赵、邓、盘、凤、李等姓氏的土瑶男女之间相互通婚,同姓允许通婚,但严禁同姓五代之内的男女通婚,严禁堂兄妹和表兄妹关系的近亲通婚。同时,土瑶社会严格执行盘王立下的规矩,不能与外族人通婚,根据土瑶手抄文献《评皇券牒》的规定,"若有强娶婚者,蚊子酢三瓮,开通铜钱三百贯,金腊三斗,糠绳索三百六十丈,无节竹三百根,狗猫鸡角梳三百六十双,枯子木舡一双,涧八尺面长十二丈。若有此物,便以他为婚"。可见,平桂土瑶实行严格的族群内婚制,究其原因,主要是过去的土瑶社会地处大山深处,人口较少,外族女子不愿嫁进来,而土瑶姑娘外嫁之后,就造成了人口流失,同时也会使当地土瑶男子娶妻困难。

平桂土瑶不仅不与其他民族通婚，而且也不与其他瑶族支系通婚。由于土瑶先祖最早来大桂山一带居住，形成了谁在山场最早开荒生产，该山场就归谁经营管理的规定，因而土瑶村民所占地盘较广。但土瑶附近，特别是靠近沙田一带的其他族群的村民经常到土瑶地区进行偷盗，甚至来争占土瑶经营的山场。于是，土瑶村民便不断地招来过山瑶到土瑶地区居住，并划拨山场给他们经营。过山瑶种植土瑶的山场不会给租金，只是在年尾请土瑶每户一人吃一餐。这种做法，过山瑶可以照看土瑶山场，防止其他族群的偷盗行为。过山瑶被招到土瑶地区居住之后，两个支系瑶族村民一直以来相处非常融洽，但并没有相互通婚。例如沙田村、金竹村的过山瑶和土瑶村民的居住地仅相距2千米，北都村过山瑶与马窝村土瑶相隔仅1千米，村寨之间只是朋友关系，没有缔结婚姻。

居住在大桂山的平桂过山瑶比土瑶较晚来定居，除土瑶招过来看管山场之外，大部分是明代之后来进行刀耕火种的。他们的婚姻主要也是瑶族内部通婚，但没有像土瑶那样严格地执行内部婚。由于这一带地势宽广，经常有南岭地区其他过山瑶来租佃山地以种植业为生，因而他们通婚范围较广，除了与本地居住的过山瑶通婚外，还与相邻的昭平县过山瑶通婚，甚至还与相距上百公里之远的湖南江华瑶族村民通婚。例如民国二十七年（1938）十一月廿八日，三十岁的湖南江华县大明万里寨的一名瑶族男子在媒人邓官保的介绍下，招赘到贺县黎头山平安埇威竹村（今属贺州市平桂区大平瑶族乡），与赵金府妻赵氏所生第一女赵妹治结婚，并改名换姓为赵富庆，以承顶赵姓宗祧。

新中国成立之后到20世纪80年代，平桂瑶族的婚姻圈仍然是以内部集团婚为主，但也有极少数男女与外族人通婚，特别是一些走出瑶山来到乡镇当干部职工的男子首先与外族女子结婚。但瑶族村民集团内部通婚的观念仍然根深蒂固，在田野调查时一位土瑶男子告诉笔者，其父亲于20世纪70年代末到乡镇工作，在下村做工作时认识了一位客家姑娘，由于经常见面，便日久生情，最后他们俩结婚成家。到他这一代时，其父亲说他身体里只有瑶族的一半血脉了，不同意他与其他族群的女子结婚。在其父亲的极力要求下，他认同了其父亲的想法，虽然在乡镇定居，还是与一位大桂山的土瑶姑娘结婚了。①

(二) 女儿也是传后人

在我国传统社会里，家族实行的是父权家长制，传统继承观念都是以父系为主家庭内部传承，女性的继承权往往被排斥在外。② 于是，自古以来形成的多子多福、养儿防老、男孩才是传后人的传宗接代思想观念在百姓头脑中根深蒂固。特别是很多农村家庭，虽然现今法律规定女儿与儿子有着同样的财产继承的权利和赡养老人的义务，但重男轻女的思想依然严重。③ 平桂瑶族没有强烈的父系继承观念，女儿也能与儿子一样有继承权，男女平等。这种观念主要表现在瑶族村民从妻居的招赘婚姻形态中，一般而言，平桂没有儿子的瑶族家庭都会招上门女婿与女儿一起继承家业，一些有儿子的家庭也会招赘上门。男子上门招赘可以不给女方礼金，其父母还会得到女方给的买身价，因而家庭贫困且兄弟较多的男子一般都会做上门女婿，而家庭条件较好的家庭即使有儿子，也不愿把女儿嫁出去，而是招郎上门。平桂土瑶寨马窝全村共 65 户，人口 436 人，其中有 12 位男子为招赘而来，占全村总户数的 18.5%，另有 3 位男子被招到其他土瑶村寨做上门女婿。

平桂瑶族男子到女方家做上门女婿，根据后代的继承情况可分为以下几种④：一是买断，即女方家庭把男子买断，男子要改名换姓，孩子全归女方姓，继承女方家宗祧。新中国成立前身价为 30—60 元不等。男子被女方买断之后，对父母没有养老的义务，也没有继承父母财产的权利，而对岳父母则有养老和继承财产的义务和权利。二是买一半，即男子身价只有买断价的一半，上门后要取一个女方姓氏的新姓名，旧姓名与新姓名同时使用，与妻子所生的一个儿子必跟随男方原有姓氏，以继承男方宗祧。这种招赘婚在当地称为"断亲不断种，后代须留根"。三是两头顶，即男子以无价的身份上门，可以不改名换姓，夫妻所生的

---

① 资料来源于 2018 年 6 月 12 日笔者在鹅塘镇对土瑶村民凤 TD 的访谈。
② 瞿同祖：《中国法律与中国社会》，中华书局 1981 年版，第 5 页。
③ 陈苇、李艳：《论我国民法典"继承编"法定继承制度之立法完善——基于四川省民众法定继承观念与遗产处理习惯的问卷调查》，《学术论坛》2018 年第 4 期。
④ 中国科学院民族研究所、广西少数民族社会历史调查组：《广西僮族自治区贺县新华、狮狭乡瑶族社会历史调查》，1964 年版，第 80 页。

孩子男女双方均分，第一个孩子随母姓，第二个孩子随父姓，并以此类推。两头顶是平桂瑶族社会中最为普遍的婚姻形态，男子婚后得"来来往往，两边耕种"，必须照顾到两个家庭的劳动生产，对双方家庭长辈都有养老和继承财产的义务和权利。四是招郎转，即女方家庭的儿子较小，缺乏劳动力，于是便招赘上门在女方家劳动生活，以弥补劳动力的不足，待女方家儿子长大之后，女婿则带妻子儿女回家定居。在这种招赘婚姻形态中，女婿既没有赡养岳父母的义务，也没有继承岳父母财产的权利。

从平桂瑶族社会的招赘婚姻形态中，可以看到女儿也是传后人，女儿与儿子一样享有在家招夫继承本宗族宗祧的权利。因而在平桂瑶族社会里，生儿生女都一样，并没有重男轻女的传统思想。瑶族社会里的上门女婿不会被歧视，他们甚至把上门女婿视作亲子一样。上门女婿的一切权利和义务与亲生儿子相同，可与亲生儿子平分财产。沙田镇新民村马窝土瑶寨盘 TS 与妻子生有一个儿子，两个女儿，大女儿出嫁之后，小女儿不愿意出嫁。盘 TS 认为自家的山场土地足够养活两家人，于是同意给小女儿招赘，经媒说合他招了鹅塘镇明梅村一位土瑶男子为上门女婿。最后分家时，儿子与小女儿各分得一半的财产。同样是本村盘 SM 的父母生有两个儿子，七个女儿，其中有六个女儿外嫁到他村，只招了一个男子为上门女婿。在分家析产时，六个嫁出去的女儿都没有获得分财产的权利，盘 SM、盘 SQ 两兄弟和留在家招赘的妹妹三人平分了父母的财产。当然分家之后，按照土瑶社会的习俗，六个嫁出去的女儿没有继承父母财产，也没有赡养父母的责任和义务，其父母由三个分得财产的儿女赡养。

由于女儿也是传后人的观念，平桂瑶族的招赘婚至今长盛不衰，上门女婿与亲生儿子一样都有赡养老人的责任和义务，同时也继承祖业，并在婚姻缔结时立有契约文书为凭。例如上文提到的民国二十七年（1938）十一月廿八日所立的招赘契约文书中就载明，赵富庆入赘"以后承顶赵姓万代香烟，酬谢盘皇，殡葬祖公，坟墓挂铲，清明祭祀，膳老父母，奕世其昌。赵家祖公父产业、田地山场竹木桐茶家下等项物件，照姊妹均分，任由赵姓堂上族内人等不敢恃强霸占欺弱。自后产中红鸾结子，一子两姓，三男四女平分承顶邓赵二姓香烟"。在这份招赘婚契中，赘婿赵富庆改名换姓，夫妻俩继承了岳父家的宗祧和不动产，承担了赡养岳父母的责任与义务，但所生子女中也有一半的姓氏为男方原有姓氏，以承顶原有家族的宗祧。再如民国十七年（1928）十一月二十九日，土瑶男子赵元贵"去门凤姓家下改名花火，承顶凤姓烟灯。日后所生男女亦不关赵姓之事，赘门千休，忘永远无挂念。抛宗离祖所养岳父岳母送老归宗为顶，凤姓宗枝祖业山场照子均分。若不顶凤姓香灯，带妻返义回家，即取礼聘洋银叁拾陆元正，花红礼酒二席"。在这份招赘婚契中，赘婿赵元贵则完全被女方家庭买断，夫妻俩继承岳父母家庭的宗祧，履行像亲生儿子与儿媳一样的责任与义务。

可见，平桂瑶族社会非常重视传宗接代，要求人人生养子女，承续香火。① 因而在平桂大桂山一带的瑶族社会里，如果不能生育子女的瑶族村民会尽可能去接养他人未成年的子女，像亲生儿女一样养育成人，并为养子娶妻，为养女招赘，以达到老有所依，宗有所承。试见下引一份接养女儿为继的契约文书：

> 立接女拨产财物字据人邓明应，妻赵木妹，系昭平县第八区瑶山自治乡第五选区福安冲住民。情同夫妻俩姓家庭人手简单，难以生产，己身又无所生后裔，付思裕后有的困难。现已恳请旁人问到贺县十区龙槽乡第五选区冯成廷之前妻所生第一女，自领过姓受业生产，为人接养永远之女，亲生父并无所取其女银两。即日经场双方说合，字据内再（载）明，裕后殡葬、亲生或者出嫁，夫家该殡葬费亲生父乾（干）谷伍百斤，为亲生父终日将此谷作葬费使用。其女过姓为人之后，女长大成人自由结婚或者出嫁夫家，该殡葬费由其女夫家负责，不干接养父母之事。其女自接出过姓后，任由接养父母教育、劳动、学习文化，永为接养父母后裔，服侍家庭，纪念祖宗香烟。日后接养父母之父母及接养父母等，概由接养之女邓桂一、赵妹继两姊妹服侍劳年老终生过世之义务。

---

① 龚佩华：《广西贺县土瑶的社会和文化》，《广西民族研究》1990年第3期。

揭养父母今将家产财物田地六畜山场竹木等项拨给养女邓桂一、赵妹继两姊妹平均管业，别人不得侵犯，彼此不得背书反讼。此乃亲生与接养父母双方愿意，并无别人迫压。恐后无凭，是日当场双方亲疏房族写立接女拨产字据乙纸，交与接女赵妹继收执，永远为凭。

在场人：
出女房亲：冯有县
接女房亲：赵京芳
代笔人：廖国雄
见立人：赵福贵
接女拨产人：赵明应
出女人：冯成廷　请笔的押
公元一九五四年老历二月初八日立

这份接女拨产契约中的接女人邓明应夫妇为今昭平县富罗镇瑶山村福安冲瑶寨村民，出女人冯成廷夫妇则为今平桂区大平瑶族乡龙槽村瑶族村民，两寨的瑶族村民都为过山瑶，直线距离仅5千米。从契约中可以看出邓明应夫妇因未生育儿女，缺少生产劳动力，最主要的还是夫妻俩年老之后无人赡养，于是先接养了一名养女邓桂一，此契约中又接养了冯成廷前妻之女，并改其姓名为赵妹继。同时，夫妻"将家产财物田地六畜山场竹木等项拨给养女邓桂一、赵妹继两姊妹平均管业"。被接养之后，邓赵两姊妹"永为接养父母后裔，服侍家庭，纪念祖宗香烟"。按照当地瑶族的习俗，在邓明应所接养的两个女儿中至少有一个会招赘上门，赘婿与女儿将履行与亲生儿子儿媳一样的义务与责任。在平瑶族社会里，为了能够传宗接代，如果不能生儿育女的夫妇在瑶族地区找到收养的子女，他们则会想尽一切办法，甚至到瑶族社会之外的其他民族地区接养异族子女承嗣后代。例如MX土瑶村35岁以下被无子女户家庭收养的就有9人，其中男5人，女4人，其中7人是从当地瑶族村落收养而来，另2人则是从其他汉族村落收养而来。

(三) 注重五行八字命理

在中国传统社会里，男女结婚必须先具生辰合婚，唯合是从，唯克是禁。① 在平桂瑶族社会的婚姻缔结中，五行八字合婚是一个必要环节，瑶族青年男女经过以歌为媒、以歌定情之后，双方情投意合，男方便告诉父母托媒人到女方家讨取生辰八字。这个过程一般会对外公开，而不是悄悄地进行。父母把男女双方的生辰八字给八字先生推算是否相合，也称为"合八字"。如果男女双方八字命理相合，则选择吉日举行婚礼，如果双方八字命理不合，则婚姻不成，双方另行寻觅他人成亲。因而，瑶族在签订婚姻契约时，都会写下"开庚配合，男从女愿"等字样。例如民国二十八年（1939）湖南江华瑶族女子邓涂妹嫁到平桂大平乡实竹村的婚姻契约就写有"开出年庚八字，生于己亥年十一月初四申，行媒托到寔竹寨赵金益自由匹配为妻，佳偶天成"。民国二十七年（1938）赵富庆到赵金府家做上门女婿的婚姻契约中则是"自愿将年庚八字开出。生于己酉年五月初五日丑时建生，年三十岁。月老托到贺县黎头山平安埇威竹村赵金府处妻赵氏所生第壹之女赵妹治，年十五岁，年延长大，开庚匹配，姻缘登对，佳偶自天成"。

八字先生一般都是当地瑶族师公，而且都是使用他们祖传下来的《合婚书》来测算。笔者在大冲土瑶寨调查时，发现一本手抄于光绪二年（1876）的《三元合婚书》，该书中男女双方五行八字相合与相克，以及女克翁姑等命理都有详细的规则，如"正月男不娶十一月女，利娶七月女。二月男不娶三月女，利娶四七月女吉。三月男不娶十一月女，利娶四七月女。四月男不娶十月女，利娶六十一月女。五月男不娶十月女，利娶九月女。六月男不娶九月女，利娶三四十一月女。七月男不娶五月女，利娶八月女。八月男不娶六十一月女，利娶三四十月女。九月男不娶三九月女，利娶正六月女。十月男不娶四月女，利娶三六九月女。十一月男不娶二五月女，利娶正二四八月女。十二月男不娶三六月女，利娶正二月女"。"子午女杀亥生公已生姑，丑未生女杀子公姑。寅生女杀丑公未姑，卯生女杀寅公申姑。"可以看出，通过把男女双方的生辰八字给八字先生测算，以双方之命是否相合而定下婚事，从而使婚

---

① 郑传寅、张健主编：《中国民俗辞典》，湖北辞书出版社1987年版，第395页。

后生活趋吉避凶。

瑶族在自身历史发展和与文化交流的过程中形成了一套自己的技术技能以及信仰与宇宙观等地方性知识。师公作为瑶族社会里的一个特殊群体，他们往往掌握着这些地方性知识。因而，他们除在生产生活、疾病治疗、传统知识传承等方面起着重要作用外，在择吉、解关、心理调适等方面也起着内部稳定的作用。[①] 平桂瑶族也不例外，凡生产生活中各种活动，村民生老病死等特殊情况时都会有师公卜算或主持仪式以求禳解。特别是儿女出生之后，父母必得请师公测算生辰八字，如果命中克父母，儿子得送他人抚养或作上门女婿，女儿必须嫁出去。笔者在土瑶社区调查时就发现一份立于中华民国十八年（1929）的过房接养文书：

> 立写过房继承人赵宪荣夫妻二姓结义，生有一名花男赵花养。今因花男本命是告大刑，上克亲生父母，下克己身，命宜离宗别祖，出门过房正得成人。父母寸思无方，叩后得成人长大。夫妻商议自愿将男接出过房，先照房亲，后照四僯（邻），无人承接。问得暗冲武古坪人赵上愈夫妻二姓，年当六拾余岁，无儿嗣后，夫妻兄弟商议承接一名花男子，改换花名赵接养顾育为子。即时三面言定身价洋银贰拾九元九毫，米食衫裤银四元正。择用吉日过房接继，立纸交银，其银交与赵宪荣夫妻亲手领足回家，以作移乾（干）就湿之恩，襁褓之苦。其子交付与赵上愈夫妻顾育，继后承嗣。此子出别亲生父母，离宗嗣承赵上愈姓，接枝子孙永远，所有祖翁祖父遗下山场地土屋宅竹木任从耕种居住，众房族不得争占赶逐。如有此情，将纸究治，此系二家情愿，并无逼勒等情。今恐人心不古，口说无凭，为此立下过房嗣后一纸付与赵上愈父子收执，永远存据为凭。
>
> 族上同付儿子人：赵宪杨

[①] 韦光化、高崧耀：《师公对维护瑶族内部稳定的作用探析——以广西田林县盘古瑶师公为例》，《云南民族大学学报》（哲学社会科学版）2017年第1期。

房族拨付山场同种人：赵上勤，赵土旺，赵朝荣，赵上忠，赵上惠，赵上应，赵上福

众房族上人：赵德郎，赵德通，赵德富，赵德昌，赵朝华，赵朝财

在位邻老和气人：赵永昌

代笔人：赵世莲

中华民国十八年己巳岁阴历二月十六日立

在这份过房文书中，原因非常清楚：赵花养"本命是告大刑，上克亲生父母，下克己身，命宜离宗别祖，出门过房正得成人"，于是他过房给赵上愈。查土瑶赵氏族谱得知，赵上愈原配赵妹彰早年去世后，再娶赵天妹为妻，但两任妻子都无生育儿子，在他六十岁后才接养赵花养为子，并为接子娶妻，生有两个孙子。在平桂瑶族社会的观念里，可以说这是一种解决子女命克父母的策略。例如鹅塘镇明梅村土瑶男子邓YJ的父母请八字先生给他测算八字，得知他命犯"绝房煞""破家煞"和"儿败煞"，"纵风之骨，一生性格英勇，多智多谋刚强被之人，终身为离祖发达。二两九钱之命，初年运限至未曾享，纵有功名多在后，移居改姓方为良"。后来，邓YJ到沙田镇狮东村土瑶寨做上门女婿。再如，土瑶女子邓MY，父母请先生为她八字算命时，获知此命为"获骨狗象"，"三两五钱之命，生世合得人，做事中直，祖业无份。戊时中生人，先克父，父母多灾难，六亲兄弟不得力，离祖大吉"。于是，在她十五岁时，本想为她招夫入赘的父母就把她嫁给大明村土瑶村民赵TW。

（四）重视婚礼仪式

婚礼仪式作为婚姻文化的重要组成部分，也是婚姻价值观和婚姻行为的外在表现。由于不断地发展与传承，婚礼仪式作为一种文化习俗已经深深地嵌入了民族社会之中。通过婚礼仪式的举办，对当事人来说，表明双方婚姻关系的缔结；对家庭来说，表明两个家庭姻亲关系的建立。特别是在我国一些农村社会里，婚礼仪式的举办甚至意味着两个家族或两个村落姻亲关系的确立。平桂瑶族社会也一样，当地村民非常重视婚礼仪式的举办，并视之为取得当地社会地位的象征，因而结婚男女

必须要举行婚礼仪式，否则当地家族和村民不承认他们的夫妻关系。

可见，婚礼仪式的举办不仅是结婚男女人生中的一件大事，也是平桂瑶族社会的一件大事。特别是平桂土瑶社会，由于村民社交网络范围较小，一般只限于土瑶居住大桂山的24个山冲之间，加上土瑶内部婚姻圈形成的村落姻亲关系，只要哪家有婚礼仪式的举办，基本上整个土瑶社会各村落都会知晓。一般而言，亲戚朋友和各村落村民都会来参加，特别是未婚青年一定会趁机来参加婚礼，他们有可能在婚礼现场找到意中人。为了师生能参加婚礼活动，如果婚礼不在节假日举行，土瑶婚礼举办地附近的教学点还会停课。这么一来，参与瑶族婚礼的客人每天都是几百人。客人用餐时坐在由多张桌子首尾连接拼凑成的长桌边，也称长桌宴，最长的可供200—300人一起进餐，而且婚礼举行时间长达三天三夜。参加婚礼的人晚上一般都不睡觉，而是通宵喝酒和坐堂歌。敬酒歌有49段，一般唱到16段时天就亮了，唱完最后一段，长桌宴才宣告结束。长桌宴也是未婚青年结识意中人的机会，如果小伙看上哪位姑娘，他便以酒歌传情，向姑娘表达爱意，情歌一直会唱到天亮。因而，瑶族举办一场婚礼的经济开支较大。

在交通条件不发达、信息闭塞的年代，居住在大桂山深处的平桂瑶族村民以广种薄收的刀耕火种为生计，经济收入有限，但这并没有影响到隆重婚礼仪式的举行。不管是男娶女嫁婚还是招赘婚，平桂瑶族举办隆重的婚礼仪式必不可少。因而，为了能够筹备足够的资金举办婚礼，瑶族青年婚前都会吃苦耐劳储备资金。例如上门到金竹过山瑶的赵WH，因同学介绍与瑶族姑娘邓MJ订婚，因他是从外地到瑶族村寨上门，对方要求先得举办婚礼才能入住岳父母家，而且彩礼比其他瑶族人娶妻要多。于是他外出做生意赚了足够的钱才回家，并于1980年12月在岳父家举办了三天三夜的婚礼仪式。他送女方的彩礼就有90斤猪肉，90块钱，90斤米，90斤酒，9套衣服，共花费3000多元，而其岳父母为婚礼的开支则更多。[①]

如果没有足够举办婚礼的费用，瑶族村民一般都会向亲朋好友和邻

---

① 该资料来源于2018年7月12日笔者对沙田镇金竹村民赵WH的访谈。

里借物借钱，婚后夫妻俩再一起还债。例如上文提到的鹅塘镇明梅村1965年正月邓TB结婚时，他除自家准备的物资外，还向其他村民借了猪肉109斤，酒水72斤，黄小米酒48.2斤，还有他人还回的猪肉10斤，干木薯20斤。① 虽然20世纪五六十年代平桂瑶族结婚的长桌宴食物没有现今那样丰富，但从1956年到1965年，我国社会主义经济建设遭受过严重的挫折，人们的生活水平并不高，在地处山区的瑶族村民结婚能够有这样的规模，可以说这次婚礼仪式非常隆重。

当然，有些瑶族青年在结婚时，由于经济问题不能举行隆重的长桌宴，于是就请村里几个德高望重的长辈到家里吃一餐，以见证他们结婚。但是按当地瑶族的习俗，无论婚后生活多么艰难，他们在有生之年必须补上长桌宴，才能得到瑶族社会的认可。因而，平桂不少瑶族男女就先成立家庭，经过多年的经济积累，有一定财力后再举办婚礼摆长桌宴。于是，平桂瑶族形成了先结婚后行礼的独特习俗，这种婚俗文化在当地也称为"婚后拜"。由于多种原因，有些家庭积累了一定财力之后，便出现了父子二代，甚至祖孙三代同时举行"婚后拜"仪式的"二代喜"或"三代喜"场面。

新中国成立之后，为了减轻瑶族村民婚姻费用的负担，平桂各山冲瑶寨头人于1952年在乡干部的召集下，讨论了婚姻制度的改革和新婚姻法的实行。特别是婚礼仪式的改革，由传统三天三夜的长桌宴变为一天，彩礼减少了一半，减轻了瑶族村民婚姻费用。但在实施的过程中，有些村民认为以前到别人家吃过三天三夜喜酒，现在自己请别人吃一天，就不能回报他人。于是，村民实行一段时间后，随着经济生活水平的不断提高，三天三夜或三天两夜的长桌宴习俗仍然保留在平桂瑶族社会。例如2015年12月17—19日，沙田镇金竹村土瑶村民盘TQ和凤LM举办"婚后拜"仪式，虽然彩礼只是象征性的290元，但三天两夜的长桌宴开支至少三万元。

在人类社会生活中，每一个民族都有一个特定的自然生存环境，并以相应的文化向自然环境获取生存物质而保持自身的延续和发展。由于

---

① 该资料于2012年4月22日笔者搜集于贺州市平桂区鹅塘镇明梅村邓TB家。

人类生存环境千差万别，造成不同民族所建构的文化呈现了地域性的特征。这种特征除了受自然环境的影响外，还与该民族的经济发展水平和历史文化传统相关。通过上文的梳理，平桂瑶族人民在长期的社会变迁中形成的婚俗文化特点，无不与平桂瑶族定居在山高坡陡、沟壑纵横的大桂山深处之后很少与其他民族交往，长期以种植杂粮糊口的刀耕火种生计有着密切的联系。可以说，这是平桂瑶族为适应生存环境而做出的文化适应，真实地反映了平桂瑶族人们传统的生计方式、经济发展水平、族群认同及其历史文化传统。随着社会的发展，平桂瑶族经济生活水平得到很大的提高。大量村民走出大山到外地工作，他们的婚姻圈也逐渐地扩大，跨民族跨区域的婚姻已成为新的趋势，但并没有改变平桂瑶族社会历史文化传统中女儿也是传后人的男女平等婚姻家庭观念。这对我们弘扬中华优秀传统文化、构建和谐社会有着积极的现实意义。

第二节　广西东部的分家文化

家庭是社会生活中最基本的细胞单位。俗话说："树大分枝，儿大分家"，分家是我国自秦代以来就形成的一种民间传统习俗，至今仍然保留在我国农村社会。[①] 中国家的内在运行机制是分家。分家是家庭再生产的基本方式，它通过重新分配原有家庭产权而使这一再生产得以实现。[②] 自20世纪初以来，我国大量的民间契约文书被发掘，特别是近三十年来，随着徽州文书、浙江文书、福建文书、清水江文书等民间文献的现世，研究契约文书成为学界的热点并取得了丰硕的成果。在分家文化研究方面，一是通过对分家文书的解读，研究当地的分家制度和分家原则；二是研究分家文书这一文本资料本身的写作程式；三是通过对分家文书的分析，研究当地的民事习惯和代际关系变化；四是通过分家文书研究中国古代的继承法。例如吴才茂清水江流域民间分家文书，探讨了

[①] 俞江：《继承领域内冲突格局的形成——近代中国的分家习惯与继承法移植》，《中国社会科学》2005年第5期。

[②] 麻国庆：《家与中国社会结构》，文物出版社1999年版，第37页。

天柱县苗族侗族家庭财产划分制度[①]；张研通过对清代徽州分家文书的考察，对徽州分家文书的程式进行了分析[②]；郭兆斌通过对清代至民国时期分家文书的解读，探讨了山西地区分家时财产分割的民事习惯问题[③]；倪静雯通过对清末山东广饶杜氏家族分家文书的梳理，对家庭运行机制的分家习俗进行了研究[④]。

本课题组成员在广西东部地区村落也发现了大量的分家文书，为我们探讨清代以来当地民间社会的分家文化提供了宝贵的第一手资料。本节选取了广西东部100份家庭分家文书，从时间上来分，最早的一份为康熙五十八年（1719），最晚的一份为民国三十五年（1946），其中乾隆年间2份，嘉庆年间3份，道光年间12份，咸丰年间6份，同治年间6份，光绪年间27份，宣统年间2份，民国时期41份。这些分家文书主要来源于八步区、昭平县、平桂区、钟山县、富川瑶族自治县、灌阳县等地的村落。

一 分家文书程式

在我国传统社会中，家庭分家文书主要包括三个部分，第一部分为序言，一般是先叙述先辈创业的艰辛和守住产业的不易，然后说明分家析业的原因，以及分家的方式，分家的见证人和祝福语、吉祥语等内容。第二部分为财产的分配内容，主要是农田、旱地、山林、池塘、房产等具体内容的分割，一般由"计开"等开头，然后列出分家财产、未分财产和父母养老财产的数量、地址等信息。第三部分为落款，主要是中人、见证人、代笔的名字和日期。广西东部地区的分家文书，有"分关书""分关合同""分关合约""均分合同""分单合同""遗嘱合同""仁义合同"等多种形式，其程式与我国传统社会的分家文书没有什么较大的区别。为了更明确地分析广西东部地区的分家文书的程式，现引用《同治甲子年（1864）三月二十九日人盘鼎忠立分关合同》作为个案

---

① 吴才茂：《清代以来苗族侗族家庭财产划分制度初探——以天柱民间分家文书为中心考察》，《凯里学院学报》2013年第2期。
② 张研：《对清代徽州分家文书书写程式的考察与分析》，《清史研究》2002年第4期。
③ 郭兆斌：《清代民国时期山西地区民事习惯试析——以分家文书为中心》，《山西档案》2016年第4期。
④ 倪静雯：《清末山东广饶杜氏家族分家文书探析》，《中国农史》2013年第4期。

分析（《贺博整理本》第01162号）。

　　立分关合同人盘鼎忠，所生三子，长男不幸，所生一子盘汉岐，叔父盘锦球、锦现，现父年老，理家维艰，将祖父遗产业及自置田地塘房屋园等物分开，付与三子掌管。经请母舅亲族在堂，公分拾阄，请领为定，各业无得反悔异议。今若有凭，立分关合同乙样三张，各执乙张永远存照。

　　具开土名：

　　莲塘洞尾田乙丘，又土名塘凼田乙丘。冷水井属南下即鹏塘四方田乙丘，又枧头田乙丘，又下木园属北乙节，土名下长田乙丘。大田嘴田乙丘，又上洞湾母乙丘，地土名狮州埠属东乙边。又土名断塘堪属北乙节，又白牛井中央乙条，又土名檾母塘属东乙节，又土名檾母塘属西乙节，乂炉栎湾地一块，又田仔面地乙块，又土名檾母塘岗茶油桐属南乙节，又土名栎湾岭茶树乙节，木龙洞面前岗仔脑地乙节。又前面大田秧田属西乙节。

　　计开房屋横楼二间　　汉岐
　　计开房屋下乙间，又横楼下节　　锦球
　　计开房屋上节门楼枕止　　锦现

代笔人：盘宪纯　押
在场人：母舅蒋宗善　押，姐夫任胜缘　押，
叔父盘鼎梅　押，盘鼎鼐　押
同治甲子年三月二十九日立分关合同人父盘鼎忠　押
次男盘锦球存照掌管

　　在这份分关文书的序言中，可以看到此份分关文书是由作为父亲的盘鼎忠所立，分关的原因是盘鼎忠已经年老，"理家维艰"，于是"将祖父遗产业及自置田地塘房屋园等物分开，付与三子掌管"。分关的方式为请母舅和亲族等作为在场的见证人，并把所有的财产分为10阄，以拈阄的方式把财产公平地分割。同时，在序言尾对三子提出了要求"请领为定，各业无得反悔异议"，并没有书写吉祥语和祝福语。从序言中

"经请母舅亲族在堂,公分拾阄"的表述来看,如果盘鼎忠把财产均分给三个儿子,则三个儿子每人分得3阄,还留下1阄作为自己的养老资产。在其他一些分关文书中,父母的养老田等不动产都会记载在序言中,如《光绪十六年(1890)中秋望九日黄相龙分单合同》中就明确记载"屋三角田,父亲养老"。

在财产分割的内容中,把分割的农田、木园、旱地、池塘、油茶地和油桐地等不动产的数量和地址等概况都一一列出。同时,盘鼎忠把分割给三个儿子的房屋也一一列出在文书中。从分割的田地、池塘和林地情况看,没有具体到哪个儿子所有,但从后批"次男盘锦球存照掌管"的文字中,可以推测此份田地、池塘和林地为盘锦球所分割的不动产。其他两个儿子所分割到的田地、池塘和林地等不动产可能在另外的分关文书中,这些文书只是没有发掘到而已。在广西东部地区的分关文书中,虽然是多个兄弟之间的财产分家,分关文书也注明"一样△纸,各执一纸""一样△张,各执一张""分单合同△纸,各执一纸"等文字,但每张实际的财产分割内容是不同的,如民国二十一年(1932)三月二十九日,陈光佐给两个儿子分家的分关文书中,分割的田地都为大儿子陈伦昌所有,但注明了"立合同两纸,各执乙纸"。有些分关文书把所分割的财产内容书写在不同的文书中,让分得此份财产的后人收执,如民国三十年(1941)十一月二十一日,邓志求在给自己两个儿子邓积恩和邓积隆分家时,两个儿子分割的不动产就各书写了一张,让他们各自收存自己的一张合同。但在发掘的分关文书中,也有不少多个儿子分割的财产都书写在一张文书中,如民国三十四年(1945)十二月二十四日,任唐氏在三个儿子分家时,每个儿子分割的不动产就全部书写在一份分关合约中,并注明"分关合约一式三张,各执一张为据"(《贺博整理本》第02017、02024号)。

在第三部分的落款环节中,有代笔人盘宪纯,叔父盘鼎梅和盘鼎鼐,母舅蒋宗善和姐夫任胜缘等在场人参与了分家。分关文书中的落款反映了家庭以及所在村落的社会关系。在整理的广西东部分家文书中均有落款,文书落款主要书写有"在场人""在场""代笔人"等,然后再书写人名,一般人名前会加与分关人家庭的亲邻关系。例如上引文书中的"代笔人盘宪纯","在场人母舅蒋宗善、姐夫任胜缘、叔父盘鼎梅、盘鼎鼐"。在传统的分家活动中,一般都会有自家最有血缘关系的舅家、姑家、姐家等亲戚参与见证,同时也少不了族内尊长和亲房人的参与,有的村落还有地方人士和村邻人的参与。例如同治甲戌年(1874)十二月二十二日,富川县新华乡平地瑶村民任相承在给两个儿子任世因、任世贤两人分家时,就有"亲房人任相福""村邻人任绍礼""地方人黄士文、黄子求"参与了见证分家的过程。有些分家活动参与见证的在场人较多,如道光壬寅年(1842)唐魁禄三兄弟在析分房屋产业时,就有"亲房在场人唐魁祜、唐魁祐、唐魁祓、唐魁祯、唐履祯","姻亲盘赐魁、盘进祥、盘联聪""替笔唐魁祺"共10人参与了分关合同。这些参与了见证分家活动的人会在分家文书中签字画押,一般会书写自己姓名的在场人会书写自己的姓名,不会书写的则在书写人写好自己姓名后画"十"字,或者画圆圈等各种符号。这也体现了当地亲族对家庭分家活动的重视。此外,在有多份分家文书中都会书写骑缝字,如"合同""合同字据""仁义合同""天理良心合同""合同公正""均分合约""分单字""富贵""合同三纸,房房发达"等各种文字。

二 分家的原因

在我国传统社会里,受儒家伦理家庭本位思想的影响,"世代簪缨"或"四世同堂"的大家庭被认为是典范或理想状态。① 因而,在我国出现了不少"三世同堂""四世同堂"的大家庭,然而随着人口的增多,大家庭出现各种问题而导致分家。例如清水江流域锦屏县文斗村上寨的"三大房"是一个历经70多年不分家的大家庭,在光绪十二年(1886)各兄弟分居各爨时,人口达102人,由于人口众多带来了各种矛盾而分家。② 郑振满在研究闽北的分家文书时,认为闽北地主家庭在分家时都有维持大家庭的强烈愿望,由于家庭规模的扩大,家庭成员之间的血缘

---

① 周飞舟、余朋翰:《家中有家:"分家"的理论探源》,《中央民族大学学报》(哲学社会科学版)2022年第5期。
② 吴声军:《山林经营与村落社会变迁——以清水江下游文斗苗寨的考察为中心》,博士学位论文,中山大学,2016年,第224页。

联系逐渐疏远，各种矛盾不断深化，分家便成为不可避免的趋势。①

在广西东部地区的乡村社会，家庭分家是一件极为常见的事，一般而言，仅有一位独子的家庭极少会分家，而有多子的家庭到一定的时候都会分家。兄弟分家主要是通过对田地、山林、房屋等不动产的产权分割，从原有的家庭中分离出来，另立门户，形成了一个个新的独立家庭，从而实现了乡村社会家庭的再生产。从分家文书的内容看，分家的原因一般书写在分家主持人后面，广西东部地区民间分家的原因多种多样，主要有以下几种：

（一）父母年老，难理家业

在我国传统社会中，如果父母身体健康时，一般不会随便分家析产，如果父母年龄较大，特别是当家人年老体衰时，往往没有精力打理家务，于是分家析产就成为必然的事情。例如《光绪三十二年（1906）三月十四日唐忠羲分关合同》：

> 立写分关合同家主父唐忠羲，母李氏，所生四子顾养成人，特思年迈，难以操持管理，将祖遗房屋田地及手置产业四分均分，依阄为定。自分之后，毋得争长竞短，勿听鸡示厄而起兄弟逆墙之福矣。今立合当在场，一样四张，各执一纸，为无返（反）悔，永远为据。
>
> 计开友善管业：
>
> 土名芦荻井地大小五丘，又加路连小地乙丘，如买主转赎，领钱乙千文。岭顶茶木乙林，又箭猪窝茶木乙林，成洲窝竹根一所，又屋尾塘畲地一角。新屋上厅乙间。又洲尾桥田二丘。牛栏右边下节上洞木榔连田二丘，长田枧田乙丘，木窝田乙丘。
>
> 批明：下厅屋乙间补造，四兄弟作为共益，车路底余杉木贰拾根。
>
> 　　　　　　　　　　　在场：唐友才、唐圣照笔
> 光绪三拾二年丙午岁三月十四日分关家主父唐忠羲押

---

① 郑振满：《清至民国闽北六件"分关"的分析——关于地主的家族与经济关系》，《中国社会经济史研究》1984年第3期。

这份分关合同中的分家原因非常明确，唐忠羲和妻子李氏"特思年迈，难以操持管理"家业，于是"将祖遗房屋田地及手置产业四分均分，依阄为定"。分家合同中的农田、茶油林、竹林、畬地、房屋等不动产都一一开列在分关合同中。作为分家后公共修补的房屋，合同中以后批的形式加以说明。又如，《民国二十四年（1935）三月二十四日罗神保立分单合同》，"立写分单合同人罗神保，因为父母年老有疾，难以掌管家务。今同亲族人等将房屋田塘地业……均分。言定父母周旋养老。自分之后，此田地等业任由耕种，不许出卖"。这份分家合同中，主持分家的是作为儿子的罗神保，原因也非常明确，是"父母年老有疾，难以掌管家务"，因而在分关合同中，兄弟几人轮流照顾父母的生活起居。再如，民国二十五年（1936）十一月初十二日，盘锦文因"渐近衰老，不能管理家事"，于是立下遗嘱，将两个儿子"分居各爨"，所有不动产"对股均分"。

（二）诸子长大结婚成家

对父母而言，子女结婚成家是他们心中的大事，如果所有子女都已经成婚成家，分家析产也就走上了日程。例如《同治庚午年（1870）三月初八日黎呈学立分关合同》，"立写分关合同人黎程学，亲生二子完娶成齐，缘树大以枝分，邀请亲眷等在场兼论，并将祖遗田亩、茶林、家物等项兼开肥瘦同均。今当祖堂焚香捡阄为定，各等照依合同管业。日后不得设计多端，如有此情凭公理论"（《贺博整理本》第01944号）。又如，《光绪十年（1884）二月二十二日邓光乐、邓光进兄弟等立分关字》，"议立合同分关字据人邓光乐、光进兄弟等，情因先父邓国朝，母任氏，继父盘肇祥，顾养长大完娶。树大开枝，各爨荣居。兼同亲叔内眷眼同踏明田地、山林产业，大小高低均分两半，拈阄为定，各管各业，日后不得谋占反悔"。

（三）人口众多，家务繁杂

在一个核心家庭中，儿子成婚生子后，就造成家庭人口增多，这样增加了家庭经济开支和人际关系的复杂性，导致家务事繁重复杂，当家人难以处理，于是分家成为必然的事。例如《宣统二年（1910）葭月宝龙、蒋氏立授分书》，"立分授文书人父宝龙、母蒋氏，今因年迈力衰，所云人众，家务杂繁，难以管办。所生五男两女，维有四五子幼年出继沈宅为继子。其有三男两女俱已长成婚配，男婚女嫁，事务完备，请同亲族裔商酌，将自己分授祖遗续置房屋田产家伙什物等项尽行品搭，三股均分，拈阄为定，书载分明"。又如，《光绪二十年（1894）十二月初二日马接弟、马开之分关书》，"立写分关兄弟人马接弟、马开之、马开枝。九代分居，遗风可喜，仍树大开枝亦契所态。吾兄弟三人幸蒙父母长生，各居成立，当家道颇昌，事务宜冗繁，人各有志，不能协力同心。兄弟合议，情愿将祖父置下田居山地六畜谷米银钱衣服等杂项，见一同均分。请家场村坊亲戚言定，居分以后，各照分单听命守己，不得以反争长争短"。再如，《光绪二十七年（1901）九月二十九日刘长弟等立分单》，"立分单人刘长弟、刘长恩同嫂邱氏，率侄俊明、俊德，因人多口重，难以同爨，烦亲族人等情愿将先人遗留家业三股均分。各无反悔。恐（空）口无凭，立分单存照"。

（四）父母或兄弟去世

父母作为家中长辈，他们去世后，就成为分家的一个重要原因。另外在一个大家庭中，如果有兄弟去世也是分家的一个原因。例如《民国三十四年（1945）十二月二十四日任唐氏立分关合约字》，"立写兄弟分关合约字人任唐氏，今因夫主绍盛亡故，所生三子长子崇茂、次子崇达、三子崇恒均各长大成人，氏年老不能继续主持家政，自应将全部产业分作三股继承，免后模糊兹（滋）事。今当绍才、崇留等场，将各项产业兼平载列合约，日后各管各业，不得争论"（《贺博整理本》第02017号）。又如，《道光十八年（1838）十一月十六日伍学祖、徐氏分单合同》，"立写合同字人伍学祖成室徐氏，情先所生二子，长子已故，只存次子有室，长子之男其亮至今父子公孙宛商，央请宗族又及亲邻人等，到场即将手置之业田塘地荒山木园并房产牛栏苍架家物等项均分，免后争论"。再如，《民国三十四年（1945）二月二十四日唐先盛、唐先彩等分产业合同字》，"立分产业合同字人唐先盛、唐先彩、唐先深、唐先成等，怀因父去世，所遗村面前屋基园地乙块，村前面塘乙口，又杉木园熟地乙块，又屋后龙山脚黄屋地乙座。今请亲族在场均分，凭签抽定"。可见，父母或者兄弟去世之后，分家也是常见的现象。

（五）兄弟妯娌不和

家庭和睦是中华民族的传统美德，也是社会稳定的基础，如果家庭中兄弟妯娌不和，必定会引起分家。例如《光绪乙未年（1895）二月吉日文洛、文泮分关字》，"立分约字人文洛、文泮，为因兄嫂弟妇不和，朝夕吵闹，兄弟商议，自愿二人分烟，至于房屋田产茅屋厕所牛栏菜土物件具系二子平分，所欠人上之债项二人平分，各自任完，毋得另生枝节，各掌各业，不得异说等情。恐口无凭，立分约为据"。又如，《民国三十一年（1942）七月十七日》，"立写分单契人陈伦政兄弟三人，不能合群，今将祖遗田业，土名老屋田大田东边壹截，小田东边半边，又土名寺上田东边壹截，……特立分约乙纸付与陈志光收执为据"（《贺博整理本》第07576号）。再如，《中华国民六年正月十九日邓广科等分关契》，"立分关兄弟侄邓广科等，今因分火，势难合室，无奈总理兄弟及侄相商，已经议妥，请亲族将祖父遗屋田业品搭均分，拈阄为定"（《贺博整理本》第01467号）。

三　分家的方式

在广西东部地区的民间分家中，一般包括财产的析分和继承两个方面，因而一个大家庭分为了多个小家庭。为了公平公正，大家庭在分家时都会以族老、亲房、邻居、亲戚等人作为第三方参与人进行见证。一般而言，受我国宗法礼治思想的影响，大家庭中的当家人在身体健康时，很少会出现分家的现象，但随着当家人的年龄增大和身体原因、人口的增多，以及各种复杂的原因，分家成为必然，这也是家庭不断壮大的结果。在分家析产时，如果父母健在，一般是父母主持分家，并会留下养老田，如民国十三年（1924）七月十七日，廖国琮因"人多，难以顾管"，于是父子兄弟商议，将田地等产业均分给三个儿子。如果父母不在世时，则由兄弟或者亲房的伯叔来主持分家析产，如光绪辛巳年（1881）三月十二日，唐应荣、唐应华兄弟二人在亲房族老的见证下，将祖遗基业田园屋地等不动产均分（《贺博整理本》第05753号）。又如，《光绪二十五年（1899）二月莫易恒立分关字》，"立分写分关字人莫易恒，情因胞兄先年去世，弃下二子，长舍宾，次舍浦。兄故时，宾浦兄弟均属年幼，尚未成人，一切家之事，余代理。迄今转瞬之间，几经数载，兹观宾浦兄弟已成家，略知世务，尔家之事，余难料理，于是余遂邀集族戚人等将尔兄弟二人各自分爨，并将尔父遗下田业税亩等项贰股均分"。在这份分关书中，主持分关的人为分关兄弟的亲叔莫易恒。

在广西东部地区民间分家析产时，有一次性分家析产和多次性分家析产。一次性分家析产，是指兄弟在分家析产时一次性把所有财产全部分到每个小家庭，并写下分家文书。例如《嘉庆十年（1805）正月二十八日任天会立分单合同》，"立分单合同人任天会，有父任启德所生二子，各以婚配，成人长大各爨。兄弟商议兼同房族六亲同胞兄弟来家，当凭尊长，愿将先父田、屋宇、牛栏、猪稠、鸡栖屋地肥瘦高低大小财货等，二兄二分"（《贺博整理本》第01979号）。在这份分单合同中，任天庆和任天会两兄弟在父亲去世后，在房亲的见证下，将家中所有财产一次性平分，并各执一张分单合同。但在很多情况下的分家析产并非一次性，而要经过多次析产，才能把大家庭中父辈留下的财产析分。多次析分家产的情况主要有两个方面的原因：

第一个方面，父母在世时的分家析产中，一般会先给父母留下养老的养赡田地等产业，然后兄弟才把其他的财产均分。一旦父母年迈失去劳动力，生活不能自理，或者父母去世时，兄弟会对父母的养赡田进行再次析分。例如下引的一份均分合同：

议立均分合同人长兄唐杏荣、次弟杏福、三弟杏隆、四弟杏琓等，尚有父下未分之业，今因兄弟口角参商，不便共同管理，请凭团甲唐仁现，钟廷献、唐朝盛等在场拈阄为定，四股均分，颁仁义礼智号。杏智分得面前大田里田壹丘，秧壹崩。自分之后，各照单管业，日后不悖纸异言。恐口无凭，所立合同一样四纸，各执一张为据。

计批：此业虽开分，仍旧作为蒸尝，逐年挂扫祖考祖妣先父先母伍名，不准私卖。此批

民国十五年二月二十六日立

这份均分合同为一份第二次不动产析分合同。唐杏荣、唐杏福、唐杏隆、唐杏𨑨四兄弟，在团甲唐仁现、钟廷献、唐朝盛等人的见证下，将其父亲遗留下来的不动产四股均分。从后批"此业虽开分，仍旧作为蒸尝，逐年挂扫祖考祖妣先父先母伍名，不准私卖"的表述可以看到，唐杏荣、唐杏福、唐杏隆、唐杏𨑨四兄弟均分的不动产应该为他们分家时留给父母的养赡田。在广西东部地区的民间社会，父母的养赡田在父母去世后一般都会作为蒸尝产业，即使是析分给儿子，日后也不能出卖。在有些分关文书中，养赡田最终的析分情况则明确地注明为蒸尝产业，如民国二十六年（1937）六月二十一日，沈文福、沈文富兄弟俩在分家析产时，就在父母的养老分管合同中明确标注了"地五块皆归父母二人年年耕种收获，百年归寿后，以作挂祭墓地，弟兄不得异言等情"。又如，《中华民国三十四年（1945）十二月二十四日任唐氏立写兄弟分关合同字》中的"父母二老蒸尝田，土名山仔脚田乙丘，逐年永远子孙挂扫"。

第二个方面，大家庭在分家时只把一部分不动产析分给小家庭，但还保留了一部分公共财产，因而造成多次析分现象。例如《道光五年（1825）十二月二十日公惠子孙立分管字》，"立字照后分管人公惠子孙，原因分家有新屋地基、碓场、牛栏，并老屋及小屋、碓场、牛栏，因未分，以致争论。今请家族说明，居新屋者，老屋一并无分；居老屋者，新屋一并无分，各处不得异言。今欲有凭，立此各执分管一半为据"。这份财产分管字就是公惠子孙因分家时没有对家庭不动产进行彻底分清，引发争论后而进行的二次析分。又如，同治十三年（1874）十二月二十二日，任承相在分家时，将田地均分给两个儿子，但房屋、"青龙下节"地和"白虎上乙节"地没有均分。过了25年之后，即光绪二十五年（1899）九月初十日，这些没有均分的不动产才被兄弟俩析分（《贺博整理本》第01963号）。至此，经过两次析分之后，任承相的家产才完全被分完。再如，光绪三十三年（1907）六月十四日，徐永华和徐永荣兄弟俩"人大分居各爨已久，尚有余业耕管不明，是以邀集族老邻长，阔狭肥饶兼搭，二股分均匀，捡阄为定"，把分家时余下未分的田地产业析分（《贺博整理本》第05907号）。

四 分家的原则

(一) 诸子均分

"诸子均分"就是在分家时，家庭中所有财产平均分配给各个儿子，也是我国民间传统分家析产时遵循的一项原则。不管是在王朝法律中，还是在传统民间社会的实践中，一般都遵循诸子均分的分家析产规则。在王朝法律方面，如明代的《大明律》规定："其分析家财田产，不问妻、妾、婢生，止依子数均分。"① 清代的《大清律例》则规定："嫡庶子男，除有官荫袭，先尽嫡长子孙，其家财田产，不问妻、妾、婢生，止以子数均分。"② 为了防止分家析产时出现不均的现象，维护社会的稳定，清代法律对分家析产不均者还有严厉的处罚措施："凡同居卑幼不由尊长，私擅用本家财物者，十两笞二十，每十两加一等，罪止杖一百。若同居尊长，应分家财不均平者，罪亦如之。"③ 在民间社会实践方面，从发现的分家文书看，自明清以来，在广西东部地区的乡村社会中，传统的分家析产也是遵循诸子均分原则，即把家庭财产按儿子的数量均分，每个儿子在分家后都分配到属于自己的一份财产。例如《光绪二十四年（1898）三月二十日徐德信分单》，"立写合同分单人徐德信所生二子，次男永华意欲同居之义，难比张公之福，兄弟商议，爰邀族戚在场，自将祖遗之业田塘、屋宅、木林、畲地、什物等项，二股均分"（《贺博整理本》第05901号）。又如，《光绪丁丑年（1877）四月初四日黄继玹立均分合同》，"立写均分合同人黄继玹父为所生二子，长男黄绍神，次男黄绍袗，孙黄仁祥叔侄二均分，自请房叔翁堂胞兄等，议立田地段肥瘦均分"（《贺博整理本》第01958号）。这些分家文书中的"二股均分""均分合同"等表述无不体现了广西东部地区传统分家析产中的诸子均分原则。

(二) 拈阄为定

为了体现分家析产中诸子均分的原则，一般是把家庭所有的田地山

---

① 怀效锋点校：《大明律》，法律出版社1999年版，第241页。
② 《钦定四库全书·史部·大清律例》卷八《卑幼擅用财》第30页b。
③ 《钦定四库全书·史部·大清律例》卷八《卑幼擅用财》第30页b。

林等财产一一罗列出来，然后根据财产的实际情况，如田地山林等水源灌溉的难易，土壤的肥瘦、路途的远近，房屋的新旧、朝向、采光等情况，按照儿子的人数品搭均匀。然后，在亲邻的见证下做成阄儿，再拈阄为定。一般情况下，分家主持人会根据儿子的数量，把阄冠以"富贵荣华""天地人""天地"等名号。例如《光绪三十二年（1906）正月二十九日唐克念等分关合同》，"议立分关合同人克念、克镜、克一、克高，有父母唐有登、妻唐求秀所生四子，治家勤俭，是家颇饶裕。兹因人众事烦，难以管理，是以兄弟同约，议邀请堂兄姻亲人唐秀开、唐化进、唐克光、唐思进等，今将祖遗父置田业、宅舍、房屋、园地、木园之业等，肥瘠搭品，均分四份，立明界址，设阄富贵荣华四号，兄弟四人各由天命，拈阄为定"（《贺博整理本》第01502号）。在这份分家文书中，分家析产的人为唐克念四兄弟，家中的财产被均分为"富贵荣华"四阄。又如，民国二十二年（1933）十一月二十八日，萧袁氏因"三子萧春瑞、萧春光、萧春风俱长成人，难以支持，竟欲分居，是以请凭族戚所存老业品搭均匀"，并分为"天地人"三个字号，让三子"拈阄为定，各宜照关执管"。再如，光绪三年（1877）四月初四日，黄继珫在给他两个儿子黄绍神和黄绍裣分家析产时，就把财产均分为"天地"两阄（《贺博整理本》第01958号）。分家主持人把财产均分之后，然后在众人的见证下，让分家的儿子"各由天命"，拈阄儿决定领取哪份财产。这种拈阄为定的分家原则避免了父母的偏心，体现了分家的公平公正原则。

（三）母舅参与

"天上雷公，地下舅公"是乡村社会常说的俗语，体现了费老所说的母舅制度。女子出嫁后所生的子女与其舅父在血缘上有着重要的联系，因而舅父在外甥家族中有着一定的权力，兄弟姐妹之间发生财产等各种纠纷时，舅父在解决纠纷时往往会比较公正公平地处理，特别是在分家析产时，正如费老说的"当儿子分家时，主持公道的又是母舅"[①]。在广西东部地区乡村社会的分家过程中，也常常会有母舅参与，如《咸

[①] 费孝通：《乡土中国·生育制度》，上海世纪出版集团2007年版，第511页。

丰二年（1852）二月初六日廖发赐分单合同》中的"母舅杨祖方"（《贺博整理本》第05725号）；《光绪二十九年（1903）二月二十一日母杨氏立分单合同》中的"母旧（舅）杨余三"；《民国二年（1913）二月二十二日唐洪亮立分单合同》中的"在场舅唐仁赐"；《民国三十三年（1944）唐求章分关合同》中的"在场舅胡光印、胡光祥、胡光佑"。

（四）养老田与娶妻田

"百善孝为先"，孝顺是中华民族的传统美德。受儒家思想和程朱理学思想的影响，明清以来广西东部地区的孝文化得到了发扬，当地人们崇尚孝道。因而，广西东部地区的大家庭在分家时，一般都会给健在的父母留下一份养老田，保证父母日后的养老之需，维护他们在分家之后正常的日常生活。在父母去世之后，养老田就成为家庭的公共资产，一般用于丧葬和祭祀的产业，不会被出卖和析分。例如《光绪十六年（1890）中秋望九日黄相龙分单合同》，"立写开居分单合同字人黄相龙，所生三子，长子黄开善，次黄开乾，三子黄开坤据纸，屋三角田，父亲养老。又滥坭田二丘，黄开善耕种，父亲终年均回父母道场殡葬"。从该合同中可以看到，黄相龙在给儿子分家时留下的养老田，给其大儿子耕种，但在他去世时养老田将作为"道场殡葬"的产业。又如民国二十五年（1936）六月十一日，沈兴祥、沈蔚祥、沈文祥三兄弟在分家时，给父母留下了六块田地作为养老，并作为父母去世后的挂扫资产。

在我国传统社会中，子女成婚往往是被父母当成一项重要的人生任务。由于受封建礼教思想的影响，传统的结婚是要经过纳采、问名、纳吉、纳征、请期、亲迎等一系列的程序，需要花费不少的金钱。在广西东部地区民间社会，大家庭分家时，除了给父母留下一份养老田外，未成家的儿子往往会得到一份用于结婚的田地不动产。例如《民国六年正月十九日邓广科立分关书》中的"讨亲田八崩"（《贺博整理本》第01467号）。又如，光绪三十二年（1906）四月十四日，陈秀恩在给儿子分家析产时，就"除出娶妻田，土名洞尾冲连圳口田乙丘、洞尾三各兜田乙丘，又长田兜乙丘，山兜秧田乙丘，石根小田乙丘"。娶妻田作为未婚儿子娶妻之费用的产业，是大家庭中的公共产业，当未婚之子结婚成家之后，娶妻田一般会再一次被诸子均分。例如民国二十四年（1935）七月二十日，富川县新华乡平地瑶村民任绍盛和妻唐氏在给儿子分家时，因还有幼子任崇凯尚未完婚，在留下他们的一份养老田外，再另外留存一份用于幼子娶妻用的三丘田和一块地，然后把其他田地等产业诸子均分。从分家文书的批注中可以看到，民国三十四年（1945）二月初八日，幼子任崇凯结婚，但在民国三十三年（1944）古历十一月二十七日，这份娶妻田由几个兄弟均分（《贺博整理本》第 01992 号）。娶妻田提前两个多月被析分，可能是任崇凯娶亲结婚的经费已经筹备完毕，为了方便兄弟进行耕种生产而提前均分。

第三节　广西东部的过继文化

过继，又称过房、过嗣等，是指为了延续男性继承人，没有儿子的家庭收养过继其他男子作为后嗣，达到延续香火，确保继承宗祧，家统不绝。随着我国大量档案文献的发现，不少学者对我国民间立嗣文化进行了研究，如郭松义利用清代档案文书及其他资料，对赘婚制家庭关系进行了较为全面的研究。① 林济利用近代留存的习俗调查资料，对近代长江中游立嗣与财产权习俗制度进行了探讨。② 王跃生通过对族谱、县志和刑科题本等档案资料的分析，对清代立嗣过继制度进行了深入的考察。③ 张新民通过对贵州清水江流域天柱县契约文书的分析，探讨了清至民国时期当地苗侗社会的立嗣文化。④ 张萍通过对明清时期招赘和过继的契约的整理，探讨了徽州民间社会的招赘与过继的方式以及社会影

---

① 郭松义：《从赘婿地位看入赘婚的家庭关系——以清代为例》，《清史研究》2002 年第 4 期。
② 林济：《近代长江中游家族财产习俗制度述论》，《中国社会经济史研究》2001 年第 1 期。
③ 王跃生：《清代立嗣过继制度考察——以法律、宗族规则和惯习为中心》，《清史研究》2016 年第 2 期。
④ 张新民：《晚清至民国时期乡村社会生活的出继立嗣文化现象——以清水江流域天柱文书为中心》，《贵州大学学报》（社会科学版）2015 年第 3 期。

响。① 这些研究主要涉及西南地区、长江流域地区和北方地区，而广西地区的研究成果非常少见。广西东部地区的契约文书等民间文献的发现，为探讨当地过继文化提供了丰富的民间资料。

一　广西东部过继文书概况

广西东部地区是一个多民族多族群居住的地区，受我国传统文化儒家思想的影响，当地人们有着传统的宗族观念。为了延绵子孙后代，当家庭中无儿子时，就会过继男性作为继承人去继承宗祧，延续家中香火。因而，在广西东部民间社会留下了不少过继文书。为了探讨广西东部地区过继文化的具体实态，本节选取了 40 份过继文书进行分析。其中清代有 12 份，民国时期有 26 份，新中国成立后有 2 份，时间最早的为清代嘉庆十年（1805）正月初七日陈书容承继书，最晚的一份为 1965 年 3 月 2 日何黎承继书。

从这些过继文书的契首内容看，广西东部地区的过继文书的书写形式多样，有"承抚字""遗嘱字""过房字""继书""祧约字""嗣书""继嗣书""抱养字"等多种表达形式。从主持过继人的身份来看，广西东部地区的过继文书主要有出继书和承继书，具体可分为四类：第一类为过继人的父母，如民国二十五年（1936）正月，陈育文夫妇立出继文书，将长子陈春生出继给陈有深夫妻为嗣。又如，民国十年（1921）阴历十月十八日，刘荣灿夫妇立下遗嘱字，将次子刘肋九过继给刘荣竹为子（《贺博整理本》第 05631 号）。第二类为承继人，如同治四年（1865）四月二十九日，赵张氏过继胞弟之子为继子，嘉庆十年（1805）正月初七日，陈书容夫妻过继陈盛修为继子。第三类为承继人的族人，此类较为特殊，因承继人在世时没有过继立嗣，房族人在他去世后为其立嗣。例如光绪十八年（1892）八月十九日，李富生因早年去世，没有立嗣，同族中李富阳、李富振等族兄弟议定，将李富德之三子过继给李富生为子，为其在"坟前守穴"。又如，民国三十八年（1949）七月初七日，康甫、惠生兄弟早年身故，其族中刘仁山、刘寿田、刘溪庭、刘

---

① 张萍：《明清徽州文书中所见的招赘与过继》，《安徽史学》2005 年第 6 期。

育才等众人商议,将刘觊节之五子过继给他们为继子(《贺博整理本》第13585号)。第四类为承继人的父母,如光绪十二年(1886)年二月十六日,陈其三与妻刘氏生育有两个儿子,因大儿子无子,于是商议将次子之三子过继与其大儿子为嗣。

从过继的原因看,承继文书中的承继人主要是无子可继,如《民国二十七年(1938)阴历四月二十二日王正享立继嗣书》中的"王正享情因自身年迈,无子承嗣"。又如,《民国三十年(1941)十一月十一日王禹江夫妻立招抚字》中的"立招抚字人王禹江、室人孙氏,今因乏嗣"。在出继人父母书写的文书中,除了因承继人无子之外,还有两种情况:第一种为出继人家中经济困难,难以养活儿子,于是将儿子出继于他人为继子。例如民国二十五年(1936)正月,陈育文夫妇的出继文书,就"情因家中生活困难,难以负担",于是将长子陈春生出继给陈有深夫妻为嗣。又如,民国三十五年(1946)二月二十七日,陶庆善"情因人口多繁,年岁不丰,衣食艰难,无路可靠",于是将第三子过继给他人为嗣子。第二种为出继人与家庭成员命理相克,因而父母把他过继给他人为继子。例如中华民国十八年(1929)阴历二月十六日,贺州平桂区土瑶村民赵宪荣夫妇的儿子赵花养,因"花男本命星告大刑克亲生父母,下克自身,命宜离宗别祖,出门过房,正得成人",于是赵宪荣夫妻将儿子赵花养过继给赵上愈夫妻为嗣子。又如,民国十九年(1930)十一月初九日,平桂区公会镇吴贵珍夫妻第二子吴国香,因"与父母刑克,理应过房",于是将其过继给"膝下无儿,难以宗桃"的胞兄吴上珍为嗣子。

在过继文书中,叙述完过继的原因之后,过继人与被过继人的权利与义务都会明确地书写在文书中,这也是过继文书重要的部分。一般而言,过继人会把家中的财产所有权转移给被过继人,被过继人年幼时则还有抚育成人并助继子结婚成家的责任与义务,而被过继人则要孝顺继父母,勤俭持家,不能忤逆继父母。继父母过世之后,继子有挂扫的责任。例如《嘉庆十年(1805)正月初七日陈宪昌过继合同》:

> 立承祀过继待后合同兄陈宪昌,系苍梧县车田甲想思村住民,

情因夫妻父母生我兄弟二人，奈父早过，家乏无能，年岁饥荒，愿将嫡弟名唤盛修出门承继，幸得为媒托送昭平马江里九排江口宗兄书络处，夫妻意愿接食为子，以嘱螟蛉。是即择明抚接回家，当场始定自幼接食回家长大婚配娶媳之后，务要任从继父教训提携。继男夫妻务要克勤克俭，勿二勿三，宜室宜家，莫懒莫怠，竭力种植耕锄，或商或贾，不辞劳苦，犹子比儿，斯为美矣！如有躲懒走闪，东游西荡，不务常业，破费家财，不遵教训者，任从继父挞劳严重责，继男不违不怨。如果尽心管理深耕爱弟敬兄，从老者孝，从幼者兹，养父膳母，服劳奉养，温清定省思孝兼尽继父，日后所有遗创之业家产债务与同，日后恐或亲生之子照股均分，而亲生降服，之父不得言争论夺，……永为承接继父长远烟祀炉墓，事生事亡，孝思维则不得忘恩背义。如有忘背者，或破费家产，懒惰膳老供终不週，欺心蒙骗，听人摆拨或外走，回家不愿承继父母之养等情，任从继父房族兄弟叔侄将此承祀字纸赴公理究，追回上年食用米饭银两，遵乎忤逆不孝之罪，按律甘罚无辞。倘有逐日耨耕柴薪之忧，或出外商途不意之涉，此由于命之造，不干人之化。铁笔如山，言出似箭。今恐无凭，写立承祀过继合同一纸付与继父日后收执，永远为据。

代笔：兄武昌
在场：兄广昌
媒人：陈洪拯
在场见立：邻人吴祚恩
嘉庆十年正月初七日　立人宪昌

在这份过继合同中，双方权利与义务非常清晰，承继人陈书络把被过继人陈盛修"自幼接食回家长大婚配娶媳"，并"教训提携"陈盛修。在财产分配方面，双方约定"所有遗创之业家产债务与同，日后恐或亲生之子照股均分，而亲生降服，之父不得言争论夺"。继子陈盛修有"务要克勤克俭，勿二勿三，宜室宜家，莫懒莫怠，竭力种植耕锄，或商或贾，不辞劳苦"的责任，"如有忘背者，或破费家产，懒惰膳老供终不遇，欺心蒙骗，听人摆拨或外走，回家不愿承继父母之养等情，任从继父房族兄弟叔侄将此承祀字纸赴公理究，追回上年食用米饭银两，遵乎忤逆不孝之罪，按律甘罚"。

在有些过继文书中，为了防止继子不履行承诺，承继人的财产不会给继子掌管，等过一定时间后再给继子管业。例如民国三十年（1941）十一月十一日，王禹江夫妻在招抚继子时就约定："今因乏嗣，请凭族戚承抚王桂和之次子继超为嗣，教读婚配所有屋宇田业暂归周氏管理，待生养寿终之后，概归继超管理，各房不得争端"。

虽然在过继文书中约定了嗣子要守好家业、孝敬父母等条款，但在实际的过程中，也会出现少数不遵守承诺的现象，因而出现纠纷。在实地田野调查的过程中，我们在贺州平桂区鹅塘镇山岛村就发现了一份光绪二十一年（1895）十二月十七日与继子不守家业相关的告示，现誊抄如下：

> 补用同知直隶州调署贺县事临桂县正堂加五级纪录五次汪为出示晓谕以杜私卖事，案据鹅塘山岛村民妇黄韦氏呈称，缘氏命生不辰，氏夫黄焕康已故，前接继子黄友宗已婚娶养育，望其接祀宗祧，讵奈不顾家务，将氏分伊之田变卖净尽。今复欲垂涎祀业，屡次甜言骗卖，前经粘抄粮田土名数丘，禀蒙存案，批令出字通知乡邻，各人不得私买，氏即遵照出字，惟有人尚议以为非者，犹恐复敢私受。比时，氏孤弱难以争衡，与其临渴掘井，孰若先事绸缪，叩恳出示俾众咸知。氏田永为生养死祭之需，勿可与友宗私相授受，万代沾恩等情。到县据此查，此案前据具呈，当经批示在案，兹据续呈前情。除批示外，合行出示晓谕，为此示仰该处绅民人等知悉。现在该氏所存粮田系为生养死葬之需，尔等不得与友宗私相授受。自示之后，黄友宗亦不得私自变卖，如敢故违，定即拘案，从严惩治。各宜遵照毋违，切切特示。
>
> 计开：
>
> 涅洞田，租谷一千二百斤；社儿田，租谷一千斤；石堆田，租谷一千二百斤；

大圳口田，租谷八百斤；独田，租谷四百斤；十二工田，租谷六百斤；

白芒田，租谷三百斤；八工田，租谷八百斤。

光绪二十一年十二月十七日
告示实帖山岛村晓谕

在这份告示中，可以看到鹅塘山岛村民黄焕康和其妻韦氏因无子，于是过继黄友宗为嗣子，但黄焕康去世之后，继子黄友宗"不顾家务，将氏分伊之田变卖净尽"后，又"今复欲垂涎祀业，屡次甜言骗卖"。其继母黄韦氏将此事告知县府，请示官府干预，于是县府出示这份告示，将黄韦氏的养老田公示在告示中："该氏所存粮田系为生养死葬之需，尔等不得与友宗私相授受。自示之后，黄友宗亦不得私自变卖，如敢故违，定即拘案，从严惩治"，达到警示继子不得骗卖和村民不得购买其生养死葬之业的目的，从而保证了黄韦氏生养死葬之需。

在广西东部地区的过继文书结尾部分中，所有参与见证过继仪式的人员都会签名画押，如民国三十八年（1949）七月初七日，康甫、惠生兄弟过继嗣子的文书中就有在场见证人14人（《贺博整理本》第13585号）。民国十八年（1929）阴历二月十六日，贺州平桂区土瑶村民赵宪荣夫妇在过继儿子赵花养给赵上愈夫妻为嗣子时，过继文书中就出现了16人的姓名，涉及双方房族等人，其中有族上同付儿子人赵宁杨1人，房族拨付山场同种人赵土旺等7人，众房族人赵德明等6人，在位邻老和气人赵永昌1人，代笔人赵世莲1人。在场见证人书写姓名之后会在后面画押，画押形式多样，没有统一规定，有十字、圆圈和其他不规则的图形等，也有"正心""称心""公心""有心""押"等文字画押。此外，文尾也常常书写有"世代荣昌""长发其祥""富贵合同""螽斯衍庆""承先启后""佑启后人"等多种形式的吉祥语和祝福语。

二 广西东部过继的类型

受传统过继立嗣文化的影响，自明清以来，广西东部地区的族群和宗族社会发达，当地人们特别看重宗祧传承，因而传统的宗法制度在这里得到很好的保留。从发现整理的立嗣过继文书看，广西东部地区民间社会以族内过继为主，但也有招赘等形式的族际过继立嗣形式。

（一）族内过继立嗣

受"不孝有三，无后为大"的思想影响，在我国古代传统社会中，无子或绝户的家庭为了能延续香火和承接宗祧，于是通过选择他人儿子作为继子，从而达到延续香火的目的，于是过继立嗣成为我国一种传统的社会习俗。为了保证宗族瓜瓞绵延，人们在过继立嗣时非常重视血缘关系，唐代的《唐律疏议》就规定了以血缘关系为主的"同宗"和以辈分关系为主的"昭穆相当"的立嗣继承原则。① 同时，唐代法律也规定不能随便收养异姓的男子作为嗣子，否则对收养和送养的父母都要处罚："养异姓男者，徒一年；与者，笞五十。其遗弃小儿年三岁以下，虽异姓，听收养，即从其姓。"② 宋代的立嗣制度与唐代基本一致。《元典章》规定："诸人无子，听养同宗昭穆相当者为子，如无，听养同姓……养异姓子者有罪。"③ 可见，元代也遵循了"昭穆相当"和禁止收养异姓的立嗣原则。明代的立嗣制度沿袭了前代，《大明律》规定："其乞养异姓义子，以乱宗族者，杖六十。若以子与异姓人为嗣者，罪同，其子归宗。其遗弃小儿，年三岁以下，虽异姓仍听收养，即从其姓。"④《大清律例》规定："无子者，许令同宗昭穆相当之侄承继，先尽同父周亲，次及大功、小功、缌麻。如具无，方许择立远房及同姓为嗣。"⑤ 清代徐珂的《清稗类钞》记载："昭穆最亲者为应继，继矣，而不当嗣父母之意，另择一较疏之人，亦使为后，曰爱继。"⑥ 可见，唐代到清代国家法律一直在提倡"昭穆相当"和禁止收养异姓的立嗣原则。

受传统宗法制度的影响，广西东部地区的过继立嗣主要是遵循"昭

---

① 《中华传世法典：唐律疏议》卷12《户婚》，刘俊文点校，法律出版社1999年版，第258页。
② 《中华传世法典：唐律疏议》卷12《户婚》，刘俊文点校，法律出版社1999年版，第258页。
③ 《元典章》典章17《户部卷三·承继·禁乞养异姓子》，元刻本，第13页。
④ 怀校锋点校：《大明律》卷4《户律一》，法律出版社1999年版，第47页。
⑤ 马建石、杨育棠主编：《大清律例通考校注》，中国政法大学出版社1992年版，第409页。
⑥ （清）徐珂编撰：《清稗类钞》，中华书局1986年版，第2191页。

第六章
契约文书与广西东部婚姻家庭

穆相当"和禁止收养异姓的立嗣原则。当地人们在无子过继中注重血缘关系和昭穆相当时,一般遵循的是按兄弟、堂兄弟、房族和亲戚的顺序过继立嗣。这种立嗣习俗在明清以来广西东部地区民间的族谱、家谱中也有相关记载,如在富川瑶族自治县的何氏宗族就有族内过继,不允许异姓人立嗣的族规。何姓宗族认为过继异姓人为继子会"紊乱宗族",因而他们把这一族规记载在《何氏家谱》中:"族中凡有乏嗣者,不许乞养异姓之子紊乱宗族。许本宗下求立,先须辨明尊卑,昭穆不失,然后方许告庙立嗣,仍于继子名下注某人第几子,求继及出子者与人为嗣者亦照上注,庶不述其所自。"①

何氏宗族这一族规,在日常的实践中是否能得到何氏族人的遵循,我们在何氏过继文书等民间文献和田野访谈中可找到证据。课题组在富川瑶族自治县朝东镇东水村调查时就发现了一份何姓过继文书,可以证明富川何氏宗族的族规,现将原文抄录如下:

> 立写遗嘱付书人何斯兴,原因自幼聘娶杨氏为妻,不意无出,夫妻商议,自愿抚子以承宗祠,于是即禀告族老房长等共议此事。固宜遵族谱之遗训,不得抚异姓之子紊乱宗枝,按次序亲疏而永接,方不失乎尊卑之礼义。今幸本房内何斯彰聘娶杨氏连生叁子何允殷,可如将此子过继之为子,以承烟祀,岂不美乎。自过继之后,视伯父伯母如亲父亲母,由已出无异,任从教训长大完娶,其田塘屋宇产业亦概付与管持,而何斯文、斯儒、斯敏、斯英,一切内外人等毋得异言争端起衅,倘有此事,执字理论。此系兄弟叔侄内外人等一切情愿,恐口说无凭,亦当族老房长共立遗嘱付书一张付与继子何允殷收执永为据。
>
> 在场人:族老何周普亲笔、何安弼、何启珠、何启仁等
> 同治肆年十一月二十四日立

在这份过继文书中,因何斯兴夫妇没有儿子,在族老户长等人的见证下,"遵族谱之遗训,不得抚异姓之子紊乱宗枝,按次序亲疏而永接"

---

① 富川:《何氏家谱》卷1《族规》,光绪十七年(1891)版。

本房内何斯彰的第三子何允殷为嗣子。可见，这份过继文书在签订的过程中，遵循了《何氏家谱》中"族中凡有乏嗣者，不许乞养异姓之子紊乱宗族。许本宗下求立，先须辨明尊卑，昭穆不失，然后方许告庙立嗣，仍于继子名下注某人第几子"的族规。

2019年7月5—6日，在富川瑶族自治县朝东镇豪山村和东山村调查时，课题组访问了当地何姓老人有关何姓无子家庭过继的情况。其中何JX老人在给课题组成员介绍富川何姓历史与文化时，就特别强调了何姓人过继立嗣的族规，还一边讲解，一边翻阅《何氏家谱》中过继的族规给课题组成员看，而且还说："富川瑶族自治县内其他的唐姓、陈姓、周姓等宗族可以过继异姓人为继子，我们何姓宗族老祖宗就立下规矩，无儿子的家庭只能在本姓氏内过继养子，不能过继外姓养子作为继子。我们何姓基本上都遵守这个规定，几百年以来都是这样的。"①

从整理的过继文书看，广西东部乡村社会的族内过继主要有应继、爱继、兼祧、寡妇立嗣等类型。

1. 应继与爱继

应继是指在过继立嗣中，主要是在本宗族中按照兄弟、堂兄弟和房族等血缘关系，由亲而疏、由近而远去确定过继者。例如光绪八年（1882）正月十六日的一份出抚字：

> 立出抚字遗嘱字人陈显鎮，原娶龚氏，所生二子，有胎兄显铭幼年无配，与各兄弟叔侄商议己为续娶，自思年迈，家寒而力不能，永不愿娶，是以凭经三党将胎弟次子远耀，生于辛巳年十一月十三日寅时，抚与二兄为嗣，以慰家母段氏之心。自抚之后，永无异言，即改称呼并遵服制，二兄视为亲生，以顶基业，以承宗祧，惟愿发福无疆。今欲有凭，立此遗嘱，永远为据。
>
> 凭三党：龚令甲、龚科甲、段常大、谢云美、方气清、方乾盈
> 陈显镕代笔
> 光绪壬午年正月十六日　显鎮立

---

① 该资料于2019年7月6日笔者对富川瑶族自治县朝东镇豪山村何JX的采访。

这份文书中，陈显铭因"幼年无配"，又"自思年迈，家寒而力不能，永不愿娶"，于是胞弟陈显鎮夫妻把次子陈远耀过继给胞兄陈显铭为嗣子，符合"昭穆相当"的过继原则，属于典型的应继个案。明清时期以来，应继在广西东部地区是非常普遍的现象，如《民国十年（1921）阴历十月十八日刘荣灿立遗嘱字》，"立遗嘱字人刘荣灿，幼娶聘陈氏，所生二子，夫妇商合，次子名朏九自心甘情愿，经凭族戚过继堂弟荣竹承桃裕后为子"（《贺博整理本》第05631号）。又如，民国十四年（1925）三月二十日，陈秉先夫妇将堂兄陈秉学的次子陈正善过继为子（《贺博整理本》第05435号）。再如，民国三十年（1941）正月二十四日，董积林将亲侄董金天过继给其堂弟董春癸为继子。这些过继都是以应继的形式过继立嗣。

爱继是在过继中，因没有适合应继的人选，于是在家族或宗族内选择过继人。明清以来，广西东部地区乡村社会的爱继现象也很多，如民国三十年（1941）古历四月三十日，莫济光因未娶妻生子，于是抚养同宗族人莫济安的次子莫绍顺为嗣子。又如，民国二十年（1931）元月二十二日，李元德因无子嗣，李长松、李盘铭、李达生等房族人立下议约，将房族内李元德房兄李楷模的第三子李达元过继为嗣子。

2. 兼祧

兼祧是指兄弟之间只有一个人生有一个儿子，为了使所有兄弟都能继承宗祧，于是这个儿子除了继承自己父母的宗祧外，还继承没有儿子兄弟的宗祧。这也体现了我国传统复杂的家庭关系，以及注重血缘关系的继承原则。由于是独子过继，一人继承两房的宗祧和财产，涉及的问题很复杂，因而兼祧必须取得各方的同意，并在房族人的见证下书写过继文书，实现一子承两祧。在清代之前，与兼祧相关的法律条文并未发现，但清代的《大清律例·户律·田宅》对兼祧有法律上的规定："如可继之人亦系独子，而情属同父周亲，两相情愿者，取具合族甘结，亦准其承继两房宗祧。"[①]

[①] 马建石、杨育棠主编：《大清律例通考校注》，中国政法大学出版社1992年版，第410页。

清代以来，在广西东部地区民间兼祧现象非常普遍，从过继文书中就可找到多个案例。例如《民国二十七年（1938）阴历四月二十四日王正享择继嗣书》：

> 立择继嗣书王正享，情因自身年迈，无子承嗣，今会同家族娘舅姊亲等意欲择定三门侄子福和为嗣，但该三门只有福和壹子，不得辞亲父而继，伯父于是共同议定福和壹子两嗣，二四五六门亦表同意。日后长门、三门一切填坟以及门迎差事具由福和担负，长门、三门分到之动产与不动产除长门另除四亩作为义田外，其余一律归福和承业经管。此系六门全同家族娘舅姊亲等议定，并无其他异说。恐口无凭，立写文字存照为据。
> 关系人：二门侄王秃小；四门弟王水旺；五门弟王五小；六门弟王致和
> 中证人：家长王旦小，王进先；娘胎舅表弟霍辅周；姊亲外甥姚峻德
> 民国二十七年阴历四月二十四日立择继嗣书王正享

从这份过继文书中，我们可以看到王正享家族有六兄弟（即六门），作为长兄的他"情因自身年迈，无子承嗣"，准备过继三弟的儿子王福和为嗣子，但王福和是三弟的独生子，于是在其他四位兄弟和家族娘舅姊亲等的商议下，王福和继承他与三弟的宗祧，实现"壹子两嗣"的兼祧。当然王福和兼祧其父亲和伯父王正享之后，除义田之外，其父亲和伯父的所有财产都由他继承，他也担负了"长门、三门一切填坟以及门迎差事"。

在广西东部民间兼祧文书中，如果兼祧的男子未成年，兼祧的家庭对继子的教育婚配等责任也有明确的分配。例如《民国三十一年（1942）十月十一日王桂泉招抚字》，"立招抚字人王桂泉偕室周氏，今因乏嗣，请凭族戚承抚王桂荣之子继绪兼祧为嗣，教读婚配各占其半。所有屋宇田业暂归周氏管理，待生养寿终之后，概归继绪作为承产之业"。这份文书中，兼祧者王继绪的教读婚配等责任均由王桂泉和王桂荣平均分摊。

在兼祧习俗中，一般都是独子继承兄弟的宗祧，但是我们也发现了一些特殊的兼祧现象，出继子之家虽然有多个儿子，但也有出现过继儿子与他人兼祧的现象。例如《光绪十七年（1891）十一月保国继书》：

> 立喜继书人保国有亲生第四男，标名孝谆，童限六岁，今因命运多舛，甘将孝谆一半立继与崔兄嫂陈氏为接续宗支，时收过乳哺钱四十六千文。其钱收讫，其孝谆付氏抱养成人，接氏宗支。日后娶妇聘礼系氏自办，其耕作用工唯听氏自用，保不得异言。其生育男子，一三五七接氏支派，二四六八接保支派，或生女子，付氏自己择配收领聘银。惟愿克绳祖武，均振家声。此系二比甘心喜诺，日后各无异言反悔。恐口无凭，立喜继书不据。
>
> 光绪十七年十一月立喜继书保国
螽斯衍庆　麟趾呈祥

在这份过继文书中，六岁的兼祧人孝谆并非其父亲的独生子，而是第四个儿子。由于保国命运多舛，于是将孝谆过继一半给"崔兄嫂陈氏为接续宗支"，并收取了"乳哺钱四十六千文"。同时，双方对兼祧者孝谆成年结婚等事宜进行了明确的约定，如娶妻的聘礼由陈氏负责筹备，而孝谆"生育男子，一三五七接氏支派，二四六八接保支派，或生女子，付氏自己择配收领聘银"。

另外，在广西东部过继文书中，我们还发现了父母把儿子与人兼祧之后，又把自己兼祧的一半过继与他人的现象，如下引的一份过继文书：

> 立双祧字人元兴、隆金，今因元兴生有第三子房发，现年十四岁，在幼年时过继元良名下为双祧。兹又将元兴名下壹半过继土埂背隆金兄名下为双祧。言明乳金法币壹仟零玖拾玖元正。自过继之后，任从隆金和元良之妻使唤，教养婚配事项归隆金负责办理。日后房发所生之子，逢一三五七九达到三岁归隆金名下，逢二四六八十归元良名下，众多依此分顶，倘只生一子仍为双祧。其二家动产不动产概归

房发掌管，或按兄弟分管。今欲有凭，立双祧字一式二纸分执存照。

传庚人：昌发、广海
立双祧人：元兴、隆金
在场族人：荣麟、晖春
亲支：隆应、隆荐
笔人：隆荐
长发其祥
中华民国三十一年八月初三日

在这份文书中，元兴在早年把其第三子房发过继一半给元良为嗣，中华民国三十一年（1942）八月初三日，元兴将自己第三子的一半又过继给隆金兄名下为嗣，并获得"乳金法币壹仟零玖拾玖元正"。这样一来，元兴第三子房发就成为元良和隆金的"双祧"。在族人亲支的见证下，双方把双祧子的教养成婚及子嗣继承也明白地进行了分配。兼祧涉及两个家庭的宗祧承继和财产继承问题，导致涉及的家庭关系更加复杂，因而在兼祧继子时，除了兼祧双方家庭自愿外，还必须得到房族人的认可与支持，以及所在宗族组织的接受。在这份文书中的"传庚人""立双祧人""地场族人""亲支""笔人"就说明了元兴与隆金的"双祧"行为得到了当事人三方家庭、房族、亲族、宗族等人的支持与认可。兼祧表面上看是两个房支的宗祧立嗣行为，其实也反映了当地乡村社会生活内部必有的互助协调机制，显示了绝嗣过继、承续宗祧及财产继承方式的多样性。①

3. 寡妇立嗣

在我国传统社会中，夫妻没有子嗣，一般都是丈夫在过继立嗣时起到决定性作用。在丈夫去世后，如果没有子嗣，受宗法思想的影响，寡妇也可以过继立嗣，传承丈夫家族的宗祧。为了保证寡妇立嗣的权利，清代法律就对寡妇立嗣进行了规定："妇人夫亡，无子守志者，合承夫

---

① 张新民：《晚清至民国时期乡村社会生活的出继立嗣文化现象——以清水江流域天柱文书为中心》，《贵州大学学报》（社会科学版）2015年第3期。

分,需凭族长择昭穆相当之人继嗣。其改嫁者,夫家财产及原有妆奁,并听前夫之家为主。"① 从这项规定可以看到,清代寡妇立嗣需要满足一定的条件,寡妇必须是"无子守志",不能改嫁才能过继立嗣,"合承夫分",而且还须得到族人亲支的同意,并选择昭穆相当之人作为嗣子。

在广西东部地区也有寡妇立嗣现象,如《大清同治四年(1865)四月初七日赵崔氏取继字》:

> 立取继字人赵崔氏,因先姐早亡,夫亦病故,欲当大事,主祭无人,恭请亲族商议,欲取胞弟三令之子为嗣,昭穆相当,伦次不紊,彼此各无异说。立约以后,氏所承祖业院产田产器(具)物件尽归于继子小豹掌管,永无反悔。恐口无凭,立字存照。
>
> 同亲族:族长步云,堂叔茂本、茂正,亲崔方茂、崔在凤、郭景崑
>
> 大清同治四年四月初七日赵崔氏立

在这份过继文书中,赵崔氏作为丈夫的后妻,在丈夫和丈夫前妻亡故之后,在亲族的商议下,准备过继"胞弟三令之子为嗣,昭穆相当,伦次不紊"。在亲族"彼此各无异说"的情况下,赵崔氏把胞弟三令的儿子小豹过继为嗣,并把所有产业给继子小豹掌管。同时,课题组也发现了一份出继人赵张氏立写的一份出继书。

> 立与继人赵张氏,因先叔父寿终,膝下无子,继婶母欲取胞弟三令之子为嗣,大礼昭然,又同亲族说合,敢不敬允。恐口不凭,立字存证。
>
> 同亲族:族长步云,堂叔茂本、茂正,亲崔方茂、崔在凤、郭景崑
>
> 大清同治四年四月初七日赵张氏立

---

① 马建石、杨育棠主编:《大清律例通考校注》,中国政法大学出版社1992年版,第409页。

这份出继书与上一份过继书立写于同一时间,有相同的亲族见证人。可见,在传统的宗族社会中,寡妇赵崔氏立嗣并不是件容易的事,而是按照《大清律例》的规定,她必须是孀居的人,并得到族长和亲支的同意。

4. 过继为孙

一般而言,在中国传统社会里,按照昭穆相当的原则,无子过继立嗣都是选择同族同房的子侄辈为嗣子,但在现实的实践中,人们在过继立嗣中并非严格遵循传统的昭穆制度,而是过继孙辈为嗣,被称为"无子过孙"或者"无子抚孙"。① 过继为孙的现象在民间非常普遍,如在西南清水江流域的苗侗地区就发现了两份过继为孙的个案。② 在广西东部地区的民间文书里,我们也发现了过继为孙的现象,如民国三年(1914),虞威荣与妻韦氏因无子,于是将胞侄虞昌湖的儿子虞永当过继为继孙,当时并没有书写过继文书,而是经过抚养了15年之后,看到继孙虞永当"颇为孝顺",于是在民国十八年(1929)八月十五日,虞威荣夫妇邀请本房族侄书写过继文书,正式将虞永当过继为孙,并将田地房产等产业交给继孙掌管。又如,《民国十四年(1925)四月谷日罗炽荣立继子贴》,"立继子贴人罗炽荣,情因日食不足,银项不敷。母子夫妻商议,今现有二子,欲将长子已有三岁继与堂叔为孙,即请戚谊袁万盛问到堂叔罗尚德,重贤允诺就成,即受回乳银叁拾贰大员正。立贴之日银子两交,其子乳名罗继棠,日后不干生父之事,任由继祖父养育训诲点书婚室,生父不得私唆之子忤逆横行,定不容情"。

(二) 族际过继立嗣

在我国传统社会中,从唐代到清代国家法律一直在提倡以血缘关系为基础的"昭穆相当"立嗣制度和禁止收养异姓的立嗣原则。然而,在具体的实践中,由于各种原因,族际过继立嗣仍然存在,如明清时期徽州宗族的异姓承继就相当普遍,而且还绝非个别现象。③ 在广西东部地区的传统乡村社会中,多数宗族是实行提倡"昭穆相当"和禁止收养异

---

① [日]滋贺秀三:《中国家族法原理》,张建国、李力译,商务印书馆2011年版,第332页。
② 张新民主编:《天柱文书》(第一辑),江苏人民出版社2014年版,第1册,第129页;张新民主编:《天柱文书》(第一辑),江苏人民出版社2014年版,第13册,第249页。
③ 栾成显:《明清徽州宗族的异姓承继》,《历史研究》2005年第3期。

姓的立嗣原则，如上文提到的富川瑶族自治县的何姓宗族直到今日仍然实行"昭穆相当"和禁止收养异姓的立嗣原则。但在广西东部地区的一些宗族对族际的异姓过继立嗣并没有禁止，特别是在民国时期1930年颁布的《民法》不再维护无子者立嗣过继的传统做法，规定无子夫妇可以自主收养同姓和异姓子女以来①，族际异姓过继立嗣现象较为普遍。从民间文献和田野调查资料看，广西东部地区乡村社会的族际过继立嗣主要有招赘为嗣和过继异姓子为嗣两种形式。招赘为嗣是指家庭中只有女儿，于是招男子上门与女儿成婚生子继承宗祧。这种形式的过继主要在广西东部地区的瑶族乡村社会非常普遍，具体情况已在本章第一节作了介绍，不再赘述，现将过继异姓子为嗣介绍如下。

过继异姓子为嗣是承继人没有儿子继承宗祧时，没有在"昭穆相当"的血缘关系范围内过继立嗣，而是过继异姓男子立嗣。在整理的广西东部民间过继文书中有4张过继异姓子为嗣的文书，占统计总数的7%。例如《同治元年（1862）闰八月初四日盘婆珠弃子字》：

> 立弃子字据人盘婆珠，情因乱世遭贼匪焚杀刮削恭城县屡数村，良民各逃命于咸丰辛酉年来至富川营生度日，受苦难言。时有唐明成相托黑山村唐广安情因夫妇年迈无嗣，耕作无靠，自愿出槟榔钱乙千文交与盘姓父母接受收纳。夫妇切思承接抚养，认为年迈终身之望时，有盘婆珠夫妇所生二子仆成，夫妇自愿将次子弃与唐广安承接抚养，永年随在唐门，朝暮听众训教。唐广安夫妇年迈之期，不得好游荡懒惰，亦不得盘姓叔侄勾引回家异言。今恐人心难信，立弃子字据一纸付与唐姓继父收执为据。
>
> 同治元年又（闰）八月初四日盘婆珠亲笔立

这是一份将本宗之子过继异姓为嗣的文书，搜集于富川瑶族自治县白沙镇黑山村。从文书中可以看到，立弃子人盘婆珠在清咸丰年间动乱

---

① 王跃生：《1930年后宗族立嗣过继制度的变动与沿袭》，《历史教学》（下半月刊）2018年第8期。

时遭贼匪劫到恭城县屡数村，后于咸丰辛酉年（1861）逃命到富川"营生度日，受苦难言"，于是在唐明成的介绍下，把儿子盘仆成过继给唐广安为继子，并获得彩礼钱1000文。可见，盘婆珠过继次子给黑山村的唐广安是他们家庭逃命到异地，由生活所逼而过继儿子，并带有出卖儿子的性质。

在另一份异姓过继文书中，出继人由于生活所逼，本想过继儿子给本房族人，但本宗族无人承继，于是将儿子卖给异姓为嗣子，明显是一份卖儿契。现将该文书抄录如下：

> 立写鬻书人岭头排村陶庆善，情因人口多繁，年岁不丰，衣食艰难，无路可靠，父子商议甘心情愿将亲生第三子，名叫苟六过房承嗣。先问房亲，后问近邻，无人承受，自请媒人将（年）庚交付托至兴隆村莫觉富处，愿接为义子，允从承应。即日，当媒人亲父三面言定时值身价谷四佰陆拾斤。就日立下鬻心，两交此子，任从义父改名换姓，指教成人，不得陶姓多言多语。倘有不测，登山付水亦不关陶氏何干，二比愿买愿卖，日后双方重重发达荣昌，二比甘心，两无相干，天理良心。今恐日后口说无凭，立写鬻书乙纸付与义父手执为据。
>
> 　　　　　　　　媒人：莫家英、陶信英、陶者英
> 　　　　　　　民国三十五年二月二十七日立大吉

这是一份搜集于昭平县北陀镇的出卖儿子给他人为嗣子的文书。陶庆善"情因人口多繁，年岁不丰，衣食艰难，无路可靠"，于是父子商议将第三子苟六过继给本房族人，在"先问房亲，后问近邻，无人承受"的情况下，于是经媒人莫家英的说合，托请莫觉富等人将第三子苟六出卖给兴隆村莫觉富为义子，并获得"身价谷四佰陆拾斤"。

在另外两份过继异姓子为嗣的文书中，出继儿子的人名均为沈文章，但是两位不同的人。第一份为出继文书《民国二十六年（1937）二月二十六日沈文章出继字》，"立写出继字据人龙山村沈文章、妻奉氏所生育三子，长男进得，次男进福，三男进才，今因同村廖凤飞妻子李氏

夫妻无嗣，夫妻商议，凤飞自己上门与文章对面说合，将三男进才出继与凤飞为嗣。文章夫妻商议甘心出继"。第二份为承继文书《一九五五年元月十九日廖恩求接子字》，"立写螟蛉接子承接宗支产业字据人廖恩求娶妻李氏数载尚未产育，无续家裔，夫妻商议开言接子抚养承裔，今有本村沈文章所生第三子自愿过房继承，夫妻商议与文章对面说合子承应抚养承接宗支"。这两份异姓过继文书与前两份文书有着明显的区别，前两份带有出卖儿子与他人为嗣子的性质，而这两份文书与族内过继立嗣文书一样，只是把儿子出继与异姓承接宗桃，没有出卖过继的性质。

小　结

本章通过对搜集的广西东部地区的契约文书等民间文献资料的梳理，大致对广西东部传统乡村社会的家庭文化进行了一个粗浅的勾勒。婚姻作为家庭文化中的一个重要组成部分，本章选取了平地瑶婚俗作为个案进行探讨，可以看到在不断内地化的过程中，王朝力量的进入和"文明"的渗透，对平地瑶的婚姻社会文化的变迁产生了深远的影响，由过去"不由父母"的自由婚配逐渐过渡到由父母作主的婚书为凭。平地瑶的婚姻习俗是其在应对王朝对少数民族实施儒化的过程中而进行的文化调适，真实地反映了清到民国时期广西东部地区平地瑶社会的经济、社会和文化的现状，既呈现了瑶文化特征，又认同融合了汉文化，是瑶汉民族交流交往交融的结果。

广西东部地区的分家文化与我国其他地区并没有较大区别，在分家析产时遵循的是诸子均分、拈阄为定、母舅参与、养赡田和娶妻田等原则，体现了我国传统社会中公平公正、尊老敬老、兼顾弱者的分家析产思想。通过这些合理的分家制度，广西东部的乡村社会有效地解决了家庭中内部的矛盾纠纷，维护了家族的正常生活和发展，实现了乡村社会家庭的再生产。

在广西东部地区的传统社会中，人们非常重视宗桃传承，保证香火不断，因而无子的家庭为了能够延续宗族世系，一般都会过继立嗣。受我国传统的宗法制度影响，广西东部传统乡村社会的过继在遵循国家法的前提下，注重血缘关系的纯洁性，按照"昭穆相当"的原则在族内过继立嗣，一些宗族还将禁止异姓立嗣定为族规，并刊入族谱中。但在具体的实践中，一些家庭也有异姓过继立嗣，特别是瑶族地区，当地人们把男女都视为继承人，招郎入赘的现象非常多，即使家中有儿子继承香火，也可以把异姓入赘立嗣，分割财产。因而，在多民族多族群的广西东部传统乡村社会中，过继文化内容丰富多彩，体现了区域性的特征。

第七章　广西东部乡村社会纠纷及其处理

第一节　广西东部乡村纠纷的类型

在广西东部地区传统的乡村社会中，一般是以血缘关系和地缘关系而组成的乡族共同体。人们在日常生产生活中难免会发生各种纠纷和矛盾，怎样解决这些民间纠纷和矛盾，古籍文献的记录中涉及较少，我们可以从民间社会遗留下来的契约、合同、诉状、判词、告示、乡规等文献看到各种纠纷具体的实情，并了解民间传统日常纠纷解决的一套机制。从发现和整理的民间文献看，明清以来广西东部地区的乡村社会的纠纷主要涉及日常生活生产的田地纠纷、山林纠纷、水纠纷、阴地纠纷和其他日常生活纠纷等多种类型。

一　田地纠纷

地处南岭走廊中段的广西东部地区，由于有着丰富的水资源和适宜的气候，人们主要以种植水稻和其他农作物为生，于是大量的农田和旱地被开垦，以满足人们的日常生活。人们在耕种田地的过程中不可避免产生纠纷，如《道光丙申年（1836）十一月十七日莫瑞承分单合同》：

> 立据分单合同人莫瑞承，今为先年分下土名，迄今十余年，不料叔父异说土名鸭公田乙支未分共业。二家经鸣族老说合，执契观

明所将祖买土名兑均，阔狭肥硗（饶）高低大小均毕。宅基屋宇塘池山岗荒土当经房放分领，税田税山各请占分管业，以免后裔相争夺分。今立单据合同一样二张，各收为凭是实。

经报族老：莫也桂　笔钱十一百四十文
在场服侄：莫瑞隆　钱二百四十文
道光丙申年十一月十七日立据分单合同人莫瑞承

这是一份兄弟分家时田地产业不清的纠纷文书。莫瑞承家和其叔父分家十余年之后，其叔父认为"土名鸭公田乙支未分共业"，于是引发纠纷，在族老和亲支等人的调解下，纠纷得到解决。

在广西东部地区的乡村社会，一般一个家族都有田地房屋等公共族产，这些公共的不动产有时会被族内人私占或变卖而发生纠纷，如下引的一份契约文书：

立永远杜卖荒地契人唐肇乾、肇良兄弟，为因家用不足，持众族房内盗卖租田，无钱填还，不得无由出息，将自己祖业将来兑回出卖，坐落土名大黑井面地一块，又土名山崩母地三块，共四块。自中请中人唐胜来上门求问到族兄唐先央家中承买，当中诸面言定，甘心地价钱捌仟捌佰文正，即日立交足，任从买主永远生养死葬挖锄耕种。阴阳管业，卖主房内不得异言幡（翻）悔，买卖确明，言甘语净。今立永远杜卖地契一纸付与买主永远子孙收执存照。

在场户长：唐祖二　钱一百文
代笔、中人：唐胜来　钱二百文
嘉庆丙子年正月二十三日立　永远杜卖地契人唐肇乾、肇良

这份契约虽然是一份卖荒地契，但从出卖的原因可以看到，卖主唐肇乾、肇良兄弟俩是盗卖了本族房内的租田，被众人发现后，因"无钱填还"，于是将家中四块地出卖给族兄唐先央家。可见，在宗族或房族内的公共财产容易发生偷盗等纠纷，即使是亲兄弟之间也会产生

土地纠纷。例如，中华民国二十八年（1939）十月二十五日，高才元、高才成与侄子高仪、高俨等人因争地发生纠纷和争执，于是在亲戚和族人的调解下，将纷争之地的权属明确下来，"陈家茔地二亩归才元耕种执业，南瓜案地一亩五分归仪耕种执业。自此以后各守各业，永无纠葛"。

在广西东部地区的乡村社会，有些乡民在田地出卖交易之后，经常会有卖主认为"业重价轻"，于是向买主补价，因而引发纠纷。《清嘉庆朝刑科题本》就记载，清代嘉庆十年（1805）广西贺县蒙镜现买到陶泳振"土名大庙垗田一处，价银三十四两，还没割绝"，嘉庆十四年（1809）四月二十一日，陶泳振请周辅法到蒙镜现家，要求补田价银六两后，再立绝卖契，但蒙镜现认为"正价过昂，只肯找银二两四钱"，双方意见不一，协商没有达成。嘉庆十四年（1809）四月二十二日，陶泳振在周辅法房屋背后遇见蒙镜现，于是他又再次要求蒙镜现补田价银，由于双方对补价银的数额意见不一，于是发生互殴行为，造成蒙镜现重伤死亡。嘉庆十五年（1810）四月二十三日，经刑部复核，判决"陶泳振依拟应绞，著监候，秋后处决"①。

二 山林纠纷

广西东部地区有着丰富的林业资源，当地人们在经营山林时也时常会出现纠纷。从发现整理的契约文书看，广西东部地区乡村社会的山林纠纷主有林木权属不清、山林地界不清等纷争。例如《万历二十八年（1600）七月二十三日任万禄等分核木合同》：

> 立分核木合同人任万禄、世丘叔孙先年买到嫡伯任祖生核木，后卖宅基与任福满，为此不明，投申族后，将任福满分下请核木六根，万元叔孙请四根，日永各自抚长，以今分均过后，不许万元叔侄混占。如有壹边混者，执出合同一样二张付官干究，定公罚银壹

---

① 南开大学历史学院暨中国社会史研究中心、中国第一历史档案馆编：《清嘉庆朝刑科题本社会史料辑刊》第2册，天津古籍出版社2008年版，第606页。

两入官公用。今恐人心不古，自愿写立合同，各收存照。

户长：任福元、任积潘
房叔：任福才、任宅聪
村邻：沈天成
族老：李德春
代笔：任积琳

万历二十八年七月二十三日立合同人任万富、任万元

这份万历二十八年（1600）的合同就是因林木权属不清而签订的合同。由于任万禄等早年买到任祖生核木，后与任福满产生核木所有权纠纷，在户长、房族人、族老和村邻等的调解下，双方确定了核木的所有权，并签订合同。

山林边界是区分山林主人产权的重要标志，边界不清往往也是产生纠纷的原因之一。例如下引的一份文书：

此山土名碧营乡合成村长菁社树脚原系龙塘村之业，上凭大界，下凭横路，右凭水沟这界，左凭陆玉清山为界，四底分明。今与兄长陆玉清发生纠纷，特此通明业主来家调解清楚。复又蒙唐三裕、陆轩、志成从中调处在证，此山归与盘秀清、盘友清、盘玉清兄弟子孙永远耕种，不得以强欺弱，以大压小。特立契约为据。

业主：黄荣督、黄光复
在证人：唐三裕、陆轩

民国三十六年润二月十八日黄荣督、黄光复

此份林地调解契约来源于灌阳县水车镇合成瑶族村。从内容看，契约中涉及山林的产权归黄荣督、黄光复所有，但耕种权为盘秀清、盘友清、盘玉清兄弟所有。由于该山林与陆玉清的山林毗邻交界，因而产生了边界纠纷，于是山林耕种者盘秀清等人通过山林产权所有者黄荣督、黄光复到场与陆玉清协商，并在唐三裕、陆轩等见证人的调解下，边界

纠纷得到解决。

此外，在广西东部地区的乡村社会中，家族的公共山林由于是众人所管，一些居心不良的乡民无视公共利益而偷卖、偷盗或强占公共山林。例如下引的一份禁约字：

> 立禁约字人王瑞喜、王茂芳、王祥顺，今因截伐聂姓蛇形山栗树壹棵，被聂姓捕踪获赃，经凭王化龙、王庚申、王高阳、王富贵、王永贵、王启富、聂承禄入局劝释清息，王等不得再犯。倘有仍蹈前辙，凭聂姓执纸究办无辞。今欲有凭，立此禁约字一纸与聂姓后裔收执为据。
>
> 在场人：王化龙、王庚申、王高阳、王富贵、王永贵、王启富、聂承禄
>
> 永贵并代书
> 光绪十二年二月初四日在场人等立

这份禁约字中，王瑞喜、王茂芳、王祥顺三人砍伐了聂姓蛇形山的一棵栗树，被聂姓"捕踪获赃"，在王姓和聂姓众人"入局劝释清息"的情况下，双方和解，并立下这份禁约字。但在有些个案中，案犯蛮横无理，不服从调解，于是被送到官府究治。例如民国二十六年（1937）十一月二十日的一份合约中，李氏家族的一块公共林地被家族内的李昌富、李昌松等三人强行出卖与他人。由于李昌富等人蛮横无理，不听众人调解处理，于是李氏族人立下齐心合约，将他们三人禀官究治。

三 水纠纷

水是生命的源泉，是人类赖以生存和发展的重要物质资源。人们不仅在日常生活中离不开水，在劳动生产和经济发展中也离不开水，而且直接影响到农业生产的丰歉，因而在不同地域不同自然环境的人们建构了不同形式的地方性水文化。地处南岭走廊的广西东部地区，水资源丰富，为当地传统农耕社会的发展提供了必要的条件。从发现和整理的民间文献看，广西东部地区的乡村社会也出现了不少的水纠纷。例如下引

的一份合同：

> 立契卖阴地人户长唐振安，寨老唐定泰、定禹、志标、定德、志宽三房子孙众等，今因上年旱干，□与钟（姓）唐（姓）争水，连年叠告无休。又于丙子年有钟所智势压唐日鹪、日鹨、帮帖、有本五户不评（平），二家斗勇干戈，杀死王蒋二命，词控府县，缺少盘费，五户凑办，无从出备。三户商议，自将祖领山场一处，地名水头坭内有阴地，将来出卖，无人承买，众等上门劝和，长房堂叔唐鲶鳝承买。当日言定时值价银伍两叁钱正，就日银契两交，三房亲手按讫凑办，并无低银烂货准折等情。自卖之后，任从买主点阴地，方圆二丈安葬管业。三房子孙不得异言阻当，如有异言，许众公罚，买主执契参官，自甘情罪。今恐无凭，立写契书一张付与买主永远收执存照。
>
> 康熙丁丑年闰三月初四日立卖契人三房户长寨老振安字

这份卖阴地契来源于富川瑶族自治县福利镇平地瑶村落。从出卖的原因可以看到，是因天气干旱，钟姓和唐姓两家族人"争水，连年叠告无休"，后又因发生械斗命案，"杀死王蒋二命，词控府县，缺少盘费，五户凑办，无从出备"，于是唐振安、寨老唐定泰、定禹、志标、定德、志宽三房子孙众等出卖阴地而筹钱。

在富川瑶族自治县，我们也发现了因争水而发生的纠纷，但当地村民为了防止发生械斗，众人制定了处理水纠纷的章程合同。该合同原文如下：

> 同立章程合同字人塘源、米溪、土桥、杨家、鲁洞五村人等，今为沙石桥聂玉才叔侄等盗灭水源，自塘源、米溪屋前以下灌润粮田数千余亩，合修整水源以四份田亩均开，塘源、米溪、土桥、杨家四村占三份，鲁洞占一份。如若告官，费用银钱以四份均凑，各村头人只许□□，不许退缩，只要告官为准，不准行凶持械斗杀。各村约束各人子弟，如若各村匿出事端，有各村头人抵当，不与众

人相涉。今立章程合同五张，各执一张为据。

塘源：何中霖、品清、中全、求荣
米溪：罗先恩、先刚、先元、黄圣恩
土桥：忠幸、忠廉、现康、现春
杨家：忠发、忠现、忠业、忠昌
鲁洞：李光徽、李秀昌、王光荣、周启书
宣统元年六月二十二日立

这是一份来源于富川瑶族自治县莲山镇平地瑶鲁洞村的合同文书。从合同内容可知，塘源、米溪、土桥、杨家、鲁洞五个相邻的村出资，共同修建了农田灌溉水利设施。由于沙石桥村的聂玉才叔侄等从该共同水利设施盗取了水源，于是塘源、米溪、土桥、杨家、鲁洞五村的众人通过协商，制定了解决该纠纷的章程。

四　阴地纠纷

生老病死是人之常情，阴地作为人死后安葬的地方，是人生最后的归宿地，也是家庭中特殊的不动产。在我国传统社会中，阴地作为特殊的不动产，是可以交易买卖的。在日常生活中，人们也会因阴地而产生纠纷，在广西东部地区的乡村社会也有发生。例如嘉庆八年（1803）八月十七日的一份收息合同：

> 议立收息合同人钟文甫、陈子德等，缘因唐姓祖顾遗业，土名白坭界，世守管业无异。于乾隆三十四年内有族人唐荣勋等将世土名卖与聂玉连、钟子相、钟正英、钟正华、钟正科、聂胜学、张胜辉、黄子达、黄子彬、聂胜林、聂胜贤、郭如魁等为业，树木成林。因本年唐乾生点到阴地一穴，向唐姓求买，顗立阴封。聂钟二姓平毁，藉端生衅，即投老钟文甫等，由二家理剖图契内载明。立契之人已经故绝，叔侄并未在场。时老劝业主再办地价，唐荣宪叔侄再立卖契，永断葛藤，二比允服。其山岭原税五分，瑶民不便完纳，当日原主领回逐年科凑税钱壹百贰文，至冬收足，毋得短少。

唐姓老坟以罗圆石桩界，罗圆内系是唐姓管业，罗圆外系是买主管业，任从抚长树木。其如中间岭一旗，唐姓老坟乙冢前后地系是买主，任从唐姓葬旧，二家不得藉端。如有此情，另有白地系是买主阴阳所管。如有此情，赴公理处，自甘罪戾。两造请老议立合同，一样二纸，各执一纸，永远为凭是实。

合同老人：钟文甫　叁百文；陈子德　叁百文
唐广琏、唐广进、唐广赤、唐广乾
嘉庆八年八月十七日立亲笔唐广应　叁百文

这份收息合同就是因阴地纠纷而签订，搜集于富川瑶族自治县福利镇。唐姓在乾隆三十四年（1769）将一处山林地出卖给聂姓和钟姓。三十四年之后，即嘉庆八年（1803）唐乾生在该林地找到一穴阴地，于是向原山主唐姓购买，并建立"阴封"，聂钟两姓人以自己购买此山林为由平毁了阴封，于是双方产生纠纷。在族老钟文甫、陈子德等6人的调解下，纠纷得到解决，并立下此份收息合同。

在富川瑶族自治县莲山镇小深坝村，我们还发现一份强占他人阴地的诉状。该诉状书写于民国二十七年（1938）五月二十五日，是一份请示富川县政府解决阴地纠纷的诉状，基本情况如下：

具民事诉状人何求琓，年三十岁，何长念，年五十三岁，住东晨乡小深坝村，业农。为黄现赐、黄福应等毁碑占葬妨害祖坟依法诉请派员实地履勘，明确传案，勒限起迁，并令负担本案诉讼费用。窃民等先人于清道光价买新华乡金峰上村黄姓人之山场，土名横路塘岭阴地一穴以为安葬民等先祖文琦公之所，年深月久，其中经过兵燹匪灾，买契遗失，有坟墓及碑记可考。自安葬迄今历时百数十年相安无异，讵料该村豪恶黄现赐、黄福应等其豪恶迷信风水，贪图一己之利，不顾他人之损失，弄出惨无人道之手段，竟敢将民等行年安葬祖人何文琦公之坟碑铲毁，在坟之左侧破开占葬，其中相离不及二尺。民等于本年三月二十日前往挂扫发现，投请新华乡公所，经乡长唐先宙亲诣踏看明白，传该豪恶黄现赐、黄福应

等到案，判其迁移息事。该黄现赐、黄福应等不持不遵，反口出种种恶言，谓任打任告，莫奈伊何。有唐乡长可质可证，民等迫不得已，以毁碑破坟伤棺占葬等词提起诉讼……谨状富川县政府县长梁、胡公鉴。

民国二十七年五月二十五日

从这份诉状内容可知，何求挽和何长念的先人于道光年间在新华乡金峰上村买到黄姓山场的阴地一穴，并安葬先祖何文琦。由于新华乡金峰上村黄现赐、黄福应等人把该"坟碑铲毁，在坟之左侧破开占葬，其中相离不及二尺"，于是何求挽和何长念在乡长唐先宙的调解下，要求黄现赐、黄福应等人将其坟迁走。黄现赐、黄福应等人拒不迁坟，并态度恶劣，于是何求挽和何长念写下此份诉状，请示富川县政府出面解决此阴地纠纷。

五 其他日常生活纠纷

在我国传统的社会中，国家法律和民间习惯法严格地规范和约束着人们的日常生活行为，但由于各种原因，民间往往也会发生一些日常生活纠纷和矛盾。从明清以来广西东部地区的民间文献看，当地日常生活纠纷主要还有偷盗、养老、婚姻、财务、口角、勒索等多种类型。

（一）偷盗纠纷

从整理的纠纷文书看，明清以来广西东部地区的偷盗纠纷较多，偷盗的物品主要是衣服、谷米、钱币、耕牛、农具等日常生产生活物品。例如下引光绪年间的一份犯约字：

> 立写辩犯约字人黄文书于本月二十八日白昼盗偷沙石桥聂玉昌包粟，拿获，即时经投二比地方团老陈祖福、陈可满等劝息，情知礼曲，自愿解恶从善，遵众即立字据，日后不得挟嫌生恨。若挟嫌重犯，诡计百出，饕餮贪谋，呀爪吓异，有承领人黄子荣当保，日后不得盗偷等物生理，黄文书一切保辜沙石桥村。今当二比团老立写伏辩一纸，不得复犯，如有复犯，执出犯约，自甘其罪，付与失

主收执为照。

  在场团老：陈祖福、黄士章、麦福赐、李诗甫、黄子荣、陈添旺、白正荣

  皇清光绪二十六年庚子岁八月二十八日立写伏辩人黄文书亲笔

这份文书中，黄文书在非法偷盗富川县莲山镇沙石桥村聂玉昌家的包粟（玉米）时被拿获，并由双方的团老陈祖福、陈可满等人调解。黄文书自愿认错，并由黄子荣作保，写下伏辩书，"自愿解恶从善"，偷盗纠纷得到解决。又如下引的一份纠纷调解文书：

  立写领人帖人，居住峡头村徐月先，缘有胞侄永祥素行惯盗，不守本分。陡于本月十四日夜在木姜桥村同族徐德信家，探其父子赶圩，走苦至酉时，禁从窗门偷入，即时警醒，嗷起叔侄说贼盗进楼，四门栏，驻无路逃走，当堂拿获，鸣锣通众。经投团老潘一光等当众，无言可答，自知已罪，从直招应，与陈翁祥是亲戚，往来在他家中，哀求老人原谅初犯，赶急着人至峡头求其胞伯父下来求情。伊伯父即日来至翁祥家对团老言，情愿办回，公罚钱拾千八百文正，放伊侄生路，以了其事，当老领回，他侄训诫儆其下次。其钱限本月二十四日交足，如有过期未交，惟翁祥一力承当。自领回以后，并无憣（翻）悔之情，倘有异言生端，执出领帖，自干不是。今恐人心难信，口说无凭，立写领帖一纸付与失主存照为据。

  团老：徐德盛、欧忠春、潘一光、李先求、全其仁
  右手掌印
  光绪庚寅年十二月十五日徐月先押、徐永祥亲笔

从这份领人帖可以看到，富川县柳家乡峡头村徐月先之胞侄徐永祥是一个偷盗惯犯，他在光绪庚寅年（1890）十二月十四日在富川县白沙镇木姜桥村徐德信家准备偷盗时，被众人当场擒获。在当地潘一光、徐德盛、欧忠春等团老的审问下，徐永祥自愿认罪受罚，其伯父徐月先前

来求情,于是"公罚钱拾千八百文正,放伊侄生路",并写下这份"领人帖"。

(二) 婚姻纠纷

婚姻作为人们日常生活的一个组成部分,由于各种原因也常常会发生纠纷矛盾。例如下引一份广西东部富川瑶族自治县的婚姻纠纷:

> 立息事合同人陈春清,今因所生一女,名唤维香,现年二十三岁,于光绪八年凭媒聘定同村徐德信之次子永华为妻,早日不嫁,兼且家教不严,不守闺门,身怀私子,于本月初一日毒胎毙命,而徐德信闻报骇异,经团老全其福、潘廷隆等上门理论,陈春清自知理屈,情愿出洋银玖拾伍大元俾作聘定别媳彩礼,限五日内门交清,以免讼累。倘过限不交,惟老人是问。此系二比情愿,嗣后不得听人岐从异言翻悔。如有异言翻悔,执约赴公,自甘坐究。今恐无凭,当老立写息事合同乙纸付与徐德信收执为据。
>
> 在场老人:全其福、潘廷隆、欧忠春、黄孝德
> 批明彩礼于十三日当老交足,日后不得将契纸生端。
> 其福笔
> 光绪十年八月十三日立合同人陈春清

这份息事合同来源于富川瑶族自治县白沙镇木江村。从合同内容可知,陈春清于光绪八年(1882)将二十三岁的女儿陈维香"凭媒聘定同村徐德信之次子永华为妻"。由于双方没有结婚,且家教不严,陈维香与他人私通怀孕,并"于本月初一日毒胎毙命",于是两家产生纠纷,经团老调解,陈春清出银95元给徐德信作为给其儿子另外定亲的彩礼。

又如,民国三十三年(1944),富川县富阳镇黄玉妹因母亲亡故,生活困难,于是其父亲黄开先将年仅十五岁的黄玉妹和西屏村陈挽仔订婚,黄玉妹被"接回童养",民国三十八年(1949)黄玉妹的父亲毁约,导致两家产生纠纷。陈挽仔和其父亲陈伦正将黄开先和黄玉妹起诉到富川县司法处。在庭审中,双方各执一词,原告方陈伦正父子认为他们在订婚时付给了女方彩礼2855斤稻谷,而被告方黄开先父女则告之法庭

陈伦正只送了4个鸡蛋和1斤小麦的彩礼,"以表事实而已"。最后富川县法庭判决被告黄开先返还原告陈伦正父子彩礼稻谷700斤。

(三) 财务纠纷

在人们日常生活的交往交流中,财务纠纷是常见的现象。例如光绪九年(1883)四月初十日,"立字人张洛阳同弟因与王金城有账项不清,以致相争口角,今同亲族说明,自今已(以)后账目两清,永无瓜葛。恐后无凭,立字存证"。又如,清嘉庆二十三年(1818)六月十四日傍晚,贺县梁韦康向堂叔梁韦宽催讨他代为交纳的粮饷钱,但梁韦宽没有钱,梁韦康就要拿梁韦宽的衣服作抵,于是双方发生争吵。梁韦康就地拾取一根柴棍打伤梁韦宽左手,梁韦宽用右手拿桌上的尖刀砍伤梁韦康左脸。双方在后来的互斗中,梁韦康当场被梁韦宽重伤致死。纠纷案件最后经刑部复核,梁韦宽被秋后处决。①

(四) 养老纠纷

尊老爱幼是中华民族的传统美德。前文中已经讨论,为了能使父母老有所养,子女在分家时会先留下养赡田,但父母年老没有劳动力时,子女有照顾老人生活起居的责任与义务。在实际的生活中,养老纠纷的产生是不可避免的。例如下引的一份明代文书:

> 立认帖人杨守忠,今因先年有母嫁任希廷、希贤父任万良为妻,不幸父故,无人存母侍老。今男三人商议,托请村老杨子程、奉万豪二人劝议,三面言定希廷、希贤逐年称纳禾共叁百斤,纳与陈氏养老。又言棺樟抄木一付,树合油一并系是廷希承认葬母,其归寿,三子凑用做斋,不许一人翻悔,如违者,给帖赴官,公罚白米三石入官公用。今人难信,立帖为据。
>
> 　　　　　　　　　　　　　　　　同见人:杨守阶
> 　　　　　　　　　　　　　　　　代笔人:杨子程
> 崇祯二年十月初四日立帖人杨守忠

---

① 南开大学历史学院暨中国社会史研究中心、中国第一历史档案馆编:《清嘉庆朝刑科题本社会史料辑刊》第2册,天津古籍出版社2008年版,第368—369页。

这份搜集于富川瑶族自治县福利镇的契约文书是由杨守忠、任希廷、任希贤三人签订的。从文书内容可知，杨守忠母亲陈氏嫁给任希廷、任希贤的父亲任万良为妻，任万良去世后，陈氏养老送终的问题出现了纠纷，在村老杨子程、奉万豪的调解下，杨守忠、任希廷、任希贤三人承担了陈氏的养老送终的责任，并立帖为据。

（五）琐事纠纷

在传统的乡村社会中，常年生活在特定环境中的人们繁杂零碎的事极多，因而难免发生纠纷问题。例如《民国二十八年（1939）三月初五日赵正正甘结字》，"立写具甘结字人赵正正、赵孟德，因为两家言语相犯，不和打架，烦劳乡邻亲友说合，以后两家永无言辞"。又如，《光绪二十七年（1901）十二月十一日黄显连等同心合约字》，"立同心合约字人黄显连，同侄以宴、以宿叔侄，今因光绪二十七年（1901）三月初八日，以宴卖谷起衅，被族社皆邀抢。叔侄商议，比经戚族从场，族持强不尹，鸣官究治。其费用均派四分，宴占贰分，叔帮壹分，父帮壹分，事清之后再行执收"。在这两份文书中，第一份为邻里两家言语相犯而引起打架纠纷，第二份为黄显连在出卖稻谷时与他人发生纠纷。

第二节 广西东部乡村纠纷的化解

一 族内调解

广西东部地区的乡村社会是典型的宗族社会，尤其是明清时期以来，宗族在日常生产生活管理中发挥着重要的作用。特别是在日常生活中发生纠纷矛盾和诉讼等事件时，宗族的力量往往起到重要的调解作用。每个宗族一般都有约束本族人行为的族规、家规、家训，如富川《胡氏族谱》的家训条约之"争讼当止"条就规定："族间倘有不平，自之族老听其从公处分，得可便止。即有外侮事情重大，私下处分不得没奈何闻官，只得从直告诉，要莫架空控怪，致问招回，又要早知回头，不可终听讼师棍党教唆，财被人得，自己当省之省之。"① 八步区开山镇《莫氏族谱》中"家规"则规定："倘有是非曲直，宜听族老排解，不准背理逞刁，告状结仇。"② 富川瑶族自治县葛坡镇深坡村《蒋氏族谱·家规》的《序》中则写道："州县有官，官必有法。宗族有长，长必有规，然则家规之不可越，亦尤国法之不可犯也，故欲正家道，莫如立家规，欲立家规，必先立家庙，是家庙者家规所由出也。吾族既建有宗支两祠，而家规不可不设乎。然其道安在，是莫如择族中老成正直者，公立族长，设置家法。凡族中有偭规越矩不守法律者，不得任意鸣官，必先经族理处，其理屈词穷者，重则按法以惩之，轻则凭公以罚之。如有不听约束者，然后族长秉公鸣上，以究治之。如此，我族人庶知理法之难犯，而讼狱亦可渐息矣。"③

可见，在广西东部地区的乡村社会中，宗族有一套解决内部纠纷的规则，调解族内矛盾，规范人们的日常行为。从发现的民间文献看，广西东部地区的宗族在解决民间纠纷矛盾中发挥了重要的作用，很多日常的纠纷矛盾都是通过宗族组织解决的。例如下引一份民国三十五年（1946）四月十七日的调解文书（《贺博整理本》第06572号）：

> 立凭单人侄云壬兄弟，情因民国三十四年米饭不敷，借到叔稻谷壹千肆百五拾斤，于民国三十五年春季分爨，公家禾不能还出该借谷，族老商议，仍以平均负责。云壬愿将独磊珠上边分拐田壹丘，交叔过耕收益抵息，后来随时还清所值之谷七百贰拾伍斤，该田交回取消凭单。恐口无凭，积保代笔书立，交夏保收执为据。
>
> 云壬　押
> 国业　押
> 中华民国三十五年四月十七日立

在此份文书中，云壬兄弟因无米可食，于民国二十四年（1945）向

---

① 富川秀山村《胡氏族谱》，光绪二十一年创修。
② 八步区开山镇上莫村《莫氏族谱》，光绪壬寅年重修。
③ 富川县葛坡镇深坡村《蒋氏族谱》，光绪丙午年修。

其叔借到稻谷1450斤。云壬兄弟于民国三十五年（1946）春节分家时，借到其叔的稻谷不能归还，于是产生纠纷，在族老的介入下，云壬将自家一丘田交其叔"过耕收益抵息"，还清借谷后其叔再交田给云壬耕种。借谷纠纷最终在族老的调解下得到解决。又如，嘉庆十七年（1812）十二月十二日，白玉彰偷盗蒋生庆家布匹等物件，经村老聂世仁、钟永康等人的调解，自愿退回偷盗的物件，受罚840文钱奉入白马庙，并立下自认偷布甘愿受罚帖，从而免除了被"赴官法究"的惩罚。再如，光绪十七年（1891）七月十九日，富川县八马栎村蒋士福、王光盛因偷盗东湾村任积亮家的稻谷，在村老唐贤猊、任文进的调解下，被公罚钱4800文，央求老人、失主等宽恕，偷盗纠纷最终得到解决。

在有些日常纠纷文书中，调解人并没有"族老""族长"等人，而是由"亲邻""叔侄""亲友"等调解纠纷。例如同治十二年（1873）十一月二十一日，陈三古因偷窃朱彩朝家的棉布而产生纠纷，在亲邻王光政的劝合调解下而解决。又如，一九五零年农历五月初十日，覃远怀因偷窃当场被捉，在族内叔侄的调解下，自愿改过前非，从而获得宽恕。

在广西东部地区的一些宗族社会中，如果有人做出严重影响本宗族利益或形象的行为，会被宗族驱逐出村，并永不得回村居住。例如下引的三份文书：

> 立累犯约人侯牛斋，今因累行不法，于初七日夜在何妹斋、黄发家犯盗窃什物谷米农器等项，于初十日种众搜出，人赃两获，自甘立约。日后不得本境内居住，自愿逃往他乡，不得再犯，倘若再犯，任从执约送官究治。今欲有凭，立犯约为据。
>
> 　　　　　　　　　　　　　　　同治四年二月初十日立

> 立担任往外杜索人钟璿春，今因钟礼文先年祖叔出售黄系塘田塘屋宇等产于周伍瑢父子名下为业，俱已价楚契明。近因家窘，以致屡索叠诈，不次支扰。瑢欲控究，礼文自亏无撼，挽请原场族戚从场释免累劝，礼文情愿往外离境，不得仍蹈前辙。如有再来忧，

系担任人理落。今欲有凭，立担任一纸付与伍璿父子执收为据。

嘉庆二十四年六月初五日立书担任人钟璿春亲书

立逐帖字人唐荣福、唐荣祖兄弟等，今因侄宗舜，乳名二毛，惯吃洋烟，肆行偷窃，盗心包天，贼胆如雷，屡戒不悛。今请户戚团邻商议，自愿甘心逐出远方百里之外，永不归宗。凡铺店院宅庵堂寺观，不准停留来往，若有招引，即属贼党。倘蓦地惹吝，贻害地境，不与亲房户族相涉。恐后无凭，立逐帖为据。

在场户戚：贺芹香、李行寿、唐秉德、刘必荣、刘朝荣、刘家章　同押

团邻：段自志、孙服受、唐荣晏、唐荣昊、唐荣昌、唐荣萱同押

光绪十年七月初九日唐荣福、唐荣祖兄弟亲字逐

在这三份文书中，第一份为盗窃纠纷文书，侯牛斋因盗窃财物，"人赃两获"，自愿"日后不得本境内居住，自愿逃往他乡，不得再犯"。第二份文书为不动产买卖纠纷，因钟礼文出卖塘田屋宇等不动产给周伍璿父子后，又多次向卖主索补金钱，于是经族戚调解，钟礼文自愿"往外离境，不得仍蹈前辙"，并由其宗族内的钟璿春书写担保书交给周伍璿父子。第三份为一份驱逐帖，唐宗舜因"惯吃洋烟，肆行偷窃，盗心包天，贼胆如雷，屡戒不悛"，于是唐荣福、唐荣祖兄弟邀请户戚团邻商议，将他"逐出远方百里之外，永不归宗"。

在广西东部地区的乡村社会中，村落宗族之间的纠纷一般也是由涉及纠纷的村落内部解决。例如下引的一份水纠纷文书：

兹结得新华乡路坪村唐学山于民国三十年（1941）六月间父子擅自将定东乡上洞村民有上坝河流之水源河道改河作田争执一案，于三十一年五月十五日，唐万通、仁美等秉公为邻合好关系，不辞劳苦前往上洞村。全村父老与其唐学山二比征求劝解，唐学山新改之河流，原与上洞民众水源改为旧河流面积之宽大，旧河流水道之

深度，但耕改河流所有河床面积中之乱石，如有防碍输水者，学山愿与用石炮爆开疏通，丝毫未有防碍水源灌溉之水利。嗣后，学山等对于所有水源之河流无故不能挖改，上洞村民等亦不能无故争执，所具合议是实。今人难信，恐口难凭，立写具切贰张，二比各执一张，世代为据。

具切结人：新华乡下路坪村唐学山

定东乡上洞村代表：麦瑞恩、黄神赐、白月进、宋神养、黄圣恩、白引君

立批明：先修河流，完竣后，入准修田
批人、在场人：唐万通，唐仁美代笔
中华民国三十一年五月十五日

从这份文书的案例可知，富川县新华乡路坪村唐学山父子擅自将本村与上洞村共有水源的河道改道造田，造成两村水利纠纷。为了搞好村邻关系，路坪村唐万通、唐仁美等人前往上洞村与该村乡民协商调解，最后达成了和解协议，并立下这份切结文书。

农田作为传统农耕社会中人们的不动产，是他们主要的生活来源之一。水资源则直接影响到农田的收成，为了保证本村落农田的水利灌溉，村落家族的共有水资源的使用一般都制定有相关的用水规则，以免发生用水纠纷。一些村落为了能保证农田灌溉，凡有水源的地带都禁止出卖给外村，并立下公约，刻石成碑，警示村民。例如《同古坝禁卖田碑》：

启者我村前由牛头岛以上，铁炉坝以下，凡落低一带田畴俱有汶渗，为出水之源，不但灌溉下方田亩，且遇旱年而乃高田或车或戽，多籍该水而有收获，为益不浅。似此那带田畴对于我村农业之丰歉，大有影响，应属我村掌管，方受永久之益。兹经公众议决，那带田畴不准卖出别村，倘有违抗，擅敢卖与别村者，当即声众，摈其出族，无论亲疏人等，不与相涉，事关公益，并非酷责。尤恐久后忘议，为此勒石留传，以固便利，各宜凛遵是实。

民国十九年庚午岁李（立）冬立

这份钟山县同古坝村禁卖田碑就是因该村前由牛头岛以上，铁炉坝以下地势稍低的农田都为水源地，为了保证该地段农田的灌溉，当地村民家族作出了禁止出卖此地段农田给外村人的公约，防止发生用水纠纷，并把公约刻石成碑。

二 地方团绅调解

团绅作为广西东部地区地方社会的首领，在契约文书中也称"团老""团绅"，当地方社会发生纠纷诉讼时，团老起到了重要的调解作用。例如下引的一份文书：

> 立遵老劝息字据人廖求安，情因祖父分占不清，两家无得字据，今据团老奉其忠、子青、李绍清等从中劝，令求安面前园地及小塘壹口属归堂叔国知所管耕种。此系二比情愿，后无反悔异言，今当团老所立了息一纸付与国知收执为凭。
>
> 在场叔侄：廖子能、鹏飞、神恩
> 中华民国四年二月十七日立

在这份搜集于富川瑶族自治县福利镇劝息字中，廖求安因祖父"分占不清，两家无得字据"，于是发生纠纷，经"团老奉其忠、子青、李绍清等从中劝"，不动产纠纷得到和解。又如，明嘉靖九年（1530）三月二十三日，富川县凤溪村和二九村的公共地七星庙背后的阴地被邓支连、邓支受等人偷卖给朝东镇的村民何尚能，经当地团老介入调解，并禀告到县衙，邓支连、邓支受等人被"革赶逐出异乡，永远不许回转"①。

在广西东部地区的瑶族社会中，当地的团绅称为瑶老，瑶族传统村寨主要依靠瑶老个人或组织权威进行治理②，因而，瑶族社会发生纠纷时，瑶老的调解能够起到稳定秩序和促进内部团结的重要作用。例如下

---

① 富川凤溪《陈氏族谱》，年代不详。
② 陈敬胜、彭新竹、陈欢欢：《瑶老组织社会治理智慧对乡村治理的启示》，《湖南科技大学学报》（社会科学版）2020 年第 1 期。

引的两份瑶族文书：

> 告状人任岐巍系平石原瑶，告为强占价卖地杀命事，义于先年价买盘益伦地基壹所安葬父，立有界至左右许附，历今二十余载无异，近被恶姪（侄）任明镜、钟永德、永浩、任孔珠恃财不法，欺身年老，竟将父傍强占封塚，挖漏气，生死不安，鬼哭人愁，即鸣瑶老、户长，可证有无，律法难容。切思价地被占伤塚，死不甘，弃命奔奏青天太爷台前严拘审究，庶息刁风，卸恩万代，□□上告
> 计开
>
> 地主：盘益伦
> 犯人：任明镜、钟永德、任永浩、任孔珠
> 证见人：任世科可证
> 康熙七年三月初五日告状人任岐巍
>
> 立合同人任明镜、永浩等，今因先年买到盘益文阴地壹所，文约现存，任岐巍葬父多年无异到今，不料本年任明镜思得盘世科身死绝户，今明镜叔侄等左右起坟有得岐巍价买之地，起客分争，情理不甘。投鸣瑶老地方公断，种石为界，其右边一所系是岐巍掌管，不许叔侄强占。又其左边有故祖外边系是众户管业。今立合同之后，不许过界强葬。如有一人安葬一坟价银贰两伍钱上众是实。议立合同过后，叔侄孙思系如有一边思系悔者，炤（照）依合同重罚拾两入官公用。笔不轻言，壹样合同二张，各收存炤（照）。
>
> 代笔：孔翰宗
> 地方：奉儒理、奉汝秋
> 户长：奉加福
> 瑶老：奉克仲
> 康熙七年三月初八日立合同人明镜、永浩等

这两份搜集于富川瑶族自治县福利镇的瑶族文书记录的都是同一件阴地纠纷事件。第一份告状书是任岐巍与任明镜、任永浩等发

生坟地纠纷之后，他向官府书写的告状书。第二份合同是任岐巍与任明镜、任永浩等发生坟地纠纷之后，在当地瑶老等地方人士的调解下，双方签订的明确阴坟权属的合同书。可以看到，双方阴地纠纷发生之后，任岐巍准备向官府进行诉讼，但在当地瑶老等人的内部调解下，任岐巍放弃了向官方诉讼，而是在瑶族地方组织的调解下得到解决。

三 官府判决

在广西东部的传统乡村社会中，当纠纷发生时，虽然有族老团绅等地方人士进行调解，但由于纠纷案情复杂，地方组织难以调解时，乡民往往会诉讼到官府，希望通过国家法律进行判决。例如明正德五年（1510）五月二十九日的一份文书：

> 平乐府富川县为投告印信给帖，事据灵亭乡七都民盘福海状告，先年为无人力，将土名复船岗荒田一段卖与江华县大同乡一都民蒋黑子等为业。不期黑子因充弘治十六年甲首，无银使用，仍将前出叫令盘福海照依原价壹拾陆两备足，并交黑子赎回前田，照旧管业。是福海思系田土近外境相连，尤恐混争，临期未便处理，具告本县，如蒙准理，乞赐印信帖文与民执照，出具状来告等，因据告到县，行间及据江华县民蒋黑子告亦因前事，中间尤恐远碍不明，复审蒋黑子、盘福海等所告相同，拟合并行。为此，除给帖付本告盘福海执照除外，文书到日速照给帖文内事理耕种管业秋输，毋得因而概占他人田土，惹罪不便，须至帖者□□□。
>
> 　　　　　　　　　　　右给付本告盘福海执照
> 　　　　　　　　　　　正德五年五月二十九日

在这份文书中，我们可以看到富川县灵亭乡七都村民盘福海因家中无人无力耕种，于是将自家一段荒田出卖给湖南江华县大同乡的蒋黑子为业。后来，蒋黑子因无钱使用，要求盘福海照依原价十六两银赎回其出卖的荒田，盘福海认为该田地处两县交界之处，"临期未便处理"，双方于是产生纠纷。由于纠纷涉及湖南和广西两地，并没有通过宗族和团绅等地方组织处理，双方都直接上告到县府，把纠纷交由官府判决。又如，光绪十九年（1893）二月，周国厚在周世笃家中悬梁毙命，于是两家产生纠纷。由于纠纷涉及命案，双方到县府寻求解决，经县府调解，周宗斌、周世笃叔侄愿出"衣衾棺椁之费壹百贰拾贰千文"，从而解决了此纠纷。

明清以来，广西东部地区乡村社会的宗族之间因山林、阴地、水资源等发生的纠纷事件，除了宗族和团绅的解决外，也经常诉讼到官府。由于案件涉及宗族的公共利益，官府的判决书经常会被刻成石碑，并立于事发地、宗祠、寺庙等地方，让公众知晓和认可。例如钟山县两安镇回龙村的《奉县立碑》：

特授富川县正堂加三级纪录五次王，审勘得邓彩定、□□有等互争牛围一山，经前任葛、署县李、白霞司详勘，批饬在案。两造各报，未允。迨本县□任□□具呈，阅其原词，邓姓指正冲铁帽岭、统军岭为己业。鄂、罗、李、徐四姓册载为上峡岭，下峡岭合水口等，土名是其应管一处而异。其名已属牵混，细查供报，俱系递年潦草破开，并无载明，山税不足为凭。本县即亲踏履勘，该处峻岭层峦，路攀虽通，至将近互争牛围，已确勘得邓姓所指铁帽岭统军岭俱在该处岭腰之下，离所争尚隔里许，即册载正冲，亦只应管冲，不管岭□□等。虽牛围不建在正冲之内，则邓姓之争显然俱鄂、罗等姓册载上峡岭等处，土名亦全无，起讫界限可据□□，该处无险，官荒均为附近居民牧养△薪之所。庭讯之下，各供如一，断令二比共同牧养，若邓姓欲再竖牛围，任其正冲之旁建造，鄂、罗、李、徐四姓已建之牛围亦不许邓拆毁。惟期村邻和睦，以全守望相助之谊，至该处现在长成杉木，询之二比，不知种自何人，嗣后各姓不得擅行砍伐，以杜争端。

本县正在发办间复，据罗四通等呈恳给照立碑等情，前来当批，□发断□准给在案，除迄两造递具允服遵依，附卷外合行给照，准予立碑，以垂两造。

此诒

在案给李、鄂、罗、徐四姓人等执照。

首姓人、牛围人：李芳茂、黄新庆

乾隆叁拾贰年拾一月初柒日立碑①

这通碑刻立于钟山县两安镇回龙村大路边。从碑刻内容可知，邓姓与鄂、罗、李、徐四姓发生山地纠纷，经富川县正堂的审理，最后解决了纠纷，并把判案"准予立碑，以垂两造"。此外，课题组在广西东部地区的乡村社会也发现了不少判案碑，如富川县月塘村唐氏宗祠内立于光绪三十三年（1907）六月十三日的《甘结碑》，该碑主要记录了由"富川县正堂熊"判决的唐启让、唐克宽等与唐社厚的水坝纠纷②；富川县城北镇杨家栎村的《甘结碑》，该碑立于同治丙寅年（1866）仲冬月，由"富川县正堂魏"判决的该村由康熙四十一年（1702）以来就一直存在的水资源分配纠纷③；富川县柳家乡的《永垂万古碑》，该碑立于乾隆十一年（1746）三月，主要记录了富川县正堂判决的邓姓与毛姓的坟地纠纷④；另外，钟县钟山镇龟石村的《奉县立碑》和富川瑶族自治县福利镇的《永乘万古碑》都是由官府判决的山林纠纷碑刻⑤。

在传统社会中，由于交通不发达，特别是偏远的乡村，人们到官府诉讼需要花费大量的时间和金钱。诉讼人除了交纳诉讼费之外，途中的住宿费、打点衙役、聘请歇家等费用也会不少，几场官司下来，诉讼人有可能会落得倾家荡产的结局。因而，富川《胡氏族谱》的家训条约之"争讼当止"条就说道："太平百姓完赋税，无争讼便是天堂世界，盖讼事有害无利，要盘缠，要奔走到城市便受歇家撮弄，到衙门便受胥皂呵叱，候几朝夕方得见官，理直犹可，理曲到底吃亏，甚至破家亡身辱亲，不可不慎。"⑥但在实际生活中，乡民一般都在宗族内和地方组织解纷息讼，进府衙诉讼也是无奈之举，这也体现了广西东部地区传统的乡

---

① 该碑于 2022 年 4 月 30 日搜集于钟山县两安瑶族自治乡回龙村。
② 该碑于 2019 年 7 月 10 日搜集于富川瑶族自治县麦岭镇月塘村。
③ 该碑于 2019 年 7 月 21 日搜集于富川瑶族自治县城北镇杨家栎村。
④ 该碑于 2022 年 6 月 20 日搜集于富川瑶族自治县柳家乡。
⑤ 此两通碑刻拓片现保存于贺州民族文化博物馆。
⑥ 富川秀山《胡氏族谱》，光绪二十一年创修。

村社会纠纷解决的多元化机制。

第三节　对当代民族地区社会治理的启示

每个民族一般都是生活在特定的自然生态环境中，为了能够获取生产生活资料，使本民族得到稳定的延续和长期的发展，人们在日常的生产生活实践中建构了一套与特定自然生态环境和社会环境相适应的民族传统文化，并规约着人们的日常行为，促进民族的发展。这种传统文化不是一蹴而就，而是当地人在漫长的生产生活的历史岁月中逐步形成的，并在日常实践中得到不断的完善和发展，因此，民族传统文化对生活在其中的社会成员具有很强的约束力。明清以来，生活在广西东部地区不同民族和族群的人们，在长期的日常生产生活实践中，形成了一套由宗族、地方团绅和官府为主的纠纷解决机制，可以说是广西东部地区的各族人民在长期的日常实践过程中形成的解决日常纠纷矛盾的多元纠纷解决机制。这种多元化的纠纷解决机制是广西东部地区民族文化的重要组成部分，不仅具有广西东部地区的地方性特征，而且在促进广西东部地区的社会稳定、经济和文化的发展中发挥了重要作用。

历史发展到今天，我国已经进入了中国特色社会主义新时代，面对现代化的冲击，一些乡村传统文化面临着消失的危险，因而怎样传承和弘扬优秀的传统文化，是值得我们深思的问题。虽然在当今，广西东部地区的乡村社会已经发生了翻天覆地的变化，但影响至今的传统多元纠纷解决机制，对我们打造共治共享社会治理格局、维持稳定的社会秩序仍然有着重要的启示作用。

一　多元纠纷解决机制为民族地区的经济发展提供了传统法制文化资源

明清以来，广西东部地区乡村社会的多元纠纷解决机制，是当地各族人民在长期日常生产生活实践中形成的传统文化。这种传统文化及时地化解了当地人们日常生产生活中因田地、山林、水资源、坟地、婚姻、偷盗、赡养等各种纠纷和矛盾，是稳定当地乡村社会秩序的基石。特别是广西东部传统的宗族和乡绅的纠纷解决机制，族老和乡绅利用族规、乡约等民间传统文化，解决了国家权力难以到达乡村社会的问题，使这些乡村社会维持了良好的秩序，经济也得到了发展。明清以来，广西东部地区的经济发展和社会的稳定与当地多元化的纠纷解决机制有着密切联系。

在当今新时代乡村振兴的背景下，广西东部地区乡村的产业振兴应当结合当地的自然生态环境和区位优势，因地制宜地发展传统优势的绿色产业，既能稳定地促进农民经济收入的增加，又能保持自然生态环境，实现产业的可持续性发展。然而，产业的发展需要一个长期稳定的社会环境，如生活在大山深处的瑶族人民千百年以来主要以耕山种植为生计，林木的种植是他们主要的产业，然而林木种植是一个长周期性和综合性产业，需要精心经营10—25年才能获得稳定的收益。如果在中途出现地权纠纷，以及山火、偷盗等意外事件，就会影响到产业的成败和村民的生活。怎样化解乡村在发展过程出现的各种纠纷和矛盾，保证乡村农民产业的正常收益，广西东部地区传统的多元纠纷解决机制在调解这些纠纷矛盾时仍然大有作为，可以为当地人民纠纷矛盾的解决提供传统的法制文化资源。因而，在人们发生产业纠纷解决后，我们应当深入地挖掘和提炼民族优秀传统法制文化，重视各类调解资源的利用，多层次多领域依法解决，发挥约定成俗的乡规民约等社会规范的传统法制文化资源的积极作用，保证人民的产业获得可持续性发展，从而实现乡村产业振兴和人民生活富裕。

二 多元纠纷解决机制为民族地区社会治理创新提供了文化资源

社会治理关系到社会的公平正义、人民的美好生活，以及社会稳定和国家安全。[①] 随着社会经济文化的快速发展，我国也面临着各种社会

---

① 李志明：《"国家—社会"关系视角下社会治理共同体建设研究》，《人民论坛·学术前沿》2023年第10期。

治理方面的问题，特别是地处偏远的民族地区，由于各种原因，导致发展出现不平衡性，使广大乡村基层社会的治理出现了新的问题。党的十九大提出了新时代我国社会主要矛盾是人民日益增长的美好生活需要和不平衡不充分的发展之间的矛盾。为了推进国家治理体系和治理能力现代化，习近平总书记在经济社会领域专家座谈会上指出，"要加强和创新基层社会治理，使每个社会细胞都健康活跃，将矛盾纠纷化解在基层，将和谐稳定创建在基层"。加强和创新基层社会治理，需要不断完善共建共治共享的社会治理体系，建设人人有责、人人尽责、人人享有的社会治理共同体。[①]

明清以来的广西东部地区乡村基层社会多元纠纷机制作为具有本土性的传统知识，是当地人们约定俗成的传统文化，也是广西东部各民族的群体意识和集体行为的反映，体现了当地人们的生存智慧。在当今我们倡导共建、共治、共享社会治理格局的背景下，取其精华，去其糟粕，广西东部地区传统的多元纠纷解决机制对当地建立乡风文明、治理有效的乡村社会仍有着重要的现实意义。乡村社会多元纠纷解决机制整合了传统法治文化资源，并调动了各方面行动主体的积极性和能动性，有利于高效、便捷、低成本地进行乡村地区的社会治理。特别是作为纠纷解决的主导者族老和乡绅等人士，他们是基层社会中不可忽视的力量。由于处在国家与乡村社会之间，他们扮演着独特的政治角色与社会角色，成为国家与乡村社会关系的调节器[②]，可以有效地对乡村基层社会的各种纠纷矛盾进行调解和处理，从而促进乡村社会的稳定与和谐。因而，在民族地区创新社会治理的过程中，我们应当挖掘和传承优秀的民族传统文化，构建国家力量与民间文化互动的共建共治共享的社会治理模式和格局，推动民族地区社会治理创新，建设人人有责、人人尽责、人人享有的社会治理共同体。

---

① 周振超、侯金亮：《加强和创新基层社会治理，使每个社会细胞都健康活跃》，《人民日报》2020年11月25日。
② 秦德君、毛光霞：《中国古代"乡绅之治"：治理逻辑与现代意蕴——中国基层社会治理的非行政化启示》，《党政研究》2016年第3期。

小 结

在传统社会的日常生产生活中，各种纠纷和矛盾的产生难以避免，因而除了国家法之外，每个乡村社会都建构有自己的一套纠纷解决机制，维护社会的稳定与和谐。本章通过对明清以降的纠纷处理契约文书的梳理，可以看到广西东部地区传统乡村社会中，人们的纠纷矛盾涉及生产生活的各个方面。广西东部地区的各族人民在长期的日常实践过程中形成了一套由宗族、地方团绅和官府为主的解决日常纠纷矛盾的多元纠纷解决机制。这种多元化的纠纷解决机制是广西东部地区民族文化的重要组成部分，不仅具有广西东部地区的地方性特征，而且在促进广西东部地区的社会稳定、经济和文化的发展中发挥了重要作用，对当今我们弘扬契约精神，打造共治共享社会治理格局，维持社会秩序的稳定与和谐仍然有着重要的现实意义。

结 语

广西东部地处湖南、广西和广东三省区毗邻之处，由于有着独特的地理位置和自然环境，这里既是历史上中原地区进入岭南地区的重要通道之一，也是历史上沟通海陆丝绸之路的对接区域。随着南来北往不同族群、不同民族人口的流动，这里也成为沟通中原地区与岭南地区经济互动和文化互动的传统通道之一。因而，自古以来广西东部地区就是一个多民族、多族群迁移和聚居之地，中原文化、荆楚文化、湖湘文化、吴越文化与百越文化在这里交汇融合，各民族各族群世世代代在这里生产生活，创造了异彩纷呈的民族民间文化，其中也包括这些民族的人民群众在日常生产、生活、社会交往等过程中留下的契约文书。由于地处三省区交界的偏远山区，学界很少关注到契约文书这一宝贵的文化资源。随着社会急剧变革，这些民间契约文书文化遗产面临着消失的危机。因而，我们发掘、抢救、研究和利用这些深藏在民间的契约文书十分重要、十分迫切，具有重要的学术价值和现实意义。本书以课题组近年来搜集与整理的广西东部地区的民间契约文书为中心，试图聚焦特定区域社会生活，以历史人类学的方法，从整体观的视角出发，考察明清以来广西东部地区的社会、经济、文化等方面的实情。

一 契约文书是广西东部区域社会日常的真实记录

契约文书作为乡村社会遗留下来的文书档案，是人们在日常生产、生活和交往中形成的原始记录，真实地再现了人们的日常生活图景。在广西东部的区域社会中，随着秦汉以来国家的统一和民族的融合，当地人们在王朝力量的介入和文字下乡的影响下，但凡涉及财产转移、家庭婚姻、乡村秩序、土地关系、赋役征调、民间借贷、纠纷解决、会社组织、民间信仰、风俗习惯等日常活动都会留下文书。因而，在广西东部地区的传统社会中遗留了大量有关农田、畲地、水塘、房产、地基、园土、山场、竹木、坟茔、粪坑、猪牛栏、农具、车辆、牛马等日常生产生活资料的契约文书；有涉及契税、归户册、四柱清册、实征册、黄册等赋役的文书；有涉及甘结书、讼词诉状、判决书、和息合同、议约、戒约、清白字、错字等纠纷解决的文书；有涉及宗族规约、宗族产业合同、宗祠收入账簿、族谱等宗族的文书；有涉及祭文、占书、算命单、吉课、阴地契、寺庙捐款账簿、寺庙活动记录簿等民俗的文书；有涉及分关合同、遗嘱、抚养合同、招赘婚书、财产陪嫁合同、过继文书、媒帖、庚帖、鸾书等婚姻家庭的文书。此外，还有书信、兰谱、日记、笔记、自传、年谱、课业、杂记等涉及个人记录的文书。这些契约文书真实地反映了明清以来广西东部区域社会劳动人民日常生活生产中千姿百态的真实图景。

二　契约文书维护了广西东部区域社会的稳定

在我国古代皇权社会中，自秦汉时起，从皇帝、郡守、县令到乡三老、亭长、里魁形成了一整套的统治体系。① 在国家治理体系中，虽然王朝国家派出的官员只到县一级，但在对乡村社会的控制中，乡里制度是王朝国家实现其社会控制的主要制度性安排，也是王朝国家政治控制权力在县级政权以下的延伸。② 由于我国地大物博、幅员辽阔，虽然王朝国家的乡里制度也有控制不到的地方，乡村地区也存在局部的行政真空③，但在我国传统乡村社会中，每个乡村都有自己的一套运行机制和乡村治理体系维系着当地秩序的稳定。就广西东部区域社会而言，当地乡村的宗族和乡绅等民间力量在维护社会稳定中发挥了重要作用，而契

---

① 中国社会科学院近代史研究所编：《范文澜历史论文选集》，中国社会科学出版社1979年版，第27页。

② 鲁西奇：《"下县的皇权"：中国古代乡里制度及其实质》，《北京大学学报》（哲学社会科学版）2019年第4期。

③ 萧公权：《中国乡村——论19世纪的帝国控制》，张皓、张升译，联经出版事业股份有限公司2014年版，第596页。

约文书则是广西东部传统乡村社会治理的重要体现。

广西东部区域社会日常生产生活中的契约文书，一般都会有宗族和亲邻作为在场见证人，而且坚持亲邻优先的原则，交易中的买卖方和中人的责任和义务都在契约文书中明确地标注，其中最重要的就是"违者，罚白米△△石入官公用""二家不得幡（翻）悔，如有等情，自甘其罪"等违约后果都得到了双方认可。同时，在富川瑶族自治县的契约文书中，中人和在场人都有交易总额的3%—4%的报酬，另外双方在交易结束后，所有在场人都会参加主人主办的酒席。这些措施和行为向乡村社会宣示了交易的事实，防止纠纷的产生，从而维护了乡村社会的稳定。对于违反契约者，乡村社会自有一套纠纷解决机制，形成了以宗族、乡绅和国家法律的多元纠纷解决机制。在这种多元纠纷解决机制中，民间契约文书往往成为当地乡民的重要凭证和解决争端与纠纷的方式。

广西东部地区的契约文书产生于传统的最基层社会，是当地社会精英在长期的实践中探索管控基层社会的有效方法，具有民间舆论约束力和习惯法的强制力。同时，民间契约文书既有着与国家法统一性的一面，也有着与地域性相关的一面，契约在官方和民间都得到人们的认可。广西东部多民族性多族群性的地域特点，契约文书更多的是受宗族伦理、乡规等民间法的影响，因而契约双方发生纠纷时，双方都是以契约文书作为凭证，首先是通过非法律手段的宗族和乡里进行调解，而一些涉及财物和命案等特别复杂和重大的纠纷时，人们往往在族内和乡里支持下到官府依据国家法律判决。可见，广西东部区域社会以契约文书为主的乡村治理机制，紧密结合了国家的正式制度和民间的非正式制度，是具有浓厚地域性的乡村治理文化，有效地促进了广西东部区域社会稳定与发展。

三 契约文书是了解广西东部区域社会的经济发展的媒介

在我国传统的农耕社会中，土地作为重要的生产资料，是农民的立身之本和衣食父母，也是国家赋税的主要来源。大量明清以来以土地交易为主的契约文书的发现，为我们了解广西东部地区的社会经济发展提供了宝贵的原始资料，使我们对广西东部地区乡村社会土地交易机制和农村市场经济发展有了进一步的认识。我们可以看到，明清以来，广西东部乡村社会以土地为主的交易中，从土地交易的对象和占有的形式上看，明清以来广西东部乡村社会以家庭和家族为主，没有发现有土地大规模兼并和高度集中的现象，有利于土地的市场商品化。从交易的具体标的物看，土地交易内容多样化，有农田、林地、园地、园土、熟地、畲地、荒地、房屋地、阴地等多种类型，涉及了当地人们生产生活的诸多方面，也充分体现了当时乡村社会的经济结构。从土地交易形式上看，为了满足人们多样化的需求和交易目的，广西东部乡村社会的土地交易出现了断卖、活卖、租佃、典当、交换等多种特殊而复杂的地权交易方式，保证了交易双方利益的实现，体现了地权流动的多样性和经济生活的丰富性，有效地促进了资源与资本的配置与融合，使广西东部地区乡村社会经济得到有序的发展，进而推动了当地乡村传统社会的演变。

明清以来广西东部地区的土地交易频繁，地权流转范围以乡村内部为主，土地的流动导致乡村社会土地市场的结构产生变动，也推动了乡村传统经济市场的发展。同时，有不少外地移民来到广西东部地区租佃和购买土地作为生计，不仅解决了当地乡村社会一些家庭因劳动力不足和经济上窘迫的问题，而且还解决了一些空置土地的利用和荒地的开发问题，从而获得了经济收益。在广西东部地区的土地交易中，卖主补价现象较多，体现了当地乡村社会多族群性的特点以及地方商品经济的繁荣。通过活卖、补价、断卖等多种交易形式，使土地价钱在买卖双方之间流动，实现了地权在交易主体之间的流转，从而使资本、劳动力、土地等生产要素进一步得到配置，也促使乡村社会土地资源市场配置机制的形成。总之，明清以来的土地契约文书中所蕴含的丰富历史信息，以及土地管理交易的方式，展现了广西东部区域社会土地交易和地权流动的实态，让我们从中看到了广西东部区域社会经济的发展历程。

四 契约文书见证了广西东部区域社会民族交往交流交融

我国是一个统一的多民族国家，是各民族在长期交往交流中形成的中华民族共同体。广西东部作为一个由汉、瑶、壮等多民族杂居的地区，历代政府在治理这一地区时，都是在"大一统"的思想下处理民族关系，为汉、瑶、壮等多民族交往交流交融提供了有利的社会环境。于是，广西东部地区不同的民族和族群在日常生产生活的交往交流实践中，在经济、文化、民俗等各个方面都经过了长时期的磨合与融合，成为中华民族共同体一个重要的组成部分。大量的契约文书的发现，我们从中可以看到广西东部区域社会汉、瑶、壮等多民族交往交流交融的实态。

从契约文书的文本形式上看，广西东部地区瑶族和壮族等少数民族的契约文书的形制基本上与汉族的契约文书相差无几，除契约文书中的契首、主体和契尾三个主体部分及其要件外，瑶族和壮族契约中汉字的运用、语句的表述与其相邻的汉族村落的契约文书没有什么较大的差别。在契约文书的类型方面，广西东部地区的瑶族、壮族等少数民族的田地、房屋、山林、婚姻、诉讼等契约文书的类别，也与当地汉族民间社会的契约文书大致相同。这是广西东部地区瑶族、壮族和汉族人民交往交流交融的结果。

从契约文书的具体内容上看，如广西东部地区瑶族的婚姻习俗，瑶族在与当地汉族交往交流的过程中，汉族传统婚姻的六礼文化对平地瑶的婚姻社会文化的变迁产生了深远影响，因而瑶族由过去"不由父母"的自由婚配逐渐过渡到由父母作主的婚书为凭。同时，瑶族也打破了其仅在本族内通婚的婚姻圈，他们与壮汉等民族之间的联姻成为普遍的现象，使广西东部地区不同的民族日渐交融。瑶族婚姻文化既呈现了瑶文化特征，又认同融合了汉文化，是瑶汉民族交流交往交融的结果，也推动了广西东部地区少数民族与汉族的融合。又如，从契约文书中可以看到，汉族与瑶壮等少数民族在交往中，他们在生产资料上也频繁地发生互动，而且不管是汉族出卖、租佃给瑶族壮族等少数民族的田地、房产、山林等不动产契约文书，还是瑶族等少数民族出卖、租佃给汉族的不动产契约文书，在形式和内容上都没有区别之外，不同民族在契约文书中还有着同等的权利与义务。

总之，明清以来大量广西东部地区的民间契约文书是我国丰富的民间文献的一个重要组成部分，是广西东部地区乡村社会的原始资料和社会变迁最生动的载体，具有浓厚的地域性特征。这些文书生动地展现了当地乡村基层社会运行、经济结构、文化习俗等方方面面的实情，对我们探索和研究广西东部地区传统乡村社会的政治、经济、文化的变迁有着弥足珍贵的价值，对我们当今推动边疆民族地区的发展、巩固民族团结、社会稳定与和谐、铸牢中华民族共同体意识也有着重要的现实意义。

参考文献

一 古籍文献

(北魏) 郦道元:《水经注校证》,陈桥驿校证,中华书局 2007 年版。

(清) 汪森编辑:《粤西丛载校注》,黄振中、吴中任、梁超然校注,广西民族出版社 2007 年版。

(清) 顾祖禹:《读史方舆纪要》,贺次君、施和金点校,中华书局 2005 年版。

(清) 阮元校刻:《十三经注疏附校勘记》,中华书局 1980 年版。

(清) 张廷玉等撰:《明史》,中华书局 1974 年版。

(宋) 范成大:《桂海虞衡志辑佚校注》,胡起望、覃光广校注,四川民族出版社 1986 年版。

(宋) 范成大:《桂海虞衡志校注》,严沛校注,广西人民出版社 1986 年版。

(宋) 司马光编著:《资治通鉴》,中华书局 2007 年版。

(宋) 周去非:《岭外代答校注》,杨武泉校注,中华书局 1999 年版。

《大明律》,怀校锋点校,法律出版社 1999 年版。

《大清律例》,田涛、郑秦点校,法律出版社 1999 年版。

《元典章》,陈高华、张帆、刘晓、党宝海点校,中华书局 2011 年版。

南开大学历史学院暨中国社会史研究中心、中国第一历史档案馆编:《清嘉庆朝刑科题本社会史料辑刊》第 2 册,天津古籍出版社 2008 年版。

二 地方史志

富川瑶族自治县志编纂委员会编：《富川瑶族自治县志》，广西人民出版社1993年版。

光绪《富川县志》，光绪十六年重修。

光绪《恭城县志》，光绪十五年。

贺州市地方志编纂委员会编：《贺州市志》，广西人民出版社2001年版。

贺州市地方志编纂委员会编：《贺州市志》，中国文史出版社2020年版。

嘉庆《广西通志》，嘉庆五年。

嘉庆《平乐府志》，光绪五年重刊。

康熙《广西通志》，康熙二十二年。

民国《贺县志》，民国二十三年。

民国《昭平县志》，民国二十三年。

乾隆《富川县志》，乾隆二十二年。

同治《梧州府志》，同治十二年。

梧州市地方志编纂委员会编：《梧州市志1993—2005》，线装书局2019年版。

梧州市地方志编纂委员会编：《梧州市志·综合卷》，广西人民出版社2000年版。

阳雄飞主编：《广西林业史》，广西人民出版社1997年版。

昭平县志编纂委员会编：《昭平县志》，广西人民出版社1992年版。

中国科学院民族研究所、广西少数民族社会历史调查组编：《广西富川县红旗人民公社（富阳区）瑶族社会历史调查》，1963年版。

中国科学院民族研究所、广西少数民族社会历史调查组：《广西僮族自治区贺县新华、狮狭乡瑶族社会历史调查》，1964年版。

钟文典主编：《广西通史》，广西人民出版社1999年版。

三 民间族谱

八步区桂岭镇《于氏族谱》，宣统元年。

八步区开山镇上莫村《莫氏族谱》，光绪壬寅年重修。

富川县曹里村《杨氏族谱》，民国二十二年。
富川县朝东镇《何氏家谱》，光绪十七年。
富川县凤溪村《陈氏族谱》，年代不详。
富川县福溪村《陈氏族谱》，嘉庆十一年。
富川县福溪村《周氏族谱》，乾隆五十四年。
富川县秀山村《胡氏族谱》，光绪二十一年。
富川县秀水村明义房《毛氏族谱》，光绪十八年。
富川县秀水村上元房《毛氏族谱》，乾隆三十五年。
平桂区鹅塘镇《梁氏族谱》，民国十一年。
平桂区鹅塘镇《周氏族谱》，光绪五年。
昭平县樟木林镇《叶氏族谱》，年代不详。
钟山县石龙镇大虞村《虞氏族谱》，年代不详。
钟山县石龙镇松桂村《潘氏族谱》，民国二十三年。

四 中文专著

阿风：《明清时代妇女的地位与权利——以明清契约文书、诉讼档案为中心》，社会科学文献出版社2009年版。

曹树基、刘诗古：《传统中国地权结构及其演变》，上海交通大学出版社2014年版。

柴荣：《中国古代物权法研究——以土地关系为研究视角》，中国检察出版社2007年版。

陈鹏：《中国婚姻史稿》，中华书局2005年版。

陈秋坤、洪丽完主编：《契约文书与社会生活（1600—1900）》，"中央研究院"台湾史研究所筹备处2001年版。

陈正祥编著：《广西地理》，正中书局1946年版。

陈支平：《民间文书与明清东南族商研究》，中华书局2009年版。

费孝通：《乡土中国·生育制度》，上海世纪出版集团2007年版。

郭松义、定宜庄：《清代民间婚书研究》，人民出版社2005年版。

梁治平：《清代习惯法——社会与国家》，中国政法大学出版社1996年版。

刘秋根：《中国典当制度史》，上海古籍出版社1995年版。

刘志伟：《在国家与社会之间——明清广东地区里甲赋役制度与乡村社会》，中国人民大学出版社 2010 年版。

麻国庆：《家与中国社会结构》，文物出版社 1999 年版。

曲彦斌：《中国典当史》，九州出版社 2007 年版。

汪柏树：《徽州土地买卖文契研究——以民国时期为中心》，中国社会科学出版社 2014 年版。

汪玢玲：《中国婚姻史》，上海人民出版社 2001 年版。

王明珂：《华夏边缘——历史记忆与族群认同》，社会科学文献出版社 2006 年版。

吴永章：《中国南方民族文化源流史》，广西教育出版社 1991 年版。

徐晓光：《款约法——黔东南侗族习惯法的历史人类学考察》，厦门大学出版社 2012 年版。

杨国桢：《明清土地契约文书研究》，中国人民大学出版社 2009 年版。

叶显恩：《明清徽州农村社会与仆佃制》，安徽人民出版社 1983 年版。

张传玺：《契约史买地券研究》，中华书局 2008 年版。

张应强：《木材之流动——清代清水江下游地区的市场、权力与社会》，生活·读书·新知三联书店 2006 年版。

郑振满：《明清福建家族组织与社会变迁》，中国人民大学出版社 2009 年版。

中国社会科学院近代史研究所编：《范文澜历史论文选集》，中国社会科学出版社 1979 年版。

五　中文译著

[美] 杜赞奇：《文化、权力与国家——1900—1942 年的华北农村》，王福明译，江苏人民出版社 1996 年版。

[美] 施坚雅：《中国农村的市场和社会结构》，史建云、徐秀丽译，虞和平校，中国社会科学出版社 1998 年版。

[美] 朱利安·斯图尔德：《文化变迁论》，谭卫华、罗康隆译，杨庭硕校译，贵州人民出版社 2013 年版。

[日] 滋贺秀三：《中国家族法原理》，张建国、李力译，商务印书馆 2013 年版。

六　中文期刊

巴玉玺:《中华民族共同体意识的核心是国家意识》,《中南民族大学学报》(人文社会科学版) 2021 年第 6 期。

卞利:《明清典当和借贷法律规范的调整与乡村社会的稳定》,《中国农史》2005 年第 4 期。

曹树基:《典地与典租:清代闽南地区的土地市场与金融市场》,《清史研究》2019 年第 4 期。

陈铿:《中国不动产交易的找价问题》,《福建论坛》(文史哲版) 1987 年第 5 期。

陈胜强:《中人对清代土地绝卖契约的影响及其借鉴意义》,《法学评论》2010 年第 3 期。

陈伟明:《明清时期岭南少数民族的婚俗文化》,《中国史研究》2000 年第 4 期。

戴建国:《宋代的民田典卖与"一田两主制"》,《历史研究》2011 年第 6 期。

杜树海:《土地权与人身权:清代广西土司地区土地文书研究》,《中国经济史研究》2017 年第 2 期。

郭睿君、李琳琦:《清代徽州契约文书所见"中人"报酬》,《中国经济史研究》2016 年第 6 期。

郭松义:《从赘婿地位看入赘婚的家庭关系——以清代为例》,《清史研究》2002 年第 4 期。

蓝武:《明代改土归流对西南边疆民族地区社会历史发展的双重影响——以广西壮族地区为中心》,《贵州民族研究》2011 年第 1 期。

李桃、陈胜强:《中人在清代私契中功能之基因分析》,《河南社会科学》2008 年第 5 期。

李志明:《"国家—社会"关系视角下社会治理共同体建设研究》,《人民论坛·学术前沿》2023 年第 10 期。

李祝环:《中国传统民事契约中的中人现象》,《法学研究》1999 年第 6 期。

刘祥学：《明清时期桂东北少数民族对开发当地的贡献》，《中央民族大学学报》（哲学社会科学版）2000年第4期。

刘训智：《清末广西瑶族批山契约的法理分析：广西民族法治的本土资源借鉴》，《广西民族研究》2014年第4期。

龙登高、林展、彭波：《典与清代地权交易体系》，《中国社会科学》2013年第5期。

龙登高、温方方、邱永志：《典田的性质与权益——基于清代与宋代的比较研究》，《历史研究》2016年第5期。

鲁西奇：《"下县的皇权"：中国古代乡里制度及其实质》，《北京大学学报》（哲学社会科学版）2019年第4期。

栾成显：《明清徽州宗族的异姓承继》，《历史研究》2005年第3期。

罗洪洋、张晓辉：《清代黔东南文斗侗、苗林业契约研究》，《民族研究》2003年第3期。

罗康隆：《清代贵州清水江流域林业契约与人工营林业的发展》，《中国社会经济史研究》2010年第2期。

罗树杰：《论壮族土司田地契约文书的类型——壮族土司田地契约文书研究之一》，《广西民族学院学报》（哲学社会科学版）1999年第1期。

毛立平：《论清代"奁田"》，《中国社会经济史研究》2007年第2期。

唐凌：《论商业会馆碑刻资料的历史价值——基于17—20世纪广西经济移民活动的分析》，《广西民族研究》2011年第4期。

唐文基：《关于明清时期福建土地典卖中的找价问题》，《史学月刊》1992年第3期。

唐晓涛：《明代中期广西"狼兵""狼人"的历史考察》，《民族研究》2012年第3期。

王元林：《秦汉时期南岭交通的开发与南北交流》，《中国历史地理论丛》2008年第4期。

王跃生：《1930年后宗族立嗣过继制度的变动与沿袭》，《历史教学》（下半月刊）2018年第8期。

王跃生：《清代立嗣过继制度考察——以法律、宗族规则和惯习为中心》，《清史研究》2016年第2期。

吴才茂：《从契约文书看清代以来清水江下游苗、侗族妇女的权利地位》，《西南大学学报》（社会科学版）2013年第4期。

谢开键：《"出典回佃"式交易研究——以清中后期贵州锦屏县为例》，《中国社会经济史研究》2019年第1期。

邢莉：《广西东山瑶族的婚姻形态探析》，《广西民族大学学报》（哲学社会科学版）2009年第5期。

杨军昌、王斌、林芊：《基于清水江学建构的清水江文书研究再认识》，《贵州大学学报》（社会科学版）2019年第5期。

俞江：《继承领域内冲突格局的形成——近代中国的分家习惯与继承法移植》，《中国社会科学》2005年第5期。

俞如先：《民间典当的中人问题——以清至民国福建闽西为视点》，《福建论坛》（人文社会科学版）2009年第5期。

袁丽红：《平地瑶与汉族的交往交流交融——南岭走廊民族关系研究之一》，《广西民族研究》2018年第4期。

张湖东：《传统社会土地交易"找价"新探——实证与功能分析》，《学术月刊》2013年第7期。

张研：《对清代徽州分家文书书写程式的考察与分析》，《清史研究》2002年第4期。

张应强：《试析粤北瑶族原始婚姻形态残余》，《中南民族学院学报》（人文社会科学版）1992年第3期。

郑振满：《清至民国闽北六件"分关"的分析——关于地主的家族与经济关系》，《中国社会经济史研究》1984年第3期。

后 记

本人对民间文献的研究缘于硕士研究生阶段。2007年本人进入吉首大学师从导师杨庭硕先生学习历史人类学，由于生长在清水江下游的一个侗族村寨，在恩师杨先生的指导下，确定把当时正处于学界研究热点的清水江文书作为学术研究方向。在硕士研究生就读期间，本人通过学习专业理论知识，对相关刊布的清水江文书进行了整理，并进入契约文书产生的历史现场进行了实地田野调查，完成了硕士学位论文的撰写。硕士研究生期间的学习和实践为本人的学术道路产生了重要的影响，2010年硕士毕业到贺州学院从事南岭民族文化的教学和科研工作，同时利用大量业余时间走村串寨，对广西东部地区民间文献进行搜集，并搜集了大量的契约文书等民间文献资料。2013年本人进入中山大学社会学与人类学学院攻读民族学博士学位，在导师张应强教授的悉心指导下，专业理论知识和实践能力得到进一步提升，并以清水江文书为基础材料完成了博士学位论文。2016年博士毕业之后，本人以清水江文书研究经验，对搜集的广西东部契约文书进一步整理与研究，有幸于2018年获国家社会科学基金一般项目的立项。

本书是在本人国家社会科学基金项目"广西东部契约文书搜集、整理与研究"（项目批准号：18BZS020）结题成果的基础上修改而完成的。本书的出版得益于各位老师、领导与友人的指导和帮助。首先，感谢的是杨庭硕和张应强两位老师的培养，是他们把我带进民间文献研究领域的大门，使我对历史人类学产生了深厚的兴趣，而且终身受益。其次，感谢贺州学院南岭民族走廊研究院、贺州民族文化博物馆、广西高校人文社会科学重点研究基地"南岭走廊族群文化研究基地"李晓明、刘永红两位领导的支持，贺州民族文化博物馆收藏了近40000份南岭走廊民间契约文书，为本书的写作提供了丰富的文本资料，同时对本单位其他参与契约文书等民间文献整理工作的同事深表感谢。再次，在本书的契约文书等民间文献资料的搜集和田野调查过程中，本人得到大量村民热情的接待与支持，另外不少民间文物爱好者和收藏者给本人提供了大量的帮助与支持，由于涉及的人太多，在此不一一道其姓名，一并表示感谢。最后，在本书出版过程中，中国社会科学出版社刘艳女士为拙作的付梓多方筹划，认真审稿，特致谢忱。另外还要特别感谢家人对本人在田野调查与写作过程中的理解与支持。

  本书中引用的专家学者的论断已尽量地作出了标注，如有不慎遗漏，敬请谅解。契约文书研究内容涉及的知识面较广，本书的研究仅仅算是广西东部地区契约文书研究的一项基础性工作，本人虽然做了最大的努力，但由于能力和时间有限，书中的错讹肯定不少，还存在不尽如人意之处，在此诚恳地接受各位读者的批评与指正。

吴声军
2023年12月12日